為歷史辨真象

彭友生 著

蘭臺出版社

為歷史辨真象

前言

前言

記得愛德華．哈萊特．卡耳曾說：「歷史家沒有事實作基礎，是不穩固的，無用的，而事實沒有歷史家去解釋，是死的，沒有意義的。」

很慚愧，我不是歷史家，祇是一個對歷史頗感興趣的人。二十年前，用「標會」的錢，買了「四史」、「資治通鑑」，和其他的有關係史書，二十年來，利用公餘，陸陸續續大略讀完廿五史。一個人讀書，總有自己的看法，我讀歷史，也有我自己的看法，比方一般人常說「女人是禍水」，並舉歷史上的妹喜、妲妃為例。其實這兩個生在夏、商末年女性，是替她們的國家做了「政治工具」的犧牲者，卻落得後世人的臭罵，真是太不幸了。談到歷史 上的暴政，很多人便舉秦始皇的焚書與坑儒，但對秦始皇焚書和坑儒的「真象」如何，卻不去推敲。提起篡國之賊，無不舉曹操為例，其實三國志中的曹操孟德，和三國演義裡的曹孟德，是一個人的兩個不同面孔。演戲可以據小說，研究歷史當然要以正史為據。提忠臣義士，伍子胥幾乎是家喻戶曉的人物，但他的「倒行逆施」，卻為後世漢奸留下一個壞榜樣。……

以上便是我的一些讀史心得，前幾年已經由商務印書館印行了一本「新民族史觀」。最近接到很多朋友和學生的來信，希望我把過去陸陸續續在報章雜誌上發表的文字，彙集起來印個單行本，我還覺那些小意見還不夠成熟，沒有出書的價值，近因承愛好文化事業的盧瑞琴女士的好意為我出版，盛情難卻，於是濫芋充數的一共蒐集了七十餘篇，希望因此「拋磚引玉」，因為歷史上的問題，值得「解釋」的地方實在太多了。

這本小冊子所蒐集的文字，大半是在中華日報的副刊和文教與出版、中央日報副刊、聯合報副刊、民主潮、國魂、民主憲政、政治評論、新天地，以及中國語文月刊上所發表過的，謹在此向各位主編先生致萬分謝意。

目次

第四部份

第五部份

第六部份

第七部份

第一部份

爲歷史辨真象

女人是禍水嗎？

現今如某一色情案件發生後，一般人便將責任往女人身上推，女人是禍水脫口而出。他們這麼說，似乎還以為有歷史依據，說什麼歷史上夏桀因寵愛妹喜，把江山斷送了；商紂王因寵愛妲已，而身焚鹿台。認為妹喜、妲已便是標準的女禍。

其實，這是一種誤解，歷史上的妹喜、妲已不僅不是女禍，而是了不起的女性。不過，這一觀念要看你站在的立場如何而論了。

翻開上古史來看，似乎有一慣例，即甲乙兩國發生戰爭時，戰敗的一方往往用女人作和談的條件，而用這種色情攻勢，也最易收到效果。

史書說夏桀好色，「寵愛妹喜，所言皆從。」，從《晉語》《竹書紀年》《帝王世紀》《列女傳》諸史書的記載，當夏桀去打「有施國」的時候，有施國的君主乃將女兒妹喜送給夏桀為妃。

按此時有施氏族和殷氏族甚為友好，而殷氏族在商湯的領導下，頗得民心，勢力一天天強大，正欲伺機取滅夏朝而代天下。因此，有施氏的妹喜嫁到了夏朝，名義上是夏桀的妃子，實際上是擔負了殷氏族的地下工作。

妹喜天生美人，桀為之傾倒，更因她「任務」擊身，不得不使出其「絕招」，迷得夏桀晨昏顛倒，終日不理朝政，為之「殫天下之財，傾宮瑤台」，為之作「肉山，脯林，酒池，可以運船」，「糟隄可以望十里，一鼓而牛飲者三千人」，「妹喜笑以為樂」，而天下之民怨聲載道。這時有施氏和殷氏族並將伊尹密遣使夏，表面上成了夏桀的貴賓，實際上暗自與妹喜聯絡，獲取情報。伊尹不但親眼看到夏桀在「女諜」妹喜的迷惑下，已經盡失民心，而又從妹喜口中獲悉「天子夢兩日相鬥，東方日不勝」的消息，於是啟程回國，報告商湯，湯乃起兵，夏朝遂亡。所以竹書紀年中有「妹喜氏以與伊尹交，遂以亡夏」的記載。

歷史往往是重演的。商湯雖取代夏朝而有天下，而傳至其子孫紂王時，也走上了同一滅亡的路子。

史書上告訴我們，當商紂王去攻打有蘇氏國時，有蘇氏也將美女妲已嫁與紂王為妃。而這時的有蘇氏和周氏友好，周氏在文王的領導下正欲滅商，因之妲已在商，名為紂王妃，實為策應周氏的「女間諜」。作女間諜是不擇手段的。於是紂王為之

「作朝歌北鄙之音，北里之舞，靡靡之樂」，為之「造鹿台，為瓊室玉門」，「燎焚天下之財，罷苦萬民之力，收狗馬奇物，充仞宮室」，又為之「廣沙丘苑台，以酒為池，懸肉為林，使男女裸相逐其間」，「宮中九市，為長夜之飲」，於是紂王沈於酒色之中，醉而忘其日辰。以故百姓怨望，諸侯多畔，妲已又乘機陷王，以為「罰輕誅薄」，勸其設「炮烙之刑」。妲已為周氏努力的結果，造成商紂王眾叛親離，於是周武王起兵滅了商朝。

這種利用「女子出嫁後內應母國」的實例，在春秋戰國史中，多到不可勝數。由於很多人以妹喜妲已為歷史上亡國的女禍，故特舉此兩事為例。至於越國把西施小姐出嫁給吳王夫差為妃，要西施在吳國為越國作內應的工作，但若從歷史觀點來看，可說是氏族社會觀念的遺留，也是女子偏向母族的證據。

由上述史例來看，妹喜、妲已、西施為了完成「母國」對「敵國」的「分化、瓦解」的內應工作，不得不犧牲一切，用盡女人之「能事」，這種「行為」與一般人所謂之女人的「淫威」與「妖蕩」是不可相提並論的。而夏桀、商紂、夫差，面對這樣貌美、溫柔、體貼的女人「竭天下之財」去寵愛她們，又似乎是「人之常情」，我們盡可以批評他們是昏庸、荒淫、奢侈、自私，而不是天生的暴君。

妹喜幫助夏桀，增加夏朝臣民的痛苦，站在夏朝臣民的立場，妹喜是「女媧」。

站在桀王的立場，妺喜是他「溫柔體貼」的妻子；站在有施氏和殷氏的立場，妺喜是「女英雄」。

站在商朝臣民的立場，妲已是女禍，站在紂王的立場，妲已不僅是他賢慧的太座，而且是他的「得力輔佐人」，站在周氏族的立場，妲已是他們的烈女。

站在吳國臣民的立場，尤其在伍子胥的眼裡，西施是最可恨的女禍，站在夫差的立場，西施是他的心肝寶貝，站在越國的立場，西施是一位愛國而又最成功的女地下工作人員。

這些女性離開祖國，遠到異國，她們的政府把她作「和談」的條件，用她作「政治」的工具，由犧牲色相，肉體到捐出生命，其不幸極矣。後世不憫，還要以女禍之源喻之，於心何忍。把現今社會禍亂，不究是非，動輒加之女性更不應該了。

從正史看三國鼎立的形成

談到歷史上的篡國之賊，無不舉曹操為例。其實正史《三國志》中的曹操，和小說《三國演義》中的曹孟德，是一個人的兩個不同的面孔。演戲可以依據小說，研究歷史當然要以正史為據。所以我寫了一篇〈從正史看三國鼎立的形成〉：

很多人之所以對諸葛亮崇拜；對曹操厭惡，無非都是受了《三國演義》的影響。羅貫中把諸葛亮寫成了一位活神仙；再則孔明自己的兩篇〈出師表〉，其漢賊不兩立、鞠躬盡瘁，死而後已」的壯烈精神，連文天祥也敬佩不已。而三國演義中的曹操呢？幾乎一無是處。每當舞台上大白花臉出現，那副奸相，的確令人生厭，加以那一連串無表無情的笑聲，更使人噁心。其實這只是「演戲」而已，小說和戲劇中的曹操並不是他的本來面目，正史中的曹孟德也有他好的一面。我們應從正反兩面去看一件事，此事才能相反相成，得到中和。尤其讀歷史，貴在辨真偽，明是非。孔子聖人也，在當時亦有人反對他；孟子亞聖也，而墨子說：「亂天下者，孟軻之徒也」。可見往往在主張與立場不同的角度上難論孰是孰非。

漢自董卓亂起，天下大亂，獻帝自長安輾轉淪回洛陽後的情境，極為悽涼，據後漢書卷九紀云：「是時宮室燒盡，百官披荊棘，依牆壁間，州郡各擁強兵而委輸不至，群僚饑乏，尚書以下，自出採，或饑死牆壁間，或為兵士所殺。」當時，英雄豪傑各據一方，置帝之生死不顧。時有沮授與淳于瓊等曾力勸袁紹迎接獻帝，袁紹不聽，而孫策等亦各自圖取江山（見《通鑑・卷六十一》，朝中諸將亦相疑貳，袁術還居然「以讖言代漢者當塗高，自立名字應之」，又「以袁氏出陳為舜後，以黃代赤，德運之次，遂有僭逆之謀，聞孫堅得傳國璽，拘堅妻而奪之，及聞天子敗於曹陽，乃會群臣議稱尊號。」（《通鑑》）

是時曹操在許昌，有兵有糧，最初也坐視天下情勢，荀彧勸其迎天子於許，而朝中車騎將軍楊奉亦認為「有兵有糧，國家所當依仰也」。於是其表操為東將軍，天子因是移都許昌。旋以曹操為大將軍封武平侯，於是「宗廟社稷制度始立」（漢書）。這不是故意在此為曹操邀功，史實是如此，很顯然的，漢獻帝淪落洛陽後，大家都不管，曹操才去管，曹操未管之前，袁紹袁術劉備都可以去管，諸葛亮等也可以去管，但他們都不管，曹操既然管了，至是「宗廟社稷始立」。照理，地方州牧應該放下武器，通力合作，襄天下於統一。然而那些州牧仍擁兵自肥。誠如獻帝下詔袁紹，責以「地廣兵多而專自樹，不聞勤王之師，但擅相討伐」，又云：「當此之時，宗廟乏祀，社稷無位，群凶覬覦，分裂諸夏」（三國志魏志）。袁紹接奉帝詔，也深覺慚愧，曾上表陳愬，朝廷任他為太尉，可是袁紹覺得在曹操之下，指曹操「今乃挾天子以令我乎！」表辭不受（後漢書）。曹操對袁紹的抗衡也有些害怕，曾請求朝廷把大將軍讓給袁紹（這當然非真心），而袁紹竟辭語驕慢，仍不接受。

不管他與曹操的私怨如何，真不願擁護中央，想自己獨立「門戶」北面稱王的企圖，是可以看得出來的，這種既不勤王在先，又不受位於後，見曹操大權在握，又生妒嫉之心，酸溜溜的，既無大將風範，又乏謀臣度量，假使袁紹在朝，曹操在野，當時局面更不知依於胡底。

至於這時的劉備，因為被呂布所惡，才走歸曹操，曹操對他非常好，立即授予豫州牧，沒想到馬上就有小人程昱在操的面前讒說：「觀劉備有雄才，而甚得眾心，終不為人下，不如早圖之。」曹操以為「分今收英雄時也，殺一人而失天下之心，不可。」乃以之問於郭嘉。嘉曰：「公起義兵，為百姓除暴，推誠仗信，以招俊傑，猶懼其未也，今備有英雄名，以窮歸己而害之，是以害賢為名也，如此則智士將自疑，回心擇主，公誰與定天下乎！」曹操然其言，並增派劉備兵糧，防呂布，可見曹操最初善待劉備也」。

在曹操來說，他是「奉天子以令諸侯」，在地方州牧來說，他是「挾天子以令諸侯」，這一個「奉」字與「挾」字的含意完全相反。後人讀史，既不祖曹操，也不為州牧，應該把「奉」「挾」二字運用的時代意義弄清楚。就當時天下分裂、群雄割據的情形來看，「奉」也好，「挾」也好，曹操所站的立場，似乎「名正言順」，替漢室謀天下統一，天下不統一，談甚麼都不夠資格。地方州牧只顧割據，不奉王命，甚麼理由都沒有了，曹操冠冕堂皇得很，他總是代表了中央。曹操骨子裡固然壞，後來甚至壞到極點，但在赤壁之戰以前，他仍然是一位忠於漢室的朝臣，一些反對曹操的人都曾說過公道話，如袁紹的一位謀臣郭圖說：「曹操奉天子以令天下」，傅幹助馬騰時也說：「曹操奉天子誅暴亂，法明政治，上下用命，可謂順道矣。」這樣看來，曹操既是「奉天子」，則袁紹等便是「反天子」。建安四年，袁紹攻打許昌，更是公然叛變，當袁紹攻打許昌前。曾勸張繡、賈詡投效他，但賈詡勸張繡說：「夫曹公奉天子以令天下其宜從也」。這些都是維護正統支持「中央」的正義之言。

站在漢室立場來說，袁紹、袁術、孫策、呂布等都是叛臣叛將。尤其袁術在建安二年就把持「玉璽」僭號稱起帝位來，稱帝之後，「淫侈滋甚，媵御數百，無不兼羅紈，厭粱肉」，直至「自下饑困，莫之收恤，資實空盡，不能自立」時，才又遣使將帝號讓給從兄袁紹，硬說是「祿去漢室久矣，袁氏受命當王，符瑞炳然」。袁紹後來雖然沒有接受帝號，但始終不與曹操合作，不遵王命，不接受朝廷職位，其僭逆亦知。且當年與曹操共起兵時，即有「吾南據河北，北阻燕代，兼戎狄之眾，南向以爭天下」的意圖。這很可以看出：即使後來曹氏不篡漢，袁氏會不會篡漢呢？

袁紹攻許昌，名義上是反對曹操「挾天子」，骨子裡不能說沒有「居心」。若為「勤王」，何以在曹操未迎帝位許昌時有人勸他「勤王」而不勤王，等到曹操「勤王」後，再去反對曹操而「勤王」，鬼也不相信。

其後曹、劉交惡，是因為劉備先與董承謀誅曹操，在劉備與董承謀反時，曹操並不知道。建安四年曹操還派劉備率兵往擊袁術。小人程昱在曹操面前讒說，認為「劉備不可縱」。曹聞言始頗為後悔，但追之已不及。劉備亦早預知難與操共事，遂殺徐州刺史，舉兵屯兵於沛。建安五年，董承謀反事洩伏誅，而曹操和劉備之間自此便公開決裂。

劉備初與袁紹合作，旋紹為操所敗，備乃走依劉表，並由司馬徽介紹，在襄陽隆中找到諸葛亮，諸葛亮一開始就勸劉備「東連吳會，西通巴蜀」，有名的「隆中對」便是日後「三分天下」的根源。赤壁之戰也是這樣打起來的。照理應該讓曹操打勝，因他「兵多將廣」，又是奉天子的命令來統一天下。可是他失敗了。讀三國演義時，一般人（包括我）在心理上都覺得曹操該敗，孫劉該勝，若再讀《三國志》後，其感受自然不同。歷史家都喜歡談戰爭的影響，赤壁之戰的影響為何？造成三國鼎立的形勢，使天下分裂，這一分裂，連續亂了幾百年（晉之短期統一，天下並未安定）。

赤壁戰後，曹操回朝，不久作了丞相，又封為魏公，三國志裡留下的那一篇漢獻帝「策命」之辭，簡直把曹操譽為「聖人」，這篇文情並茂的詔令，真不知出於那一位拍馬屁的手筆，竟使曹氏這種為「漢室」的「功勞」留傳千古。

再說孫劉雖打了勝仗，只不過是暫時合作，劉備在江南呆不下去，孔明再出主意把巴蜀劉璋的地盤搶下來。不久，曹操死，漢室既無忠良，又無謀臣，更乏宗親，落得曹丕篡個便宜天下。劉備見曹氏既篡漢，第二年也自立於成都，再過八年，孫權才改號稱帝，三國局面於焉造成。

伍子胥的功過

提到歷史上的忠臣義士，伍子胥幾乎是家喻戶曉的人物。但他自己認為是倒行逆施，乃為後世漢奸留下一個壞榜樣，你看看我是如何評論他的：

有關伍子胥的歷史，對國人來說，可謂婦孺皆知，而且在主觀上大家都認為他是一個好人，一位忠臣。

前幾年有一部國片〈西施〉上映，由於以越王勾踐雪恥復國為主題，觀眾對那位賣主求榮，既先不忠於楚，旋又不忠於吳的伯嚭，不但不覺其討厭，反而認為那樣做才能使越王復國，好不快哉！觀眾雖自始至終站在越國那邊，但對伍子胥忠於吳王而遭殺身之禍的下場，仍感到無限惋惜。

伍子胥對吳國來說，的確忠心耿耿，一諫吳王拒納西施，再諫吳王滅越，三諫吳王殺勾踐，四諫吳王防越，奈何吳王受伯嚭挑撥離間，非但不聽，反將其殺害，對吳人來說，好不哀憐。

看電影和讀小說的人，亦僅知伍子胥之忠於吳，而忽略其負於楚。

據史記楚世家及伍子胥列傳載，楚太子傅費無忌因無寵於太子，乃讒其太傅伍奢于平王，平王因囚伍奢，費無忌更讒曰：「伍奢有二子，皆賢，不誅，且為楚憂，可以其質而召之，不然，且為楚患。」於是，楚王遣使召二子。伍子胥曰：「楚之召我兄弟，非欲以生我父也，恐有脫者，後生患，故以父為質，詐召二子，二子去，則父子俱死，何益父之死，死而令仇不得報耳，不如奔他國，借力以雪父之恥，俱滅無為也。」其兄伍尚曰：「我知往終不能全父命，然恨父召我求生而不往，後不能雪恥，終為天下笑耳，汝能報殺父之仇，我將歸死。」於是伍尚被執，旋與其父同時被害，伍子胥亡奔，輾轉至於吳。

伍子胥在他父親眼裡是一位「智而好謀，勇而矜功」（楚世家）「為人剛戾忍」的人（列傳）。伍奢雖被囚，仍對楚王說：「然為楚國患者必此子」。及子胥亡去，伍奢又「警告」國人說：「胥亡，楚國君臣，其苦兵矣。」

子胥為父兄報仇是應該的行為，而且必報。然真正陷殺其父兄者乃費無忌，以子胥之勇與謀，殺費無忌輕而易舉。可是他卻找錯對象，埋怨君王，背棄祖國。逃到「外國」去做起「楚奸」來，終於率領外軍打進自己的國家，蹂躪自己的同胞，把平王屍體從墳墓中掘出，還鞭打三百，顯然他這種僅為父兄報仇，而打垮自己國家的行為，是因「小我」之不平，禍「大我」以洩忿，千古之下，人人得而誅之。當時他的友人申包胥責備他說：「子之報仇，其以甚乎，吾聞之人眾者勝天，天定亦能破人，今子故平王之臣，親北面而視之，今至僇死人，此豈其無天道之極乎？」伍子胥居然回答說：「吾日暮塗遠，吾故倒行而逆施之。」

這一句「倒行逆施」後世一些國賊漢奸的理論，都是根源於此。伍子胥是歷史上楚國叛賊乃自己親口承認者，司馬遷說他是「烈丈夫」，豈不謬乎。

論田單復國

在老蔣時代，政府的政策目標，主要就是反攻大陸，在一次雙十節的慶祝大會上，蔣總統說：「我把你們從大陸帶出來，我一定要把你們帶回大陸去」。當年追隨政府來台的人士聽到這句話，無不歡欣鼓舞，熱淚盈眶，我當時也真的感動得流下淚水。蔣總統並在金門大武山題上「毋忘在莒」四個字。

毋忘在「莒」，有兩個歷史記載，一是指當年齊國的公子小白，因國內發生內亂，乃逃往莒國避亂，殆亂事平定後，回到國內繼立為王，就是鼎鼎大名的齊桓公。一是齊國被燕國打敗，只剩即墨和莒地兩個城池。後來田單守住即墨城，從即墨城反攻打敗燕國，光復了齊國的河山。

蔣總統的那個莒字，究竟指的是「即墨」還是「莒城」？如果是指田單復國，而田單復國明明是從即墨開始，應該叫「毋忘在即墨」才是。在威權時代，沒有人敢提出質疑，就在這種「似是而非」的情況下，全國上下掀起了「田單運動」，在軍中成立了「莒光連」，「田單營」，國民黨成立了「田單黨部」，到現在還有「莒光號」火車。口號到處喊，標語滿街插，機關學校請專人演講，我那時任教於省立基隆高中，基隆市的救國團也請我到基隆各級學校去講這個歷史故事，我小心謹慎把兩個故事都講了出來，沒有下結論，只是特別強調田單的復國，但覺得有點「違心論」，後來還是忍不住把我想說的在當時青年民主社會黨所辦的「民主潮」上發表了：

燕國本孤處北隅，初與中原各國少有關係，自蘇秦游說起，漸與諸侯來往。

齊燕兩國的感情本來很好，齊桓公時曾親率軍隊擊破山戎，救助燕國，回來後還送了一塊領土給燕國。

燕至噲王時，國內大亂，齊國湣王好大喜功，竟乘機舉兵破燕，佔據燕都，殺其君臣，毀其宗廟，遷其重器。以致燕民群起憤激，諸侯亦紛紛出兵干涉，齊始退兵。

燕昭王即位後，弔死問孤，與百姓同甘苦，卑身厚幣以招求賢者。於是樂毅自魏往，鄒衍自齊往，劇辛自趙往。一時人才濟濟，國勢日盛。

西方的秦國正在施行統一政策，而此時齊國用孟嘗君為相，對東方諸侯頗具號召力，如果東方諸侯國團結一致，聯合抗秦，則為秦國最恐懼者。故秦國運用「遠交近攻」的政策，派使者誘勸齊國自稱東帝，則秦為西帝，企圖分化齊國與東方諸侯間的感情。適蘇代自燕入齊，勸齊湣王不要上秦國的當，因此齊國稱帝二日便去掉帝號又稱王，秦國這一陰謀未得逞，心有不甘，秦認為不把齊國打倒，統一政策也就無法實現了。

正好燕昭王分派使者約諸侯攻齊，以復前仇。而諸侯皆惡齊湣王驕暴，秦更忌其強盛，方以弱齊為計，燕使者至，皆爭合謀與燕攻齊，且東方諸侯自相攻伐，自耗彼此間實力，正中秦之下懷。於是燕昭王以樂毅為上將軍，率韓趙魏秦五國兵攻齊，一舉下齊七十餘城，齊湣王出亡，燕兵入齊都，盡取齊國的寶器，燒燬宮室宗廟，齊城未下者，僅即墨和莒城兩個城，然後諸國都撤兵回去，獨留樂毅在齊繼續攻打。

五國兵能一舉攻下齊國七十餘城，何以獨留二城不下；諸國既然協助燕國攻齊，報復前仇，何以不把齊國滅亡，獨留樂毅在齊？諸侯既聯合打敗齊國，何以七十餘城均交由燕國佔領，諸國為何不瓜分其領土，而都撤兵回去？很顯然的，這又是秦國的另一陰謀。因為秦國所以參加攻打齊國，一是摧毀齊國的實力，一是消耗諸國的兵力。但不希望把齊國滅亡，因為齊國亡，燕國勢力增大了。秦國又認為諸國若瓜分齊國領土，也只對燕趙韓魏有利，遠在西方的秦國即使分得齊地一二城池，但鞭長莫及，無法照應，不如大家都不要，留給燕國去獨享，也就予齊有復興的機會。

同時我們又可以看出，在諸國助燕破齊時，楚國沒參加，而當燕國下齊七十餘城後，楚卻派將軍去助齊防燕。這當然也是秦的傑作，按此時，楚已在秦的掌握中，不得不聽話，而楚又何嘗不想在齊地獲些利益，所以楚將助齊防燕，反而又殺了齊王，所以樂毅留在齊國五年，竟沒有能夠攻下莒城，田單才有機會在即墨作復齊的準備工作。

司馬遷寫田單列傳，頗為精彩，首先安排了一個反間策略，使燕王撤換樂毅，樂毅不去，田單復齊根本無法做到。因為燕昭王還在位時，已經把攻下的齊國土地，劃出了一部份封樂毅為一個小王國了，這件事後來樂毅寫給燕惠王的書中透露過（戰國策）。因此田單所宣言的「樂毅欲連兵南面而王齊」本是事實，田單只得利用燕惠王與樂毅間的宿怨，同時又因為樂毅不是燕國人，新即位的燕王疑心是情所當然，所以這個「反間」之計，運用起來很是順利。田單復齊的主要關鍵便在此。

至於田單傳中所謂田單「令城中人食必祭先祖於庭，飛鳥悉翔城中，使燕人怪之」，又「宣言神來教我，強一士兵為神而師之」，此「疑神疑鬼」的計劃，只是欺騙童騃之輩，設若城中有人洩漏消息，即白費心機。另外田單宣言「吾唯恐燕軍之劓所得齊卒，置之前行，與我戰，即墨敗矣」，又「吾懼燕人掘吾城外冢墓，僇先人，可為寒心」，因是燕人割掉齊國俘虜們的鼻子，挖齊國的祖墳。這一「心理」運用，固可激齊人憤怒之心，堅守城之志，但燕軍的這種罪行，實是田單的罪行。至於最後的「火牛」戰，更是一種未可預料的冒險，這一冒險，固足以造成燕軍的亂陣，那究非兵家之法，總之這幾種策略既失仁道，而根本就不實在。

一般對田單復國的精神，頗為贊佩，我不敢獨唱反調，但我總覺得田單復齊，大部份得力於秦國的分化政策的運用，田單只是乘機施了些小技巧，利用了對方一些弱點，雖曾「身操版插，與士卒分勞苦」，這也只是在出戰前作作樣子。因為事實告訴我們，樂毅率燕軍佔據齊地前後共五年，這五年中，田單並未做什麼事，燕軍因楚國的助齊，久攻莒城不下，再去攻即墨，即墨大夫出戰陣亡，城中人，才因田單曾在安平戰役中逃亡有術，以為他「知」兵，乃一時推舉他出來為將軍，來抵抗燕軍。可見田單只是「逃亡有術」而已。或許齊國僅有即墨、莒城，無處可逃了，如果還有地方可逃，田單可能又率宗人用鐵皮包裹車軸逃跑了。所以田單復國又可謂「置之死地而後生」。

再則燕昭王死，惠王即位，田單才能用，「反間」去掉樂毅，而燕王元年，田單就恢復了齊國。換句話說，從田單縱「反間」到使用「火牛」，一年的時間都不到，便能復國，談不上什麼堅苦奮鬥，難怪司馬遷在字裏行間也隱隱的說，不過「出奇制勝」而已。這和越王勾踐二十年的臥薪嘗膽就不能比了。

歷史家的責任（兼談勾踐臥薪嚐膽）

談到「臥薪嚐膽」，一般人都是望文生義。還有位畫家畫了一幅「臥薪嚐膽」圖，越王躺在一堆柴火上，上面吊著一個膽對著他的嘴巴，表示勾踐就這麼每天嚐著膽，睡著柴火，這般刻苦耐勞因而復國。有一部電影「西施」，越王頭上懸掛的那個膽，比籃球還大，我想這個導演一點常識都沒有，世上那有如此大的動物膽，除非春秋戰國時代還有恐龍的存在。

史記踐王勾踐世家記載。「勾踐返國，乃苦身焦思，置膽於坐，坐卧即仰膽，飲食亦嚐也。」但沒有提到「臥薪」一事。《吳越春秋勾踐國外傳》記載：「愁心苦志，懸膽於戶，出入嘗之不絕於口。」也沒有提「臥薪」的事。李敖在電視上說：「臥薪」是宋朝人才加上去的。按情理一國之君，首應注重身體的保養，方能負起雪耻報仇之大任，不可能每晚都睡在一堆柴火上，更不可能每天吃苦膽，只不過用舌頭去舔一舔，這是為了使自己不沈溺於安樂之中而忘了復仇罷了。

國史上很多事情，都被後人誤解了，這是研究歷史的學者要做的事。我乃於六十七年三月提出呼籲，寫了「歷史家的責任」一文發表中華日報的副刊：

大禹是我國工程師們的師祖。民國二十九年中國工程師學會在成都舉行年會，建議政府請以禹的誕辰日為紀念節日，行政院乃於三十年一月正式核定六月六日為「工程師節」。因為禹治洪水，所採用的方法，先『奠高山大川』勘察地形，然後「疏九河，瀹濟漯而注諸海，決汝漢，排淮泗而注之江」，很合乎現代「科學」道理，其治水期間又不辭勞苦，經常披星戴月，揃風沐雨，到處奔波，有時從家門經過都沒時間進去看看，其因公忘私，愛惜光陰的精神，的確可作工程師們的典範。孔子讚之曰：「菲飲食而致孝乎鬼神，惡衣服致美乎黻冕，卑宮室而盡力乎溝洫，禹吾無間然矣。」

經史典籍，記載禹的事多矣。連孔子都說「吾無間然矣」（對於禹還有什麼可說的呢？）然而，我們的很多歷史卻不承認他是個「人」，認為他只是一條爬蟲；我們的歷史教科書也認為那只是「文獻上的記載」而已。至於禹究竟花了多少時間治平洪水，更迄無定論。雖然，史記說「禹勞身焦思，居外十三年，過家門不敢入。」尸子君治篇云「禹疏河決江，十年未闞其家。」吳越春秋：「禹勞身焦思，以行七年，聞樂不聽，過門不入。」但諸書中所云「某年」並未肯定是禹治水的「年數」。況且，尚書禹貢篇也沒有明言禹治水的時間，其中僅云：「厥田惟中下，厥賦貞，作十三載乃同。」鄭玄注謂：「十三年乃有賦與八州同」。史記夏本紀亦有「十三年乃同」一語。宋人沈蔡更說得很清楚：「當時兗州之地，因遭受洪水之害很深，時水患雖平，而泥沙未去，加以土曠人稀，生理鮮少，要等待十三年之後，才能像其他各州一樣來抽稅。」

可見「十三年」並不是禹治平洪水的年數，也許比十三年的時間更久。事實上，當時洪水氾濫天下，由察地形到疏九河，以古時簡陋工具，十三年的時間恐怕無法完成。再則「禹居外十三年，三過家門而不入。」後來亦多有誤解。「居外十三年」和「三過家門不入」也許是真的。但並非「十三年之內」未曾返家，只是曾經有三次因公務在身，雖從家門經過，亦未進出而已。而我們的某些史家在講授這段歷史時，為了強調大禹「公爾忘私」的精神，硬說他十三年在外一直沒有回過家。更有某史家著《中華通史》云：「他（禹）躬行實踐……過家門不入，有一次還聽到新誕生的兒子在呱呱地哭呢。」試問，禹果真十三年未曾回家，其妻生子，豈不有「紅杏出牆」之嫌乎。

由此可見，我們坊間的某些「通史」，以及檢討我們的「通史教學」，不知道有多少地方沒有把歷史真象交待清楚。或斷章取義，或咬文嚼字，歪曲事實者有之，誤解史文者有之，在「不求甚解」的情形下：反正「人云亦云」的敷衍下，行之久矣。一旦有人指出錯誤，被人質問的時候，又由於自尊，不肯認錯，反而寫文章自圓其說。像前不久有人在「大專通史教學研討會」中提出「臥薪嚐膽」一事的錯誤後，未見有人虛心檢討，只見有人把它當「談笑資料」，或當「文學欣賞」，或當「政治教條」。究竟有沒有「這回事」，該不該作個「結論」，恐怕懶得有人去管那檔子「閒事」。會散人散，各自回到崗位，依樣劃葫蘆，照舊宣科，何怪我們的歷史教學悽慘如此。

歷史就是歷史，貴真貴實，「臥薪嘗膽」既經人考證不完全是真象，今後教學就應該改改口。易言之，夫差之雪恥，句踐之復國並非單純的「臥薪」或「嘗膽」，況且有「張冠李戴」之嫌，則它的歷史價值何在？精神又何在？及焉能有其時代意義？難道吾人之復國建國，亦豈止「臥薪嘗膽」已足乎？明乎此，我們為何不去追探勾踐真正復國的原因：「非其身之所種則不食，非其夫人之所織則不衣，乃苦身焦思，折節下賢，食不加肉，衣不重采，目不視靡曼，耳不聽鐘鼓，葬死者，問傷者，養生者，吊有憂，賀有喜，送往者，迎來者，去民之所惡，補民之不足。……」如此這般，才是值得我們效法之處。

唐太宗說「以史為鏡可以知興替」。如果他所借鏡的那個「史」不是真的，只是後人所杜撰的「小說」，根本沒有那回事，就根本不可能，自然也就不值得去效法，有人主張不去管它的真象，只要那個人已為後人所崇拜，或某件事已為後人所樂道，就認為它有時代意義。如此說來，「愚公移山」也可視為「真實歷史」乎？愚公的「精神」能夠感動天神替他把山背走，還不夠偉大嗎？「挾泰山以超北海」的精神多麼了不起，何以孟子要說「非不為也實不能也」呢？漢人京房說：「今之視昔，猶後之視今也。」誠願我們的史家為後世立個好榜樣吧！

評愚公移山

前文提到「愚公移山」，「愚公移山」這故事，很早就聽老師講過。那時年齡小，不懂事，老師講什麼就聽什麼，毫無意見與反應，況且那故事乍聽起來，蠻有道理。如今年歲大了，時代也進步了，而且自己居然也負起「傳道、授業、解惑」的責任來，每天告訴青年人做人作事的道理，也不知多少次用「愚公移山」的故事訓勉同學努力奮鬥。這故事因聽得多，講得多，如今聽也聽厭了，講也講厭了。可是中學生國文課本裏仍然選用這篇文字來教育大家，同學們跟我一樣，也聽厭了，因為他們在幼稚班聽老師講過，在國語讀本裡讀過，現在中學國文本裏又來讀它，所不同的，一次是說故事，一次是語體文，一次是文言文。

這故事，這篇文字，何以愈讀越使人生厭呢？前面說過，人長大了，懂事了，時代進步了，有些過去的傳說落伍了，愚公移山的那種「精神」不值得我們效法了，那篇前後矛盾的文字不值得我們欣賞了，那種神怪的說法為科學時代所不許了。因此同學們讀了此文以後，祇是「愚公啊，愚公！何其愚也」的感覺。的確，愚公未免太愚了，聰明的人，有科學頭腦的人，太空時代的人，回頭向愚人學習，難道也是孔子講的「不恥下問」嗎？

現在讓我來把它詳細分析一下吧。

一、注釋錯誤

「太形、王屋二山，方七百里，高萬仞，本在冀州之南，河陽之北。」按現在所知，世界最高峰為額爾齊斯峰，高不過八千多尺，至於面積七百里，高七萬尺（每仞七尺）的山，絕對沒有。誰都知道，這是一篇寓言，一事一物都是作者的想像，故意把山形容得高大，愚公移起來就更困難。然而我們編書的人在該課文後很輕鬆的注釋說：「太形就是現在山西省的太行山，王屋也是山西省的山名，太行主峰在晉南縣南，王屋在陽城縣西南」。編者這一「輕鬆」，可把學生緊張了，翻開地理課本，找遍地圖每一角落，弄得滿頭大汗，請教所有地理權威，也未聞山西省有如此大山，無論過去，現在。這明明是「子列子」擬的兩座山，而且他已經把這兩座山的位置說出來：「一在冀州南，一在河陽北」，編者為何把它解作是現在的太行王屋山呢？或謂：此兩山雖在冀州、河陽，後來經「上帝」命「夸蛾氏二子負二山，一厝朔東，一厝雍南。」但古之「朔東，雍南」亦非現之太行王屋二山所在地。所以編者這一注釋，真把學生弄糊塗了。

二、文字矛盾

「鄰人京城氏之孀妻，有遺男，始齔，跳往助之。」很顯明的前往幫助愚公移山的，是那個七八歲的「遺男」，那京城氏之孀妻並未參加工作，而「遺男」之協助「愚公」，也是出於自動與好奇，想非由他媽媽勸勉。然而後文則謂愚公指責河曲智叟曰：「汝心之固，固不可徹，曾不若孀妻弱子。」這樣說來，「孀妻」也參加工作囉。豈不是前後矛盾嗎？

三、語意含糊

「我雖死，有子存焉，子又有孫，……子子孫孫，無窮匱也，而山不加增，何苦而不平？」又前文說：「遂率子孫，荷擔者三夫，叩石墾壤，箕畚運於勃海之尾，寒暑易節，始一返焉。」由此可知參加工作的人不多，運土的人明明僅三個挑夫，把土用畚箕一擔擔運到勃海，往返要一年的時間，換句話說，一年之內，愚公才能把偌大兩座山的土剷出六畚箕，「方七百里高萬仞」之山，不知要花多少萬萬年的時間呢。既需要如此長久的歲月，由於地勢的變遷，風沙雨雪的影響，愚公花一年的時間，費九牛二虎之力，剷出三擔土，等運到勃海回來，說不定又回復原狀，所謂「山不加增」可能嗎？

四、主題落伍

「操蛇之神聞之，懼其不已也，告之於帝，帝感其誠，命夸蛾氏二子負二山，一厝朔東，一厝雍南。」作者這樣結尾，無非是以愚公的堅毅和真誠感動了天地，終於達到了移山的目的。在那個神權高於一切的時代，作者如此想像是不可厚非的，然而彼一時也，此一時也，在我們人權高於一切的原子時代，為什麼學習那種傻勁，是不是認為，不管能不能做到的事，只要我們堅定信心去做，縱使自己的力量做不到，結果，你的精神也可以感動上帝，上帝也會命人像幫助愚公一樣來幫助您的呢？這種想法未免太幼稚太落伍了。瑞林金言集有句話說得對：「僅憑經驗作事常是危險的，因為科學日新月異，人事變幻莫測，如果為了二十年前做某一事的經驗，而在二十年後的今天用同一方法做同性質的事情，即使不是危險而有錯的，也是落伍而不合潮流的。」可是，我們編書的人卻在那篇文章的題解中說：「一個人祇要有堅定不移的意志，勇往直前的精神，無論什麼困難，都可以克服，無論什麼企圖都可完成，世界上真正能夠獲得成功的，祇有傻幹的人。」假若不顧實際條件，真的「任何困難可以克服，任何企圖可以完成」嗎？不可能的。（原載中國語文月刊）

論屈原之死

每年端午節，都有人寫文章紀念屈原先生，近幾年從報章雜誌，讀到多篇有關「屈原之死」的文章，歸納起來有三種看法：

（一）認為他的〈天問〉篇中，否定了人生，對宇宙和生命的真義懷疑，在這種情形之下，他不得不死。

（二）屈原應該當政治上失意時，專心於文學寫作。他之投汨羅江是一種消極而不值得效法的行為。

（三）屈原的感情脆弱，缺乏殉道精神。應效史可法等身死封疆。

本文對上述三種意見，不擬批評，謹就歷史事實略述管見。

屈原為楚懷王左徒時，「博聞彊志，明於治亂，嫻於辭令，入則與王圖議國事，以出號令，出則接遇賓客，應對諸侯，王甚任之。」他當時的職位僅次於令尹。不幸朝中有一位上官大夫靳向，在懷王面前爭寵，而自己的能力又不行，他看到屈原為懷王草擬的法令文稿，想奪為己出，屈原不肯，靳向乃在懷王面前讒說：「王使屈原為令，眾莫不知，每一令出，平伐其功曰：以為非我莫能為也。」懷王信以為真，怒而疏之。這是屈原首次受到的打擊。

屈原不肯把自己草擬的文稿，送給上官大夫，這是文人本份，並非邀功。無奈靳向無恥，懷王昏庸，糊裏糊塗「親小人遠賢臣」。

屈原雖「信而見疑，忠而被謗」，他只是把他的遭遇與內心的悲痛，藉文字表現出來。他並沒有如後世之一般失意政客，來反對他的政府，或任意攻訐。他也沒有因此消極。當他「竭智盡忠，而被障於讒，心煩慮亂，不知所從。」時，他還往見太卜鄭詹尹，求神靈的指引。楚王雖疏遠了他，他仍「睠念楚國，繫心懷王」。熱愛自己的國家，忠於已討厭他的君王。

當時楚國有親齊親秦兩派，屈原陳軫主親齊，懷王稚子子蘭和上官大夫靳向親秦。故屈原雖不在朝，仍能代表楚國東使齊國。未幾懷王被秦使張儀花言巧語所騙，竟與齊國絕交，召回屈原。這固然又是親秦派的勝利，事實上親秦派的子蘭、靳向，並不是為了國家利益，完全是貪圖私利出賣了國家民族。

屈原奉召回國，懷王仍疏而不用，沒有參預政治的機會。但他一片愛國熱忱，不容他坐視祖國的危亡，他認為張儀的「連橫」政策，挑撥離間，是對楚國最危險的人物曾勸楚王殺了他。怎耐楚王愚蠢，不知秦國的騙局，在張儀掌中，一誤再誤，終至被騙到秦國，死在秦國。

懷王一死，太子立，是為楚頃襄王，子蘭做了令尹。太權在握，他又是親秦有力份子，當然容不了親齊派的屈原。不但不任以朝政，甚至不讓他住在國都裏，把他放逐到僻遠的江南。

屈原被放，他並沒有馬上就自殺，他仍希望有機會為國家服務，但他失望了。（卜居：屈原既放，三年不得復見）他當然也想忘情政治，專攻文學，寫些更高超的文學作品，但時間不容許他了，秦國的大軍已打到楚國來了。他知道大勢已去，楚國將亡，秦國很怨恨他這個親齊派的人物，一定不會放過他。與其被俘受辱而死，不如先投江自殺，他又怕他高潔的身體被秦國所僇，所以他懷石投到江底去。他死得其時，死在事無可為時，死得其所，死在自己國土裏，沒有遠走高飛。

宇宙最偉大的是殉道精神，屈原就是具有這種精神，他明知內有昏庸無知的懷王，與那些希旨愛財的官僚的阻擾陷害，外有陰謀家張儀的挑撥活動，他仍堅持他「連齊制秦」的主張，不願向惡勢力低頭，不肯與那些小人同流合污。他曾在離騷中表示：「亦吾心之所善兮，雖九死其猶未悔」「雖解體吾猶未變兮，豈吾心之可懲」。像這種連抽筋剝皮也不怕的人，難道還會消極的去自殺嗎？後來雖是「自殺」而死，但那還是「為政治而生，為政治而死」。他這一番忠君愛國之心，國人卻少有人了解他，難怪他說：「已矣哉，國亡，人莫我知也。」

或說屈原應該如張巡、文天祥、史可法等「殺身成仁，捨生取義」的精神，不可遽爾輕生。屈原又何嘗不希望如此。可是，他是被放逐了的，他變成了一老百姓。如果楚王不放逐他，任他以朝政，授他以兵柄，他當然會身死封疆。然而，國家不要他，敵人痛恨他，他手無寸鐵，用武無地，叫他還有什麼辦法。況且「成仁取義」不一定要死在敵人手裡。屈原之死，由於被放逐，他之被放逐，又是由於反對親秦，反對親秦，就是忠君愛國，以當時戰國七雄形勢而論，齊楚秦三國最強，屈原的主張關係楚國內政外交之轉變以及國運之盛衰。如蘇秦所說：「秦所害於天下莫如楚，楚強則秦弱，楚弱則秦強，此其勢不兩立也。」張儀也說：「今天下強國非秦而楚，非楚而秦。」如果當時楚懷王採信屈原的主張，一直與齊國和好，站在一條戰線上，楚國又何至於敗亡。屈原之死，能說非成仁取義嗎？

和氏之璧

韓非子和氏篇記載：「楚人和氏得玉璞楚山中，奉而獻之厲王，厲王使玉人相之，玉人曰，石也。王以和氏為誑，而刖其左足。及厲王薨，武王即位，和又奉其璞而獻之武王，武王使玉人相之，又曰石也。王又以和為誑，而刖其右足。武王薨，文王即位，和乃抱其璞，而哭於楚山下，三日三夜，泣盡而繼之以血。王聞之，使人問故曰，天下之刖者多矣，子奚哭之悲也？和曰，吾非悲刖也，悲夫寶物而題之以石，貞士而名之以誑，此吾所以悲也。王乃使玉人理其璞，而得寶焉，遂命曰和氏之璧。」

後來楚國向趙國求婚，便用「和氏璧」作「聘禮」，於是趙惠文王獲得這塊璧玉。據史記藺相如列傳記載，秦昭王也想要那塊寶物，乃派人致書趙王，願以十五個城換和氏璧。趙王畏懼，不敢拒絕，又怕秦王負約，便遣上卿藺相如奉璧入秦。相如見秦王無意償城，乃設計「完璧歸趙」。其後秦併六國，和氏璧終為秦國所有，秦始皇命丞相李斯篆書，王二孫壽磨刻作印璽，從此成為世代相傳的「傳國寶」了。

秦王子嬰向劉邦投降，玉璽便歸於漢朝。王莽篡漢時，首先要「傳國寶」，令王舜逼皇太后交出玉璽，太后怒將玉璽投擲於地，傳說損缺一角，旋被人用金子鑲補起來，後來有人一提到玉璽，必先問「是不是鑲了金的那顆」。光武中興，復得玉璽，曹丕篡漢，玉璽自歸曹魏，司馬炎篡魏，國寶便屬於西晉了。永嘉之亂，前趙劉聰奪玉璽，石勒滅前趙，又奪此璽，石勒亡，濮陽太守戴施入鄴得璽，並使人送往東晉，晉亡，璽傳劉宋，宋又傳齊。侯景之亂，璽又輾轉到了北齊，齊亡，璽入北周，楊堅篡周，璽入隋，由隋傳唐，至五代後唐李從珂的末年，玉璽失於火，自是這個玉璽失傳，後世亦不再視它為「傳國寶」了。

現在有一部明代的手抄本，是成都楊慎所著，楊慎在所著「玉璽考」中曾談到元朝元貞三十一年，在木華黎的曾孫碩得的家中出現那塊玉璽，但楊氏已經認定那不是真品。

近世史家根據通典及文獻通考等書的記載，都認為秦時用「和氏璧」作的玉璽傳到五代後唐，的確焚毀於火。

民國五十三年三月九日，中華日報突然刊出一篇特稿，報導一位學人曹樹銘從新加坡歸來，帶回大批珍藏的古物，其中居然有李斯篆書的「受命于天，既壽永昌」的秦始皇玉璽在焉。現在並存放在中國文化大學的文化博物館內。曹樹銘是清代乾隆、嘉慶、道光三帝宰相曹振鏞的後代，他帶回的寶物，包括那個失傳的玉璽，大概是他的祖先傳下來的。不過那塊玉璽，某些專家仍然引經據典否認它是真品。

況且據說在乾隆皇帝時，有一個挑河民夫在寶應縣界拾到一顆玉璽，交給郭浩，郭又交給江南河道總督高斌，高斌從印文上來看，以為是失傳秦皇玉璽，於是進呈乾隆皇帝，高宗乃交代諸大臣審議，認為是前代仿刻之物，因此乾隆十一年在御製寶譜序上認定那顆玉璽為「前代好事者仿刻，視同玩好舊器」而已。但仍把它收藏在故宮博物院。據國立中央博物館，副主任那志良說，在大陸變色時，要搬運的古物太多，那塊既係「好事者仿刻」的玉璽並沒有攜運來台。

現在曹樹銘收藏的那顆，是否與故宮那顆有關，不得而知，不然，一顆已真偽莫辨，現在有兩顆，真偽更難辨了。

總之，那塊石玉，從它出土後，便遭到「真偽」不辨的厄運，二千年又歷盡滄桑，飽經憂患，到如今仍落得「真偽」莫辨的下場，玉雖為物，亦堪憐憫。然而，為了它，和氏斷送了兩條腿，為了它，秦王願意讓十五個城池；為了它，上卿準備捨生，為了它，多少帝王將相不知動了多少兵戈，其受寵尊榮，亦莫此為甚了。世事多變，物猶如此，人何以堪乎。

論秦漢隋唐之幸與不幸

中國歷史上有兩個最長的混亂局面，一個是秦以前的春秋戰國時代，一個是隋以前的魏晉南北朝時代。兩個混亂的局面大致相同，而秦隋的遭遇也頗為相似，都是中國歷史的轉變關鍵，各自結束了一個長期的分裂混亂時代，開創了一個輝煌的一統盛世，秦為漢作了先驅，隋為唐奠下了基礎。結果，秦隋犧牲了自己，成全了漢唐，不但少有人同情，還遭受某些人的惡意批評。

中國歷史悠久，從三皇起算，約五十萬年，自黃帝起算也將近五千年，秦始皇在西元前二二一年始將中國統一起來，是秦以前的中國佔了歷史的一大半，而這大半段的中國歷史是四分五裂的，孟子雖早提到「中國」二字，那只是稱「中原」之「國」罷了，並非指整個中國而言。春秋戰國時代的任何一個諸侯國都可代表中國的正統，好在那個時候中國還沒有真正對「外」關係的發生，關起門來，只是一個大家庭中的

糾紛不已，但這個大家庭中，「臣弒其君者有之，子弒其父者有之」，兄弟叔姪「爭城以戰，殺人盈城，爭地以戰，殺人盈野」相砍了幾百年，到秦始皇手裡才算結束了，真是中國歷史上一件大事。

東漢末年，群雄割據，不久三國鼎立，繼之五胡紛擾，南北分裂，社會風氣敗壞，政治措施荒唐，骨肉相殘，同室操戈，弒主奪位不已。這一個三百多年的混亂局面在隋文帝手裡結束了，可謂中國歷史上又一件大事。

由是一個大混亂的局面，使其歸於統一，固不是一件易事，要維持這個大統一的局面更不是一件易事。因此在政教方面應有重大的變革，加以社會不安，人心未服，非嚴刑峻法，實不足以扭轉頹風，故秦隋兩代的法政措施都略為苛嚴，這不是故為，而是勢所必然。

至於對外開疆擴土，對內修河築道，都是基於國家的需要，後世人多不諒解，徒以「暴秦暴隋」譏之，尤其有些人存有偏見，對秦隋伐匈奴征百越；討突厥征高麗，認為「只是好大喜功」。對漢唐伐匈奴、討突厥，則是「民族主義」。對秦隋之修長城，建宮室，築道開河，認為是「輕浮侈靡，不惜民力」，只是「進其無饜之欲」以供遊樂罷了。而對漢唐修長城，則是「國防建設」，漢唐建宮室乃是，「偉大建築藝術」。這種「偏見」的產生，固由於秦隋在經過長期的「兵荒馬亂」之後，沒有能夠讓人民「休養生息」，只顧國家建設，忽略民生建樂，認為這是造成統一時間很短的原因。殊不知漢唐享國長久的原因，就是因為有秦隋披荊斬棘，開山通道在先，而漢唐才能有平坦的地方建屋住家，在前人種的樹下納涼享福。兩相比較，可以說，秦隋是由混亂中求安定，漢唐是在安定中求進步，可見何者是幸，何者是不幸了。

秦始皇坑「儒」的真象

要明瞭始皇「坑儒」，必先明瞭始皇與方士的關係。因為「坑儒」是由方士所引起，而所坑殺的也多半是些「方術之士」；其中或者有少數的真正儒生。

戰國時代至秦漢，方士的活躍很令人注意。所謂方士，便是一些求神訪仙，行長生不老之術的人。方士多半在齊燕地區，即渤海沿岸一帶活動。他們常對帝王公侯們說：東方海上有神仙，神仙有長生不老的仙藥，能得到仙藥，便可以長生不老。

後漢末劉熙所著「釋名」一書，謂，「仙」亦作「僊」，「仙」是指「人」移住「山」上，得到長生不老術而言。也就是人「遷」住山上，而去其「辶」旁，寫作「人」旁。筆者按史記本寫作「僊」。劉熙大概是根據史記來解釋的。另一說法，謂長生不老的神仙思想，是發自燕齊地方的山岳崇拜。

始皇二十八年起巡視天下，東到齊燕地區的時候，遇見許多方士，這些方士便紛紛報告始皇，說大海中有三座神山，山中有仙人仙藥，得之可以長生不死。始皇本紀記載方士徐市（一作徐福）上書言：「海中有三神山，名曰蓬萊、方丈、瀛洲，僊人居之，請得齊戒，與童男女求之。」於是始皇遣徐市發童男女數千人入海，求僊人。

史記集解引括地志云：「亶洲在東海中，秦始皇使徐福將童男童女入海求僊人，止住此洲，共數萬家，至今洲上人有至會稽市易者。吳人外國圖云，亶洲去瑯琊萬里。」

史記封禪書及前漢書郊祀志載：

> 自威宣、燕昭使人入海求蓬萊、方丈、瀛洲，此三神山者，其傳在渤海中，去人不遠，蓋嘗有至者，諸僊人及不死之藥皆在焉。其物禽獸盡白，而黃金銀為宮闕。未至，望之如雲，及到三神山，反居水下，水臨之，患且至，則風輒引船而去，終莫能至云。世主莫不甘心焉。及秦始皇至海上，則方士爭言之。始皇如恐弗及，使人齎童男女入海求之。船至海中，皆以風為解，曰，未能至，望見之焉。

徐市入海求仙不得，回報始皇，說是遇到風浪無法登岸。所謂「海中三神仙」，可能是「海市蜃樓」，方士無以還報，否則便是徐市到了日本，沒有回來。史記始皇本紀沒有記載這次求仙的結果。

所以始皇三十二年，東巡碣石時，又使燕人盧生求羨門、高誓二仙人，同時又使韓終、侯公、石生等方士求長生不老藥。而盧生自海上求仙回報者，不是長生不老的藥，而是從羨門那裡占卜問來的一句「亡秦者胡」的讖言。始皇便因此派蒙恬北伐匈奴。始皇對於方士們屢求仙藥都沒有結果，不免懷疑起來。史記封禪書中有「考入海方士」一語，集解引服虔曰：「疑詐，故考之。」顏師古注漢書也說：「校其虛實也。」盧生等也害怕他們欺詐的行為被始皇識破，史記始皇本紀三十五年載：

> 盧生乃說始皇曰：臣等求芝奇仙藥者，常弗遇，類物有害之者，方中，人主時為微行，以辟惡鬼，惡鬼辟，真人至，人主所居，而人臣知之，則害於神。真人者，入水不濡，入火不爇，陵雲氣，與天地久長。今上治天下，未能恬惔，願上所居宮，毋令人知，然後不死之藥，殆可得也。

於是始皇說：「吾慕真人，自謂真人，不稱朕。」（按始皇二十六年統一天下，自稱曰朕，至此不復稱朕。）乃下令「咸陽之旁二百里內，宮觀二百七十，復道甬道相連，帷帳鐘鼓美人充之，各案署不移徙，行所幸，有言其處者，罪死。」

一天，始皇幸梁山宮，從山上望見丞相李斯車騎甚眾，頗不滿。隨從者告訴了丞相。李斯便將跟隨的車騎減少。始皇大怒，以為左右洩漏消息，下令案問。沒有人承認。於是始皇將當時隨侍近側的諸人都逮捕殺之。從此，無人敢洩漏始皇的行蹤。群臣有事奏告，只有在咸陽宮才能覲見。（見史記始皇本紀三十五年）

方士侯生、盧生見始皇執法如此嚴苛，深恐自己的罪行被覺察。史記始皇本紀三十五年載：

侯生、盧生相與謀曰：始皇為人，天性剛戾自用，起諸侯，并天下，意得欲從，以為自古莫及己。專任獄吏，獄吏得親幸。博士雖七十人，特備員弗用，丞相諸大臣皆受成事，倚辦於上，上樂以刑殺為威。天下畏罪持祿，莫敢盡忠。上不聞過而日驕，下懾伏謾以取容，秦法不得兼，方不驗輒死。然候星氣者至三百人，皆良士，畏忌諱諛不敢端言其過。天下之事，無大小皆決於上，上至以衡石量書，日夜有呈，不中呈不得休息。貪於權勢至如此，未可為僊藥。於是乃亡去。

始皇獲悉他們已逃亡，又得悉他們過去所謂求仙藥，完全是欺詐的行為，因此大怒。史記始皇本紀三十五載：

始皇聞亡，乃大怒曰：吾前收天下書，不中用者盡去之，悉召文學方術士甚眾，欲以興太平。方士欲練以求奇藥，今聞韓眾去不報；徐市等費以巨萬計，終不得藥，徒姦利相告日聞。盧生等吾尊賜之甚厚，今乃誹謗我，以重吾不德也。諸生在咸陽者，吾使人廉問，或為訞言，以亂黔首。於是使御史悉案問諸生。諸生傳相告引，乃自除犯禁者四百六十餘人，皆坑之咸陽，使天下知之，以懲後。

始皇長子扶蘇諫曰：「天下初定，遠方黔首未集，諸生皆誦法孔子，今上皆重法

繩之，臣恐天下不安。唯上察之！」

始皇怒，使扶蘇北監蒙恬於上郡。（見史記始皇本紀三十五年）

按此即秦始皇「阬儒」的原委。後世無不以此病之，以與「焚書」同為虐政之一。

然考其原委，始皇之「阬儒」，實為方士所引起，所坑者也是方士，當時所稱「諸生」，即指「方士」。後人誤以為「諸生」為「儒生」。扶蘇雖言「諸生誦法孔子」，是說「方術之士」也是由春秋時代部份儒生所蛻化而來。他們雖然是儒生的招牌，賣的卻是另一種藥。所以史記儒林傳不承認他們是正牌的儒生，而說「秦焚書」，「坑術士」；前後漢書郊祀志也說彼等皆「阿諛苟合之徒」。始皇巡視天下，若沒遇到這些方士，他也不會想到仙人仙藥，長生不死的事，也不可能修長城，廣宮室的事，以及到海上射鯨的事都不致發生。（前述這些事都是方士所引起和建議的）有史為憑，不是故意在此為他脫罪。我很贊同梁啟超的看法，梁著「國史研究」說：

焚書坑儒同為虐政，而結果非可一概而論，阬儒之事，所坑者咸陽四百餘人耳，且禍實肇自方士，則所坑者什九，皆如漢時文成五利之徒，（漢武帝時方士）左道欺罔，邪諂以易富貴，在法宜誅也。即不然，襲當時縱橫家餘唾，揣摩傾側，遇事生風；即不然，如叔孫通之徒，迎合旨意，苟以取榮，凡若此輩，皆何足惜！要之當時，處士橫議之風，實舉世所厭棄，雖其間志節卓犖，道術通洽之士亦較他時代為特多，然率皆深遯巖穴，邈與世絕矣，其僕僕奔走秦庭者不問而知其為華士也。始皇一坑，正可以掃滌惡氣，懲創民蠹，功愈於罪也。

始皇「坑儒」真象既然如此，何以迄今尚不得人諒解，大概又因為唐人張守節在史記儒林傳中引述了這麼一段：

> 顏云，今豐縣溫陽之處，號愍儒鄉，溫陽西南三百里有馬谷，谷之兩岸有阬，古相傳以秦阬儒處也。

衛宏詔定古文尚書序云：

> 秦既焚書，恐天下不從所改更法，而諸生到者拜為郎，前後七百人，乃密種瓜，於驪山陵谷中，溫處瓜實成，詔博士諸生說之。人言不同，乃令就視，為伏機，諸生賢儒皆至焉，方相難不決，因發機從上填之以土皆壓，終無聲。

按文中除言「諸生」外，並有「賢儒」。我想後世說始皇坑「儒」或者採信這個證據。然「正義」所引，究竟不是正史，而衛宏詔定尚書序中所云又是「七百人」，與前述所坑「四百六十人」的數字不相同。這段文字，只是介紹始皇坑殺「方士」的方式而已，要不然就是一事之分化。

秦始皇焚書的經緯

秦自孝公商鞅變法以後，地方上就採行「縣」制，全國共設置四十一個縣（史記六國表及商君傳說三十一縣，此處採用始皇本紀），每縣置令、丞（正副縣長），由朝廷任命。秦王政時，每滅亡一國，便開始設郡，統一天下後，全國共設置了三十六個郡，郡的下面設若干縣，其後開疆拓土增設到四十二個郡，郡類似今天的省，郡的負責人叫做「守」。秦以後稱「太守」。

秦始皇在統一天下之前，還沒有稱「皇帝」，只稱「秦王」，他的名字叫「政」，所以叫秦王政。滅亡六國統一天下後，他認為應該改個名號，才足以宣揚他的功業，乃召集丞相、御史百官共同議論。當時的丞相王綰，御史大夫馮劫，廷尉李斯都認為秦王，「興正義大軍，誅殺暴亂的賊子，平定天下，分國家為若干郡縣，法政統一，是上古以來未曾有的功績。」於是他們作成決議：「古代有天皇、地皇、泰皇（人皇），其中泰皇最尊貴，臣等冒死呈上尊號，王稱為泰皇，天子之命稱為制，天子之令稱為詔，天子自稱朕。」秦王看了李斯等的奏章，覺得古代雖有三皇五帝，但三皇五帝都比不上他，他自認德兼三皇，功過五帝，乃採取三皇之皇，五帝之帝，而合稱「皇帝」。秦王又覺得遠古帝王只有號，沒有諡（彰揚死者道德功績），到了商周依據生前的事績，制定了一個諡號，這等於是由做兒子的來批評父親，做臣子的來議論君王，不合倫理，所以把「諡法」廢除。

這是西元前二二一年的事，也就是秦王政二十六年的事。於是把秦王政廿六年，改稱為秦始皇廿六年，司馬遷所撰的「史記」把秦莊襄王以前，也就是秦王政元年有關秦的歷史編寫成「秦本紀」，從秦王政代立為秦王以後的秦史編寫成了「始皇本紀」。秦王政廿六年統一天下後自稱為「始皇帝」。

但是始皇帝以後巡幸天下，所刻七座石碑文中，皆僅述稱「皇帝」，未見冠以「始」字。後來二世皇帝胡亥巡遊天下時，看到這些石碑，既是他父親始皇帝所作，為何刻石上面都是「皇帝」云云，而不稱「始皇帝」呢？胡亥說：「今襲號而金石刻辭不稱始皇帝，其於久遠也，如後嗣為之者，不稱成功盛德。」於是二世胡亥令丞相李斯等在刻石旁加刻他的詔書，自是「始皇帝」之名傳於後世。可見當初秦王政雖云「朕為始皇帝」的意思只是「他是自古以來第一個皇帝」，在官文書上故僅以「皇帝」祇稱，而不冠「始」字。胡亥嗣位，為表示其為「二」世皇帝，故名為「始」（一世）皇帝。漢代學人賈山曾說：「死，然後號始皇帝。」

有些編寫中國通史的史家說：「秦始皇，廢封建行郡縣制」。這是錯誤的，因為在秦國孝公時便已廢封建設縣，其他諸侯國也都有郡和縣的設置，秦逐一滅亡國，每滅一國便設郡設縣，統一天下後全國已有三十個郡。丞相王綰等上書秦始皇恢復以前的封建制度，把兒子們分封為諸侯，始皇沒有作決定，把它交由臣下討論。群臣都贊同丞相的意見，但廷尉李斯獨排眾議，認為當年「周文武所封子弟同姓甚眾，然後屬疏遠，相攻擊如仇讎，諸侯更相誅伐，周天子弗能禁止，今海內賴陛下神靈一統，皆為郡縣，諸子功臣以公賦稅重賞賜之，甚足易制，天下無異意，則安寧之術也，置諸侯不便。」始皇聽了李斯這番話，認為說得很對，「天下共苦戰鬥不休，以有侯王。賴宗廟天下初定，又復立國，是樹兵也。而求其寧息，豈不難哉。」於是決定維持現行的郡縣制，不再恢復封建。所以秦始皇子孫跟人民一樣，沒有享受特權，沒有封疆列土，他甚至也不預立太子，認為未來的繼丞皇位者不一定是長子，視其品才德而定。他的長子扶蘇本來才德出眾，但因反對始皇焚書坑儒，被趕出朝廷到北方蒙恬那裡去監軍（監督將帥之舉動，防止圖謀不軌），後來始皇臨終時，還是認為長子扶蘇可以繼承王位，乃詔令他趕回咸陽辦理善後，不幸李斯、趙高在沙丘合謀，竟把扶蘇、蒙恬一起害死，所以由次子胡亥繼立為二世。大權操之於趙高。趙高弒二世殺李斯，立子嬰為三世，旋三世誅趙高，而秦政亦亡。

現在我們來看秦始皇焚書的原委：

秦始皇焚書，沒有一個人不痛心。不過這一項使後世學術蒙受最大影響的措施，事先並不是秦始皇個人的主張，而是曾為發揚儒家思想的荀子的學生李斯所建議的。其實，秦始皇並不是不重視學術文化，中國博士官的設置便起源於他；朝中七十位博士的設置，乃是仿慕孔子七十二賢人的意思。那麼焚書措施，又是怎樣發生的呢？從史記中可以獲得它的全部經過，史記始皇本紀三十四年載：

> 始皇置酒咸陽宮，博士七十人前為壽，僕射周青臣進頌曰：他時秦地不過千里，賴陛下神靈明聖，平定海內，放逐蠻夷，日月所照，莫不賓服，以諸侯為郡縣，人人自安樂，無戰爭之患，傳之萬世，自上古不及陛下威德。

秦始皇聽了自然高興，但博士齊人淳于越又進曰：

> 臣聞殷周之王千餘歲，封子弟功臣，自為枝輔，今陛下有海內，而子弟為匹夫，卒有田常六卿之臣，無輔拂何以相救哉！事不師古而能長久者，非所聞也。今青臣又面諛，以重陛下之過，非忠臣。

博士爭辯封建郡縣的利弊，始皇不能決定，便請群臣討論，丞相李斯力排眾議，提出他的主張：

五帝不相復，三代不相襲，各以治，非其相反，時變異也。今陛下創大業，建萬世之功，固非愚儒所知，且越言乃三代之事，何足法也！異時諸侯並爭，厚招游學，今天下已定，法令出一，百姓當家，則力農工，士則學習法令辟禁，今諸生不師今而學古，以非當世，惑亂黔首。臣斯昧死言，古者天下散亂，莫之能一，是以諸侯並作，語皆道古以害今，飾虛言以亂實，人善其所私學，以非上之所建立。今皇帝并有天下，別黑白而定一尊，私學而相與非法教，人聞令下，則各以其學議之，入則心非，出則巷議，夸主以為名，異取以為高，率群下以造謗，如此弗禁，則主勢降乎上，黨與成乎下，禁之便，臣請：

史官非秦紀皆燒之。

非博士官所職，天下敢有藏詩書百家者，悉請守尉雜燒之。

有敢偶語詩書者棄市。

以古非今者族。

吏見知不舉者與同罪。

令下三十日不燒，黥為城旦。（築長城防匈奴四年）

所不去者：

醫藥。

卜筮。

種樹之書。

欲有學法令，以吏為師。

從李斯當年諫逐客書起，始皇一直很信任他，於是在奏章上批了一個「可」字。這就是始皇下令焚書的原委。

焚書則箝制思想，「以古非今者族」，即限制言論。

李斯雖然受儒家的教育，但他的思想則偏重於法家，法家主張專制，不許言論自由，禁止人民評論政治。按戰國初期，秦孝公即不主張人民有言論自由。韓非與李斯同學，都是荀子的學生，韓非也極力主張限制人民言論的自由。荀子還說過：「亂天下者，子思、孟軻也！」李斯受老師的影響，自然傾向偏激的法家思想，而且把他所學的用在初一統的秦國政治上。始皇當時似乎有寵任諸儒者的意思，李斯竟能力排眾議，主張焚書，這連荀子也沒有料想到吧！

在焚書令中，所焚者以各國史書為首。因為各國史書當充滿詆毀秦國的記載，統一後，如果仍任其流傳，將不能消除各國人民對秦的惡感。秦焚其歷史，是防止各國後裔讀其歷史而生「亡國之痛」與「故國之思」。

如日本人統治台灣時，不許台灣人在大學讀政治和歷史系，連雅堂（連橫）很擔心在日本奴役政策下，台灣人會忘祖國失去國家民族的意識，特著《台灣通史》，強調國可滅史不可滅。

然並焚天下詩書百家語，則奪民眾研學之自由，夭閼文化，莫此為甚！只有博士所職不燒，可見書籍收藏秦官府。漢文帝時，口授尚書的伏生即秦時博士（史記、漢書儒林傳）；為漢高祖定朝儀的叔孫通也是秦博士（史記叔孫通傳）；為漢文帝丞相的張蒼是秦朝的御史。可知始皇李斯焚書並非絕學，特欲私學於官府。

焚書的目的，有人說統一天下思想；有人說不許老百姓讀書。大概這兩層意思都有。焚書造成先秦典章文物的殘缺，是無可彌補的損失。司馬遷說：「秦統一六國，燒天下詩書，諸侯史記尤甚；為其所刺譏也！詩書所以復見者，多藏人家，而史記獨藏周室，以故滅。惜哉！惜哉！獨有秦紀，又不載日月，其文略不具。」

然而，中國先秦古籍殘缺，並非秦始皇一人之罪，其後秦亡，項羽入咸陽，「燒秦宮室，火三月不熄。」（史記項羽本紀）秦官府所藏由博士官所職掌的書籍，顯然全部化為烏有。雖然蕭何隨劉邦先入咸陽，「收秦丞相御史律令圖書藏之」，（史記蕭相國世家）但亦極其有限，且著重於律令圖書，其餘的或盡毀於項羽一把火。項羽個人僅「收其貨寶婦女而東」。劉邦最初入關也羨慕秦宮室珠寶，「欲止宮休舍」。（史記高祖本紀）諸侯則「爭走金帛財物之府分之」。（史記蕭相國世家）可見當時無人願意收集詩書史記。所以到了漢代發生古籍真偽的爭執。

秦焚天下詩書，使民間的詩書殘缺，項羽焚咸陽，使官府典籍全毀。所以李斯和項羽都是毀滅中國文化的罪魁，所不同者，李斯是「知」而「行」，項羽是「不知」而「行」，一個是聰明人的「暴行」；一個是愚蠢人的「暴行」。

秦亡漢興，收集民間詩書，其中尚書則為秦時的老博士伏生口授，由鼂錯用漢代通行的文字——隸書抄寫，叫做「今文尚書」。到漢武帝時，魯恭王在孔子故居的牆壁中發現了用古文（籀文）寫的尚書。可能是秦焚書時，孔子的子孫密藏的。後由孔安國奏報漢武帝，但因當時已將「今文尚書」作為講學研究的對象。到東漢以後，鄭玄才採取今古文兼治。這已不屬於本文討論的範圍。至於其他詩書，由於文帝以後，政府有獎勵民間獻書的辦法，易詩書禮春秋紛紛求得，惟「樂經」，沒有流傳民間，漢以後一直沒有找到。有關各國的史書，燒得最徹底，司馬遷撰史記時，缺乏參考資料，所以連呼：「惜哉！」「惜哉！」

秦始皇修長城考略

秦始皇築長城在防禦匈奴，匈奴為何？史記匈奴列傳載：

匈奴，其先祖，夏后氏之苗裔也，曰淳維……居于北蠻，隨畜牧而轉移，其畜之所多，則馬牛羊，其奇則橐駝、騊駼、驒騱、逐水草遷徙，毋城郭常處耕田之業，然亦各有分地……

茲先說明：「逐水草遷徙」，「毋城郭」，然亦「各有分地」的情形：

「逐水草遷徙」，並不是趕著家畜，到處去找有水草的處所，而是事先知道那裡有水草，才趕著家畜去的，若引著家畜，在沙漠裡尋找，找不到水草，怎麼辦？人和家畜非死不可！所以他們都沿著祖先代代所知道的水草處所，做有規則的轉移，如甲遊牧集團，先在A水草地牧牛羊，A地的草吃光了，再移動到B水草地，然後再移C，移D，移E，最後又移回A地，而A地的草又已經長出來了。也就是說：甲集團沿著A－B－C－D－E－A……的一定範圍內移動；而乙遊牧集團則沿著甲—乙—丙—

丁—戊—甲—……的水草地移動。甲集團的領域，便是指A、B、C、D、E的遊牧地域，乙集團的勢力範圍，則是甲、乙、丙、丁、戊的遊牧地域。所以雖「毋城郭」，然亦「各有分地」。

可是因氣候的變化等，當甲集團到C牧地時，水涸乾了，甲集團為求生存，便侵入鄰接集團的領域，而鄰接集團，牧地小，收容他集團，便自身難保，因此堅決的抵抗甲集團的侵入，而展開了激烈的生死鬥。

沙漠地帶引起殘虐的激戰，便是這種情形。又因沙漠地帶物質缺之，有時他們也侵入物產豐富的農耕地帶。故史記匈奴傳指匈奴：「人習戰以侵伐，其天性也。」

匈奴侵入農耕地的目的，在掠奪物質，目的達成，又返回遊牧地。戰國時代，北方燕、趙、秦三國，便常受匈奴的侵擾。燕、趙、秦三國便築長城來防禦匈奴的南下。趙武靈王時，自察哈爾蔚東北（代），修築長城至河套西北角外（高闕），並且沿邊設置了代、雁門、雲中三郡；燕昭王時，也從察哈爾東（造陽）至遼寧、遼陽縣北（襄平），築了一道長城，也沿邊設置上谷、漁陽、右北平、遼西、遼東五郡。後來趙將李牧戍守雁門、代郡，曾經斬獲匈奴十餘萬騎，使匈奴在十餘年間不敢南下牧馬。到戰國末期，因燕趙疲於與秦作戰，無暇顧及塞北；始皇初併六國，也因忙於內部的各項改革，忽略了塞北，匈奴便乘這個機會復興起來，奪取了河套一帶地方。

始皇三十二年，史記始皇本紀載：

始皇巡北邊，從上郡入，燕人盧生使入海還，以鬼神事，因奏錄圖書曰：亡秦者胡也。始皇乃使將軍蒙恬發兵三十萬人，北擊胡，略取河南地。

史記集解引鄭玄曰：「胡，胡亥，秦二世名也，秦見圖書，不知此為人名，反備北胡。」按此時趙高還沒握權，胡亥尚未繼位，長子扶蘇仍在，誰嗣帝位，既不可知，怎能預料「亡秦者胡亥」呢？乃是根據後來所發生的事而說的。何況這個讖語，原是秦始皇透過方士，向碣石（河北昌黎）的羨門（仙人）問卜，然後把那「圖書」譯成秦文的。匈奴居住地靠近碣石，所謂「胡」，是指匈奴而言較合理。

關於蒙恬北伐匈奴，究竟率領多少軍隊？令人困惑：史記始皇本紀及蒙恬列傳均謂蒙恬將三十萬大軍，而史記、漢書匈奴列傳則謂蒙恬將十萬大軍，二者相差二十萬。論者有謂：「其中必有一誤」；有謂：「大史公自相矛盾」。筆者以為匈奴傳中所云「十萬大軍」，是指蒙恬最初北伐匈奴所帶領的正規軍，打敗匈奴後，接著築長城為塞，需大批人力，而史書中並未記載築城人數，故蒙恬傳中所云「三十萬人」，是指蒙恬前後兩次伐匈奴及監修長城所包括的人數；因為史記六國表有：「始皇三十三年，築長城河上，蒙恬將三十萬。」記載，便是一個可靠的證明。

蒙恬監修長城，設置縣城的事，史書也有幾種不同的記載，史記始皇本記載：

三十三年：西北斥逐匈奴，自榆中並河以東，屬之陰山，以為三十四縣，城河上為塞，又使蒙恬渡河，取高闕、陶山、北假中，築亭障以逐戎人，徙謫實之。初縣。……三十四年，適治獄吏不直者，築長城……

史記匈奴列傳載：

始皇使蒙恬將十萬之眾，北擊胡，悉收河南地，因河為塞，築四十四縣城臨河，徙適戍以充之。而通直道，自九原至雲陽，因邊山險塹谿谷，可繕者治之，起臨洮至遼東，萬餘里。又渡河，據陽山、北假中。

史記蒙恬列傳載：

乃使蒙恬將三十萬眾，北逐戎狄，收河南，築長城，因地形用險制塞，起臨洮至遼東，延袤萬餘里。於是渡河，據陽山……

始皇本紀作「三十四縣」；匈奴列傳作「四十四縣」；蒙恬列傳則沒有提到設縣的事。

史記始皇本紀索隱認為：「三十四縣是也。」

史記六國表集解引徐廣曰：「一云四十四縣是也；一云二十四縣。」

清全祖望說：「始皇三十三年，闢河南地四十餘縣，蓋以此四十餘縣置九原郡。何以知之？徐廣所謂陽山在河北，陰山在河南省，劉昭以為俱屬九原之安陽，前九原統屬河南四十四縣可矣！不應以四十四縣之多，而不置郡也。」

全祖望是同意匈奴列傳「四十四縣」，與匈奴列傳中所謂「四十四縣」的數字，在太史公編史記的立場來說，並不衝突：我認為蒙恬打敗匈奴後，最初所設置的縣城是「三十四」，其後因蒙恬繼續駐防北方四年，增置到「四十四」是也。

史記一書，雖為太史公所編撰，然始皇本紀所列各事，當為秦史官根據當時（指始皇三十三年）所發生的事而記錄的，太史公撰史記時為了「存真」，對原有的史料，僅從取捨方面下工夫，而不致於增損其內容，也就是說，始皇三十三年所發生的事，既使其後有所演變，仍以發生在先的事為依據。至於撰匈奴傳的時候，因匈奴無逐年的史實記載，故不受當時的事實所限制，其後有所演變，當以發生在後的事實為依據。故匈奴列傳所稱：「蒙恬北擊胡，築四十四縣」，是依據後來的事實。史記項羽本紀：陳餘致秦將章邯的書信中有：「蒙恬為秦將北逐戎人，開榆中地數千里」之句；漢賈誼過秦論有云：「北築城長城、而守藩籬、卻匈奴七百餘里，胡人不敢南下牧馬。」顯然這就是指蒙恬駐防北邊，繼續擴土。所以由三十四縣增置到四十四縣。

以上是對蒙恬北逐匈奴所增置的縣城有所說明。至於蒙恬監修的長城，後人多數認為西起臨洮（今甘肅岷縣），東迄遼東郡的碣石（勃海岸朝鮮境）。所謂「延袤萬餘里」的長城，並不是蒙恬一時所修築的，因為自臨洮至陝西，為秦舊有長城；綏遠東部陰山一帶至察哈爾南部蔚縣，為趙原有的長城；自察哈爾南懷來縣至遼東、遼陽縣北，為燕國原有長城。秦使蒙恬破匈奴後，乃在套外築長城以保河套地區；再由高闕（寧夏磴口縣附近黃河北岸）築城，東北引至套外地區，以與趙長城相連接，然後再將燕趙長城加以連貫起來。另外儘量利用自然環境，如高山、大河，本屬天險之處，便不必再築長城。史記明言「築長城，因地形用制險塞」；「因邊山險塹谿可繕者治之」；又漢景帝時晁錯上書：「蒙恬……以河為境」；漢元帝時候應亦有云：「起塞以來，非皆以土垣也，或因山巖石……」在證明蒙恬當初之築長城，一部分是利用天然險要，大部又是連燕、秦、趙舊有長城，非一時所築。至於新築的長城從時間上來看，亦無各國原有之長城大，因為這項工程能在始皇三十三年至三十四年（西元前二一四至二一三）兩年間完成。（史記有關秦修長城的事僅見於這兩年，即或三十四年仍未完成，而秦始皇三十七年死於沙丘，同年蒙恬即被趙高、胡亥所殺害，總計蒙恬在北方防匈奴修長城，前後僅四年時間）。

後世常以秦始皇使蒙恬修「萬里」長城為一大病民政策，大概是惑於「萬里」二字。應知秦時所築長城，非但沒有「萬里」，且是以簡單的土壘為主，故至漢時已部份倒塌，漢武帝時乃命衛青重修那條防線。（漢書匈奴傳：衛青取河南地，築朔方，復繕故秦時蒙恬所為塞，因河而為固。）至於我們現在從圖片上所看到的石砌雙層長城，是歷經漢、隋、明數代所改修增築的，尤其明代修築長城的事，無論工程與時間，都遠較秦朝修長城的工程為浩大，耗時更長久。

前已述及，秦始皇使蒙恬北逐匈奴而築長城，是因為相信「亡秦者胡」的謠言，其目的乃是防止「胡人」南下，在當時始皇的心理，似乎沒有「民族」的意味，後世若干學者謂始皇築長城為一偉大國防建設，認其在制「夷」以「存」漢方面，功勞最大。其實「匈」「漢」本為一家（匈奴傳）是始皇築長城乃防止當時北方的「胡人」南下，為安定社會的「家防」，若說防止『外國人』南下，保有「中國人」生存，則是狃於狹隘民族的成見。事實上，長城既未收防「夷」的功效（匈奴在漢朝為害尤烈），反阻礙北、中民族文化思想的交流。今天我們若從空中鳥瞰，長城猶如中國全境的一條南北分界線。後人竟因此把長城以北，幾乎等於中國領土一半以上的區域，視為「邊疆」地區。由歷史言之，長城因可視為「秦、漢、隋、明」的「國防線」，而不是「中國」的國防線。以今言之，長城已無任何「價值」，早該把山海關，嘉谷關削為平地，「萬里長城圖」徒令人憶起歷史上的「仇恨」，並予敵人與野心者之製造分化民族團結的藉口。（一九六七年，蘇俄卡巴羅夫斯曾狂悍地說：「中國的國境線是長城，那是全世界都知道的歷史。」秦始皇當年統一六國後，立刻把各國所築的長城，方城一律拆毀，不失為一項政治上的明智措施。

阿房宮

秦始皇為顯示自己為中國第一大統治者的威嚴，而營建了許多大宮殿。最令後世人所樂談，同時亦引起後人批評他過於奢侈的，便是阿房宮。

史記始皇本紀二十六年載：

秦每破諸侯，寫放其宮室，作之咸陽北阪上，南臨渭，自雍門以東至涇渭，殿屋複道周閣相屬，所得諸侯美人鐘鼓以充入之。

史記正義引廟記云：

北至九甘泉，南至長揚五柞，東至河西至汧渭之交，東西八百里，離宮別館相望屬也；木衣綈繡，土被朱紫，宮人不徙窮年忘歸，猶不能遍也。

始皇每破一個諸侯國，便將其宮殿式樣繪圖下來，然後在咸陽渭水邊照式起建，大大小小一共有三百多處，關外還有四百多宮殿。據唐朝人的解釋，光是關中的宮

殿，連起來即有七八百里之廣。

這當然不是始皇一個人所建築的，應該是包括秦國歷代所建的舊有宮殿在內，始皇除了增建外，再將舊有的加以修葺罷了。

史記始皇本紀二十七年載：

作信宮渭南，已更名信宮為極廟，象天極，自極廟道驪山，作甘泉前殿，築道，自咸陽屬之。

始皇建極廟的用意，乃是意味著上帝所居住的宮殿——紫微宮。至於那些宮殿間的甬道用意，漢應劭說：「築垣牆如街巷；即於馳道外築牆，天子行於中，外人不見。」

其實，築甬道的真正動機，是起於始皇三十一年一天晚上，始皇與四個便衣武士著便衣在咸陽蘭池宮散步，差一點被人襲擊暗殺（始皇本紀三十一年文）；後來又因屢求仙藥不得，方士建議始皇，今後行居不能讓人臣知道，然後長生不老藥方可求得（始皇本紀三十五年文）。於是下令把關中所有的宮殿用複道一處一處連接起來，使與外面隔絕，始皇由甲宮幸乙宮，除宮人外，誰也不知道，並嚴禁洩漏他的行蹤。

（始皇本紀三十五年文）

史記始皇本紀三十五年又載：

始皇以為咸陽人多，先王之宮殿小，吾聞周文王都豐，武王都鎬，豐鎬之間，帝王之都也，乃營作朝宮渭南上林苑中。先作前殿阿房，東西五百步，南北五十丈，上可以坐萬人，下可以建五丈旗，周馳為閣道，自殿下直抵南山，表南山之顛以為闕；為復道，自阿房渡渭，屬之咸陽，以象天極閣道，絕漢抵營室也。阿房宮未成，成，欲更擇令名名之。作宮阿房，故天下謂之阿房宮。隱宮徒刑者七十餘萬人，乃分作阿房宮，或作麗山，發北山石椁，乃寫蜀荊地材，皆至關中，計宮三百，關外四百餘，於是立石東海上朐界中，以為秦東門。

按史記這段文字，似乎為太史公的敘述，而不是據秦按年的史記。始皇建阿房宮的事，雖載於始皇三十五年，但不是這年才開始動工，也不是在這年完成。以上所引只是為始皇擬建阿房宮的藍圖。所以文中說：「阿房宮未成，成，欲更擇令名名之。作宮阿房，故天下謂之阿房宮。」顯然太史公寫此段文字，是以後世人的語氣而落筆。由此可見始皇在世時，他建的宮殿，並不稱阿房宮，要等其落成才命名的。

又始皇築阿房宮時，驪山陵寢行將完成，乃將修築陵寢的七十萬刑徒，分出一部份去造阿房宮，文中所說「計宮三百，關外四百餘」，實與阿房宮無關。史記六國表雖云始皇二十八年即已營作阿房宮，也只是指阿房宮前殿與關中銜接的復道、閣道等而言。

黃圖云：「阿房宮亦曰阿城，惠文王造，宮未成而亡。始皇廣其宮，規恢三百餘里，離宮別館，彌山跨谷，輦道相屬，道通驪山八十餘里，表南山之嶺以為闕，絡樊川以為池。作阿房前殿，東西五百步，南北五十丈，上可坐萬人，下可建五丈旗，以蘭木為梁，以磁石為門。」

又始皇本紀稱：始皇三十五年，信方士的話，為慕真人，乃令「咸陽之旁二百里內，宮觀二百七十，復道、甬道相連，帷帳鐘美人充之。」

由這些史料來看，後人誤秦所有宮殿全為始皇所營建，又誤所有宮殿為一個大阿房宮。現在我們知道，始皇所建的阿房宮，單指阿房前殿，即所謂「東西五百步，南北五十丈，上可以坐萬人，下可建五丈旗」而言。而阿房前殿在上林苑中，與其他宮殿相連，故需再建閣道與複道，使與秦時新舊宮殿連成一氣，綿延數百里，後人便總稱之為阿房宮。由於新的建設，舊的修葺，閣道復道的啣接，勢必塹山填谷，其工程之鉅，可想而知。故阿房宮至秦亡仍沒完成。始皇本紀稱：二世元年，二世還至咸陽，曰：「先帝為咸陽朝廷小，故營阿房宮為室堂，未就，會上崩，罷其作者，復土酈山，酈山事大畢，今釋阿房宮弗就，則是章先帝舉事過也，復作阿房宮。」

又據史記項羽本紀：「項羽引兵西屠咸陽，殺秦降王子嬰，燒秦宮室，火三月不熄。」顯然秦宮殿被燒得精光。唐朝杜牧寫的『阿房宮賦』，寫盡它的宏偉瑰麗，然而阿房宮未成而毀，至唐朝又何存殘骸？杜牧只是根據史書而想像寫成的，因為當時唐敬宗正在大興土木，營建豪華的宮殿，其後宮也充滿美人。杜牧是藉始皇的故事來諷刺唐敬宗。

阿房、未央、建章三宮

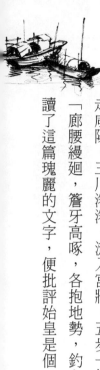

前文已經介紹秦始皇所建的「阿房宮」，我沒有讀「史記」一書以前，只由讀杜牧的「阿房宮賦」一文，常有「始皇大興土木，勞民傷財」之感。於今始知阿房宮不過是許多宮殿中的一個前殿。殿大東西廣五百步，南北長五十丈，上層可坐萬人，下層可樹五丈高的旗子而已。至於史稱關中大大小小的宮殿雖有三百多個，都非始皇一時所建，事實上始皇併六國後不過十幾年便亡，那能興建如此多宮殿。就是阿房宮前殿在二世胡亥時還在趕建，最後不但沒有建好，反而被項羽放火燒了。杜牧連阿房宮的殘骸也沒看到。阿房宮賦所云：「覆壓三百餘里，隔離天日，驪山北橫而西折，直走咸陽，三川溶溶，流入宮牆，五步一樓，十步一閣。」顯係指全部咸陽大宮。至於「廊腰縵廻，簷牙高啄，各抱地勢，鈎心鬥角」云云，無異「海市蜃樓」。如果因為讀了這篇瑰麗的文字，便批評始皇是個「窮奢極欲」的暴君，則漢高祖和漢武帝更有過之而無不及。

劉邦亡秦敗楚後，蕭何認為「天子以四海為家，非壯麗無以立威」，乃為設計營建「未央宮」。宮廣二十八里，前殿東西五十丈，深十五丈，高三十五丈。比秦始皇所營建的阿房前殿高大多矣；再以「金鋪玉戶，重軒鏤檻」的建設，又豈非「阿房」望其項背。難怪後世史家謂其為「中國古代華麗的建築物」，及「偉大的建築藝術」。

再說漢武帝所建的「建章宮」，更是度為千門萬戶，高與未央等齊，「東側鳳闕高二十餘丈，西側唐中數十里虎圈，其北治大池，漸台高二十餘丈，命曰太液池，中有蓬萊方丈瀛洲壺梁，象海中神山龜魚之屬，其南有玉堂壁門大鳥之屬，乃立神明台井幹樓度五十丈，輦道相屬焉。」這是史記孝武本紀和封禪書中的記載，出於當朝武帝寵臣太史公的手筆，百分之百可靠，決非杜牧的「誇大其辭」，如果認為司馬遷也是「杜撰」，那他應該隱諱其奢靡浮華，為何如此大膽描寫。

前述三宮，都是建於兵荒馬亂之後，都是窮奢極欲，都是勞民傷財，吾人為何厚此薄彼，非彼譽此。漢代宮殿既為偉大建築藝術，秦之阿房諸殿亦有其藝術價值，編史書者，何獨美漢宮而恥秦宮乎？

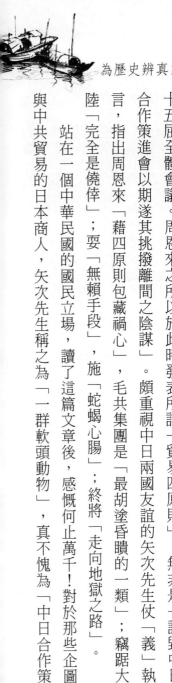

從日本人「給周恩來的公開信」說起

八月八日出版的《新聞天地》（一一七三期），刊載矢次一夫作陳盛南譯「給周恩來的公開信」，矢次先生為「中日合作策進委員會」日方實際主持人。這封信是針對周恩來不久前所發表的「日毛備忘錄貿易」中所謂「周四條件」而發，蓋此時中華民國正與日本在東京舉行「中日合作策進會」（日方稱為「日華協力委員會」）第十五屆全體會議。周恩來之所以於此時發表所謂「貿易四原則」，無非是「詆毀中日合作策進會以期遂其挑撥離間之陰謀」。頗重視中日兩國友誼的矢次先生仗「義」執言，指出周恩來「藉四原則包藏禍心」，毛共集團是「最胡塗昏瞶的一類」；竊踞大陸「完全是僥倖」；耍「無賴手段」，施「蛇蝎心腸」；終將「走向地獄之路」。

站在一個中華民國的國民立場，讀了這篇文章後，感慨何止萬千！對於那些企圖與中共貿易的日本商人，矢次先生稱之為「一群軟頭動物」，真不愧為「中日合作策進委員會」的日方主持人。筆者謹在此向矢次先生致由衷的敬意。不過矢一夫先生給周恩來的公開信中，仍有兩處語意不甚明顯：

其一，矢次先生指出只是由標榜解放而實際轉變為「征服、獨裁」的毛共集團沒有資格承繼大陸領土主權，這真是歷史性的認定。但矢次先生所舉的例子卻欠妥，他說：「讓我舉一個你的祖國，中國辛亥革命時的一段史實例證。辛亥革命乃是打倒佔領並統治漢民族的土地達數百年之久的滿族政府的理論與運動，也就是「排滿興漢」的民族運動。因此，革命之烽火在漢民族的廣東點燃，並號稱「中華民國」，作為對抗異族大清帝國之交戰團體。易言之，革命當初就分成兩個國家。隨著革命之進展，當然也就遭遇了領土問題。也就是說，跟異民族的帝國毫無關係的另一民族從事共和國的建設時，發覺不但得放棄異族清廷發祥之地的南北洲的領有權，而且也將失去繼承蒙族之內外蒙古及藏族之西藏領土等之法理根據。面對這個問題的孫文先生，立即轉變了革命的理論與方針，曰：大清皇帝一退位，我們的民族革命就達到目的，是以，今後要統一五族，繼承大清帝國原有之所有領土……。

矢次先生這一舉例，顯然不明瞭中華民族的本質，更曲解了我　國父革命的最初目的。茲將筆者所持之理由與一貫主張略陳於後：

中華民族自始即是一個民族，無所謂「異民族」，現今一般人所說之「漢、滿、蒙、回、藏」，並非各別的民族，而是一個民族裏的小宗；中國五千年歷史，是「宗族戰爭史」，不是「民族鬥爭史」，更不是「漢族」與諸「異族」之爭，中華民族是分化成多數宗族，而不是融合多數民族。筆者在「新民族史觀」一書（商務人文庫七七四），說之甚詳，茲不贅。以故中國歷史上之革命並非種族革命，更非民族革命，乃為政治革命。朱元璋驅逐蒙古，是因為這北方宗族沒有把中國治理得好，到元順帝時，更因政治貪暴，盜賊蠭起，民不聊生，英雄豪傑乘機割據，朱元璋得天時地利人和時勢之便，取而代之，建立明朝，這是「吊民伐罪」，不是「驅逐異族」；「討元檄文」是劉基等一般謀臣的「政治號召」，不是什麼「民族主義」。明朝末年也同樣走了元末的舊路，且其政治之黑暗，盜匪之橫行，比元末有過之而無不及，清兵入關只是「叛臣」的行為，不是「異族」入侵，因滿清亦為中華民族之小宗。清末
國父孫中山先生起而革命，是革腐敗的「滿清政府」的命，不是革「滿清人」的命，滿清政府之所以腐敗，是受日本等帝國主義者壓迫所致。革命成功後，乃倡「五族共和」，這一轉變並非如矢次先生所謂怕失去滿、蒙、藏的領土，蓋東北、內外蒙古以及西藏本即中國人的領土，這些地方的人本即一家人，怎麼會失去呢？況且「五族」的族字，是指「宗族」而非「民族」。

先總統蔣公在「中國之命運」一書中說：「就民族成長的歷史來說，我們中華民

族是多數宗族融合而成的，這多數宗教，本是一個種族和一個體系之分支，散佈於帕米爾高原以東、黃河、淮河、長江、黑龍江、珠江諸流域之間，他們各依其地理環境的差異，而有不同的文化風俗，由於文化的不同，而啟族姓之分別，然而五千年來，他們彼此之間，隨接觸機會之多，與遷徙往復之繁，乃不斷相與融合而成為一個民族。」蔣氏這段話即係指出漢、滿、蒙、回、藏諸宗族均同出於一個種族，極符合歷史事實。總之，中國歷史上的所謂「蠻夷戎狄」是從文化禮俗之別，而現在一些人所謂「滿蒙回藏」是因地區而「啟族姓之別」，同時這是近幾十年才喊出來的，而又是日本人、俄國人、英國人喊出來的：

日本人欲併我東北，乃指東北人為「滿洲人」，不是中國人，而製造一個傀儡政權，把已遜位的溥儀弄出來作「滿洲國」皇帝。俄國人欲奪蒙古，所以說蒙古人不是中國人，又為了先吞唐努烏梁海，更說烏梁海的蒙人與成吉思汗無關，更進而搞出東蒙、西蒙，好多個「不同」的蒙古族來。英國人想攫取西藏，便說「西藏人」不是中國人。時至今日，有一些野心政客，意欲台灣建立獨立國，說「台灣人」不是中國人，真是滑天下之大稽。

總而言之，中國歷史上本沒有「民族」問題，民族問題之在中國，都是由日本、蘇俄、英國的挑撥、離間、分化而起的。這一事實，作為策進中日友好的矢次先生是應該明白的，也必須明白的。

其次：矢次先生在致周恩來的公開信中又說：「你們在第二次大戰後能侵據大陸，乃基於兩個僥倖：其一，曾使孫先生苦惱的列強之分割殖民地，侵略借款及治外法權等恥辱的桎梏，在中日戰爭的發展過程中，被日本軍部使用武力掃盪，簡言之，在大掃除了之後，不費吹灰之力——不必苦於外國之內政干涉戰，猶如濕手抓芝麻似地佔領了大陸，但我可不想小器地說這是日本的功勞。其二，也是更有決定性的，就是馬歇爾將軍依據美國杜魯門總統的「對華白皮書」中傻氣的認識所做的「國共合作」斡旋，馬歇爾在歐洲戰後復興工作上之貢獻，雖受到廣泛的讚許，但他在亞洲之所作所為，只扮演了你們的「救命之神」的角色，最後成為自由亞洲的禍害之魔了。」

誠然，毛共集團之所以能竊踞中國大陸，千真萬確是日本人的「功勞」，美國人的「德政」。但矢次先生沒有說個明白：這一血的事實我們中國人是不會淡忘的：

當我們明神宗時，日本軍閥豐臣秀吉即欲滅朝鮮侵中國，然後日皇可「行幸」北京，「統御」兩國。所謂「大陸政策」即由此形成。

利用滿清政府種種弱點，發動甲午戰爭，北據朝鮮，南併台澎，以為北上南進政策之基地，所獲巨額賠款作為侵略之資本。

參加八國聯軍，摧毀我國國防，是役也，日本不但要求以賠款補償各國損失，並強求拆毀北京至大沽間之砲台，是我要塞被毀，門戶洞開，經濟破產，日本侵華更易逞其志矣。

釁起「日俄戰爭」，龍斷東北權益，以為侵略中國之大本營。

阻礙國民革命，嫉我建立共和。

假對德宣戰為名，進兵佔據山東。

資助北洋軍閥，以喪中國元氣。

出兵濟南企圖阻撓中國統一。

反對我國廢除不平等條約，漠視中國的主權。

全面侵略中國，八年戰爭，日本在我國領土上的野蠻獸行，非筆墨所能形容，造成我們財產的損失，逾三百億美元，殺傷我們的同胞五千餘萬人。

由於日本這一有計劃的侵略，造成中國國勢不振，致使共產黨乘機坐大。有謂我國大陸之失守，共產黨在亞洲之猖獗，固是「雅爾達密約」種下的禍根，但雅爾達密約之簽訂，是因為日本侵略中國；日本不侵略中國，俄國便無所藉口；日本不侵略中國，中國的經濟不會崩潰，則民生康樂，共產黨無由滋長。故造成中國大陸之失守，追根索源，一切罪惡均由日本侵略中國所引起。

現在中國困守台灣，而日本繁榮東瀛，我們不念舊惡，以德報怨，而日本不但毫無悔意與謝意，反而乘火打劫，如前不久由美日合謀奪我琉球，便是一個明證，同時得寸進尺，現在居然又覬覦靠近台灣的尖閣群島，美國駐守日本大使的發言人竟違背外交慣例，發表將「尖閣群島定期歸還日本」的荒謬言論。美國人為何如此這般討好日本人？美國人憑什麼要把中國的領土交給日本？曩昔日俄戰爭時，美國人即曾充和事佬，慷他人之慨擅自作主把中國東北從俄人手中轉送給日本；「雅爾達密約」，又把東北從日人手中送給俄國；「政治協商」再迫使中國把整個大陸送給毛共集團；如今又擅自主張把琉球送給日本。美日兩國的「合作」，由小琉球而大琉球，而尖閣群島，是否最後要由尖閣群島而台灣？

茲當中日兩國正在「策進合作」之時，筆者無意再挑起舊恨，但我對日本策進中日合作的誠意，不無懷疑，事實擺在眼前，此屆中日合作策進會的結果，日本既不公開正式承認中國過去對日本的寬大，又不明白表示願意支持中華民國反攻大陸，此種態度，我們能不提高警覺乎！

（原載一九六九年民主潮二十卷十期）

疑古與考古

大家口頭上都說：「中國有五千年悠久歷史文化」，但史書中則否認了一半，豈非矛盾之至。

我在前文提出「中國歷史應上溯四五十萬年，所謂五千年歷史已是落伍的說法了」或有人不同意我所引述的史書是否有問題，事實上，真要有問題，那應是疑古與考古的問題。

筆者在「新民族史觀」拙著中曾有詳細論辨，以為史記一書，亦史亦文，在清末以前的學者，多奉之以為通史「鼻祖」，批評者固有，而贊譽者尤多。我讀史記亦嘗發現其「前後重複互異」之處，然對這種「矛盾」之產生，認為是不得已的事。

唐人張照說：「春秋之義，信以傳信，疑以傳疑，子曰，吾猶及史之闕文，夫與其過而棄之，無寧過而存之，一事而傳聞異辭，則並舉而互見，不敢以己之臆橫斷往古之人。」其實，太史公撰編《史記》已經做到「謹慎」得不能再謹慎了。他除了「載籍極博，猶考信於六藝」的標準外，每述完一事，為了怕後人懷疑他在作「偽」，都要說明一下，交待一番，如：

五帝本紀：「太史公曰：學者多稱五帝尚矣，然尚書獨載堯以來，而百家言黃帝者，其文不雅馴，薦紳先生難言之。……余嘗至空峒，北過涿鹿，東漸於海，南浮江淮矣，至長者皆各往往稱黃帝堯舜之處……予觀春秋國語，其發明五帝德帝繫生章矣，顧弟弗深考，其所表現皆不虛，書缺有間矣，其軼乃時時見於他說。……余并論次，擇其言尤雅者，故著為本紀。」

大宛列傳：「太史公曰：故言九州山川，尚書近之矣，至禹本紀山海經所有怪物，余不敢言之也。」

刺客列傳：「……荊軻傷秦王，皆非也，始公孫季功董生（董仲舒）與夏無且（始皇御醫）游，具知其事，為余道之如是……」

曆書第四：「太史公曰：神農以前尚矣，蓋黃帝考定星曆，建立五行，起消息，正閏餘，於是有天地神祇物類之官，是謂五官。」

從上引這幾則事實來看，司馬遷懷疑的事，不但「多聞闕疑」，還要到各地親自去查考、詢訪。對不明白的事決不隨便記，「不可考」的事就乾脆說「不知」了，

「不敢言」了，那麼史記中既言之，當然就是有相當依據的。何況他撰史記是繼承他祖宗的遺志，我們在其自序中可以看出，他父親執著他的手說：「余先周室之太史也，自上世常顯功名於虞夏，典天官事，後世中衰，絕于予乎，汝復為太史，則續吾祖矣。」又曰：「余死，汝必為太史，為太史，無忘吾所欲論著矣，且夫孝始於事親，中於事君，終於立身，揚名於後世，以顯父母，此孝之大者。」很明顯的，司馬遷的史記是接著他「祖宗」已有的史稿，至少是在他父親手裡已完成了一部份初稿，遷本著其父的「遺志」整理編定，再「罔羅天下放失舊聞」而成，所以他說：「余所述故事，整齊其世傳，非所謂作也。」

寫歷史是件最艱苦的工作，司馬遷在有限的人生中，在遭受「秦火」後的廢墟故籍中，能完成上起黃帝下止漢武「九百三十篇，五十二萬六千五百字」的鉅著，後世史家誰能望其項背。也許「五十二萬字」在今天許多「作家」眼裡，不過三兩個月的功夫，然而誰也不能不承認「史記」五十二萬字，字字都像金石一樣，落在地上，可以發出音響來，這樣一位偉大的史家能在中國歷史上出現，能不是中國人的光榮。可是我們的史家，至今未能替他好好寫個傳，反而誣詆他是個「說謊者」，指他為「神話家」、「寫武俠小說的人」。像「古史辨」的作者便「絕對堅持夏以前的古史傳說前身是神話」，因而五帝是上帝的稱號；

鯀是一條魚，禹是一條爬虫；

舜的弟弟是一頭象；

伯益是一隻燕子；

………。

史記中「黃帝教熊羆貅貙虎，以與炎帝戰於阪泉之野」，這「熊」「羆」「貔」「貅」「貙」「虎」，按理應該是黃帝部將之名，或者是其作戰部隊的番號。如同今天的「飛虎」「大鵬」「駱駝」等部隊名。作戰部隊以「獸名」為「名」，正如唐人張守節所云「教士卒習戰，以猛獸之名名之，用威敵也。」又古人以獸為名如舜之臣朱虎、熊羆等，而黃帝本人亦叫做「熊」。疑古人士不研究古人喜用獸名為名，卻一味說：黃帝能夠利用那些野獸去打仗，所以「黃帝是天神」。

太平御覽七十九引尸子：「子貢問孔子：『古者黃帝四面信乎？』孔子曰：『黃帝取合己者四人，使治四方，不謀而親，不約而成，大有成功，此之謂四面也。』」

疑古派說「四面」就是「黃帝長了四張面孔」，不同意孔子的解釋。又大戴禮記五帝謂宰我問孔子：「黃帝者，人耶？非人耶？何以至於三百年乎？」孔子解釋說：「生而得其民百年，死而民畏其神百年，亡而民用其教百年，故曰三百年。」疑古派認為黃帝既在位「三百年」，當然是「天神」了，以為孔子故意「強辭奪理」，他們又斷然認為「論語」未提到「春秋」的事，不承認春秋是孔子作的。疑古派不相信史記等古史，卻很相信山海經等一類的書，他們常引述山海經裡的材料來駁斥正史和經書是「荒謬」。

另外我要指出的是「考古學家」，此派人物是過去中外學者認為最紅和最科學的學者，故我不願意多談。的確，近世考古學者對考證人類歷史貢獻至大。不過，他們又過於相信「地下資料」，似乎以為沒有地下資料為證的歷史，都該是「傳說」。儘管地上史料如何豐富，都不能書之為「真實歷史」，不照這種「新」的史學方法治史，就不配為史家。於是，現在史家無不對古史表示懷疑。坊間所有《中國通史》，從沒有一部是把黃帝以及夏以前的歷史，說成「真正歷史」的。因為不如此，便趕不上「時代潮流」，又由於這時代「潮流」影響到我們的教育當局，試看以前中小學使用的標準歷史教科書，於述說夏以前的歷史時，滿紙相傳，傳說，總不肯承認事實，甚至寫到周朝的歷史，教科書中還用「想來」，「想是」「想係」如何如何。大家口頭上都說「中國有五千年悠久歷史文化」，書中則否認了一半，豈非矛盾之至。

我常常想，中國記載古史的資料已相當豐富，考古學家在今天的成就，若不先有文獻，鋤頭從何挖起，不先有地上史料，則地下遺物從何印證，一片甲骨，一塊古銅，何以能為文數萬，難道不是依據地上的文獻嗎？所以論中國古史，雖不可忽視「田野」，尤應坐鎮「書齋」，雖不可漠視「實物」，而應先徵文獻，所以南宋朱子教學，先要特別信古人，讀古書。幾千年以前或者更遠的歷史，都要靠鋤頭把它挖出來才算真正信史，那是萬不可能的事。時至今日，考證歷史的真偽，固屬一門重要學問，但宏揚歷史的精神更為重要，或謂「真偽不辨」，又怎能宏揚歷史精神？然而何者為真，何者屬偽，應先相信眾多的地上資料，單憑地下的幾塊「石頭」，幾片「腐銅」以及幾根「枯骨」，又怎能研判出歷史的真偽呢？我總懷疑，一塊「瓦片」真能認識，或者代表某一時代的「文化」嗎？一個「土坑」真能判斷，或者反映某一時代的社會環境嗎？我這樣說，決不是否認「考古」的價值與成就，一如「考古」不能「以偏概全」的道理一樣的。也許在古籍裡述說帝王的事蹟是那麼「富麗堂皇」，而從田野尋出的「東西」又是這樣的「落伍簡單」，這之間並不產生予盾，因為考古家不可能把幾千幾萬年的古物都挖出來，那麼久以前的東西，能不能一一流傳至今，如果只能找到千分之一，或千萬分之一，便無法證明古史之真象。譬如我們今天的經濟繁榮，民生康樂，幾千幾萬年後的吾民，要瞭解我們，他們惟有憑今天記下來的典籍。然而，「滄海桑田」，幾萬年後，台灣寶島也許「沈入海底」，台灣海峽也許「變成陸州」，後人要考證這段歷史可就難了。如或不然，後世考古學家在阿里山上挖出一座原住民狩獵的草寮，其他平地高樓大廈不幸都未發現，於是後世史家也可大書特書「中華民國某年的人民生活是住在草房，過射獵……的生活」。試問就這樣考出了歷史的真象嗎？「今之視昔，猶後之視今也。」由是觀之，若不信古史，人類歷史僅僅限於一小段是真的，豈不哀哉！

第二部份 誤解歷史，錯用成語舉例

讀書人都知道陶淵明是六朝的大文豪，據傳說有一天他到廬山拜訪名僧慧遠，兩人談得非常投緣，但因陶淵明時為彭澤縣令，公務在身，不能久留，慧遠便送他下山，邊走邊談，意猶未盡，至到山下一條虎溪旁停止下來，陶淵明要求慧遠再送一程，慧遠為遵守他三十年未跨越虎溪的個人戒律，沒有再送他，陶淵明回去後，感慨萬千，覺得為五斗米的俸祿要向一些官吏折腰，卻不能跟一個高僧暢談，於是一氣之下，辭去縣令寫下了千古傳誦的「歸去來辭」：

歸去來兮，田園將蕪胡不歸，既自以心為形役，奚惆悵而獨悲，悟已往之不諫，知來者之可追，實迷途其未遠，覺今是而昨非……

這篇文章我不知誦了多少遍，以前當公務員時，每有不順，便讀此文以慰，只惜無田園可歸啊。而陶淵明從此歸隱田園萬象俱空，他在〈五柳先生傳〉自述：

閑靜少言，不慕榮利，好讀書，不求甚解，每有會意便欣然忘食……

我初讀此文，頗有質疑。既「好」讀書，為何不求甚解，既不求甚解，又怎能「會意」呢？久而久之，在我的讀書經驗中，終於領悟了先生的原意，這「好讀書」之「好」字，不是單獨喜歡讀書，而是很會讀書，也很會選書來讀。蓋書何其多，到陶氏所處的南朝劉宋時代，如先秦諸子，秦漢魏晉的文史哲學已汗流充棟，下迄今日一部包羅經史子集的《四庫全書》外，更有西洋文史，有限的一生能讀其中多少？所以那些書需要讀，應該讀，必先作一選擇，而我讀書的三個步驟，第一先用速讀，了解全書的大意，認為此書值得一讀也。第二再精讀。求甚解，就是細細兒品嚐研究，或作筆記，或在書中眉批，一部《資治通鑑》我就這樣讀完，像乾隆皇帝〈御眉通鑑〉一樣是也，第三僅就精研出來的部分再作分析體會，熟記，背誦。此則真的會有「欣然忘食」的境界。陶淵明說他：家裡四壁蕭然，不能夠遮蔽風日，穿了補結的短毛衣服，盛飯的餐具，常常空著。而他說「卻不以為意，常作文章拿來自己陶情適性。」他說他這樣「很能夠表示自己志向，得失的事不在心裡。」所以常人說，讀書最樂。是樂在其中矣，發明麻將的寧波人說：「打麻將不會忘記讀書」但「讀書會忘記打麻時」。可見讀書之樂甚於打麻將之樂也。前台大名政治學教授薩孟武先生，每天必打八圈麻將，在麻將中培養靈感，文章才能寫得出來，但他的麻將技術並不高明，一生從「黑板」和爬格子的錢，多半在「白板」中送掉了，然後又專心讀書寫作，賺取賭資，成為士林中之笑譚。

以前讀詩文，要有高低抑揚，尤對「之乎也者矣焉哉」更要拉長語氣，讀出它的韻味，才顯示對文中的含意，完全會意，因而常常引起共鳴。以前在鄉下夜間讀古文詩詞時，從窗前路過的人聽到屋內的讀書聲，會停下來傾聽，正好你所讀的詩文，他也會時便在窗外也和聲起來，連田野也響起蟲聲和蛙鳴和讀書聲交相成曲，這又是另一種讀書之樂也。

前面讀到陶淵明好讀書不求甚解，但他「每有會意」，而今世有很多人既不好讀書，又不求甚解，雖有會意，卻往往會錯了書中之意。或望文生義，斷章取義，或張冠李戴，顛倒是非，或知其然而不知其所以然，或亂用成語，錯誤解釋，或別有用意，主觀用事，或有政治色彩，歪曲事實，林林種種不勝枚舉，請看：

鴻門之宴被誤用

今年度大學聯考「中外歷史試題」的多重選擇題中有一道試題：

某君編寫了一部有關「鴻門宴」的劇本，請您檢查一下，下列內容有那些「不合史實」？

A人物有劉邦、項羽、范增等人

B時代背景是秦末天下大亂，與會諸人會商合力攻秦。

C布景與道具有桌子、椅子、酒、茶等，項羽南向坐最尊。

D劉邦先入關中，設宴款待後入關中的項羽。

E劉邦與項羽達成協議，平分天下。

這個不合史實的答案是（B）（C）（D）（E），難不倒考生。

這一道題構想很好，綜合了中國文化史和本國史，學生讀史要靈活運用外，還要聽老師講有關的故事，像「鴻門宴」在歷史課本中僅提到這三個字而已。

現在把故事略述於後：

秦末天下大亂，原被秦國滅亡的六國紛紛隨後復國。楚懷王派項羽（史稱項王）北救趙國，劉邦（史稱沛公）西入咸陽，並與之相約，「誰先入關亡秦者則「王關中」。

劉邦因得張良等之協助很快攻入關中滅忘秦朝。而項羽北救趙國，打敗秦大軍後也西往關中。聞劉邦捷足先登，異常氣憤，再加上小人挑撥，乃由項伯安排了「鴻門之宴」。

劉邦帶了隨從百餘騎來到鴻門，當時在宴會上：

項羽項伯東嚮東坐，張良西嚮侍。

中國古禮，主客座次頗為嚴謹，在政治上更有尊卑意義。沛公故意「北嚮坐」，以表示自己退居「臣下」，而項羽「東嚮坐」最尊。劉邦見了項羽一再「稱臣」，這也就是劉邦在「鴻門」能保命的主要原因，也可見他有「大丈夫能屈能伸」的胸襟。

項羽謀臣范增雖然在宴會上一再示意要項羽殺劉邦，而項羽都「默然不應」。

儘管情況演變多端，劉邦身在虎穴，項羽如果真要殺劉邦，劉邦想逃也逃不了。但他藉故要上廁所。於是留下張良向項羽辭謝，帶隨從四人抄小路逃回軍中，過了幾天，項羽引兵西屠咸陽，燒秦宮室，火三月不滅。

從上述故事來看，這次聯考的題目，只有（A）有關人物是正確的，其餘都與史實不合，因為劉邦項羽在鴻門既沒有「會商合力攻秦」（其後項羽宰制天下）。至於布景方面，當然沒有椅子等物（魏晉南北朝還是席地而坐，何況秦漢。椅子到唐代才開始使用），座次則項羽東嚮坐為最尊。

鴻門之宴的故事，家喻戶曉，劉邦項羽的成敗得失，史家亦早有公論，惟故事情節卻往往被誤用，如經常看到一些新聞報說某人在某人的餐會上被陷害或殺害，則喻之為赴「鴻門之宴」。最顯著的一則報導，當年韓國大統領被其情報部長在餐會上殺害，也說是「鴻門宴」。

類似種種，與國史上「鴻門宴」的來龍去脈相去何其遠矣。

秦晉之好

春秋時代，秦國穆公取晉國獻公女為妻，而穆公的岳母又是齊國桓公之女，原晉獻公庶母，年輕貌美，獻公貪色，居然納了後母，生子是為歷史上有名的孝子申生，生女嫁給秦穆公。

後來晉獻公死，晉國發生君位之爭，秦穆公以兩國姻親關係，扶立了獻公另一公子夷吾為君，是為晉惠公。夷吾未立之先，曾答應把晉國河西地方送給秦國作為報酬，既立為晉君之後，竟食言而肥，同時又因饑荒向秦國借了許多糧食不還。不久當秦國也發生饑荒向晉國借糧時，晉惠公聽了奸臣的話，不但拒絕了秦國的請求，還以為乘秦國饑荒之際，可以一舉將其滅亡，於是興兵攻打秦國，結果反被秦國打敗，惠公被俘。秦穆公正準備把忘恩負義的惠公殺了當祭品，幸得穆公的夫人出來替她同父異母的弟弟求情，因得釋放回國。但晉國必履行前言，把河西之地獻給秦國，並將太子送到秦國作人質。

晉國太子圉雖在秦國作「抵押品」，但生活頗為愜意，因為秦國打算來扶立他為晉君，以便作秦國的「傀儡」，因此選了一個宗族女嫁給太子圉為妻。後晉惠公病重，國內兄弟又多，太子圉心急，恐怕無法回國繼承君位，便把妻子留在秦國，私自潛回晉國，二年之後自立為晉懷公。

秦穆公對晉太子之私逃很不滿意，於是把晉國另一公子重耳，從楚國迎接到秦國，將五個宗女下嫁重耳，同時把晉太子圉的妻子也一併配給他。重耳很不願意接受他的這個「姪媳婦」為妻，但為了日後依賴秦穆公立他為晉君，不得不勉強接納。秦晉之間的這種婚姻關係，後人稱之曰：「秦晉之好」。

在春秋史例上，這種諸侯間婚姻關係的建立，不勝枚舉，無非是彼此利用，企圖藉「姻親」來控制他國的政權，進而分化取滅，這就是歷史上所謂的「因國」。由此可見秦晉姻婚關係之建立，不僅有濃厚的政治色彩，而重耳所娶者原是他的姪媳婦，有違人倫。顯然的今人用「秦晉之好」賀人婚禮，實在不妥啊！

無面見江東父老

秦末天下大亂，諸侯紛紛起兵，項羽與其叔父項梁亦起兵於會稽（江蘇吳縣），時稱「江東」。羽得八千精兵，渡江而西，時劉邦起兵於沛，劉項合力，終至亡秦。

項羽勢大，擁兵四十餘萬，自稱西楚霸王，宰制天下。由於分封不平，諸侯皆叛，劉項對壘，爭戰四年有餘，項羽勢孤，被困於垓下，旋突圍而出，亡兵於烏江。烏江亭長有船江東，謂項羽曰：「江東雖小，地方千里，眾數十萬人，亦足王也，願大王急渡，今獨臣有船，漢軍至，無以渡。」項羽笑曰：「天之亡我，我何渡為，且藉與江東子弟八千人渡江而西，今無一人還，縱江東父老憐而王我，我何面目見之，縱彼不言，藉獨不愧於心乎。」於是以所騎千里馬贈與亭長，卒不渡江，旋自刎而死。

按項羽當年與江東八千子弟起兵，旨在亡秦，而秦已亡，其在事業上嘗為西楚霸王，可謂目的已達，宏願亦償。至於與劉邦爭奪天下不成，與最初被起兵動機無關。故項羽所謂「無面目見江東父老」者，乃因他當年所帶出來的八千子弟全部犧牲，獨他一人生還，如何向江東父老交待。現今某些人出外謀事不成，常引用「無面見江東父老」一語，實在與當年項羽說這些話的旨趣不同。

老當益壯

以前楊森將軍過九十大壽，報紙上「譽」之為「老當益壯」。吾人也經常看到將這四個字作為「勉勵」他人的詞語。

茲查後漢書馬援傳載：「年十二而孤，少有大志……後為郡督郵，送囚至司令府，囚有重罪，援哀而縱之，遂亡命北地，遇赦因留牧畜，賓客多歸附者，遂役屬數百家，轉游隴漢間，嘗謂賓客曰：「丈夫為志，窮當益堅，老當益壯。」其後因處田牧，至有牛馬羊千頭，穀數萬斛，他認為「殖貨財產，貴能施賑」，乃盡散以班兄弟故舊。未幾為朝廷所徵召，因破　胡有功，授為伏波將軍，其「騰聲三輔，邀游二帝」，名垂青史，不是本文所要講的，然「窮當益堅，老當益此」一語，出自馬援的口，寫成語體文便是「窮途末路的時候，更要堅強起來；年歲衰老，更要鼓起勇氣，不必氣餒。」

史記廉頗藺相如傳載，廉頗本為趙國大將，趙悼襄王時被罷黜，廉頗憤而奔魏，魏不能信用，會趙久為秦困，思再用廉頗，廉頗亦希望趙王再起用他，為表示自己不服老，嘗在趙王使者面前「一飯斗米，肉十斤，被甲上馬」。無奈廉頗的仇人郭開，事先賄賂了趙王的使者，故對趙王說：「廉將軍雖老，尚善飯，然與臣坐，頃之，三遺矢矣。」（有謂時常起來便溺）趙王以為老，遂不召用。然觀廉頗的行為，便是「老當益壯」的表現。

按馬援對賓客說「丈夫為志，窮當益堅，老當益壯」這幾句話的時候，自己尚未老，而又係從逆境奮鬥出來，顯然「窮當益堅」；「老當益壯」八字，是鼓勵人家，策勵自己的語氣。於今，若晚輩說長輩「老當益壯」云云，就覺得牽強，沒有嚴守晚輩的本分了。

坐霸王車

「身無分文，乘坐霸王車，又騙走現款。」這是經常在報上看到的新聞。這意思大家都明白是「坐車不付車資」。只是「坐霸王車」一語，實在運用不妥，何人首先使用，想是無法考證，而「霸王」二字卻有歷史依據。

中國歷史有所謂「五霸」出現，白虎通義號稿云：「五霸者，何謂也，昆吾氏、大彭氏、豬韋氏、齊文公……或曰五霸謂齊桓公、晉文公、秦穆公、宋襄公、楚莊王也。」

五霸雖有數說，讀史者多論「春秋五霸」，而春秋五霸又有以齊桓公、宋襄公、晉文公、楚莊王、秦穆公為是，或又以齊桓公、晉文公、楚莊王、吳王夫差、越王勾踐為是，蓋宋襄公霸業曇花一現，而秦穆公僅稱霸「西戎」而已。

至於何以云「霸」，白虎通義號篇又云：「昔三王之道衰，而五霸存其政，帥

諸侯朝天子，正天下之化，興復中國，攘除夷狄，故謂之霸者也。又云：「霸者，伯也，行方伯之職，帥諸侯朝天子，不失人臣之義，故聖人與之。」由見「霸者」在歷史上的解釋是很合乎正道的，如管仲相齊，倡「尊王攘夷」而霸於諸侯，孔子贊之曰：「管仲相桓公，霸諸侯，一匡天下，民到于今受其賜，微管仲，吾其被髮左衽矣。」

不過，白虎通義又說：「霸者，猶迫也，把也，脅迫諸侯，把持王政。」應劭風俗通皇霸篇云：「伯者，長也，白也，言其威建五長，功實明白。」由是觀之，霸字本義為「伯」，史記各紀傳亦均作「伯」，不書「霸」，蓋霸是假借。

霸者既係「脅迫諸侯，把持王政」之意，再徵之史實，春秋時代之霸者的確不大「講理」。像楚莊王曾經探聽周天子九鼎之輕重，越王勾踐橫行淮東，以及楚漢之際的項羽自立為西楚霸王，皆是目無天子。自是「霸王」者乃「不講理」之行為，由此引伸，則所稱「霸王車」，應是指「不守交通秩序橫衡直撞的司機」而言，若乘客不付車資，是乘客不講理，應稱「霸王乘車」。是故「看霸王戲」「吃霸王飯」等語，雖說「約定俗成」，實則本末倒置。

約法三章

秦二世三年，天下紛紛，諸侯起兵反秦，秦派大將章邯敗陳勝吳廣，並兵圍趙都。楚懷王遣項羽北救趙；遣劉邦西入關，與諸將約定：「先入關者，王關中」。

按關中為秦都所在，土地肥沃，形勢險要，自西周迄於唐末均為歷代建都之地。惟迭經兵災，水利破壞，至五代朱溫遷都洛陽，後世便不再以關中為都。所謂「長安時代」，從此過去。

由於關中得天獨厚，楚漢之際諸將都想為關中之王，項羽原先即不願北救趙，欲代劉邦西行。但項羽用兵，略地屠城，常無遺類。楚懷王以為關中人民久苦秦法，必須一仁厚長者，扶持仁義而西，多做收攬民心的工作。左右皆曰劉邦為適當人選。劉邦入關亡秦，果悉除秦法，與父老約法三章：「殺人者死，傷、盜抵罪。」

秦法苛而繁多，人民動輒得咎，且一人犯罪往往株連三族五族。今苛法盡除，僅遵守「三章」便可。劉邦並使人遍告關中曰：「吾所以來，為父老除害，非有所侵暴。」秦民大喜，爭持牛羊酒食，獻饗軍士，劉邦均一一辭退不受，關中之民無不感激。此即為劉邦日後致勝項羽之主因。

茲按「約法三章」一語，原是蠲削煩苛的意思，史記原文本是「與父老約，法三章耳」，「約」和「法」之間要斷句，語尾的「耳」字意思可以證明。今人斷章未取意，比喻和某人講好條件時，常把「約」、「法」之間的標點去掉，而直接說：「我和你「約法三章」」，用意顯然是加重對方約束，與古意「約法三章」意思不同。

約法三章是那三章

中央日報出版之「成語出迷宮」第二集載有吳立甫先生撰「約法」是那「三章」一文。吳文說：一般辭書只提到：「殺人者死，傷人及盜抵罪」兩章而已，似乎把「傷人」及「盜」分為兩章。」

吳文並引述史記高祖本紀說：「劉邦占領秦都咸陽後，召集關中諸縣父老，宣布三條法令：一是殺人者死；二是傷人及盜抵罪，三是餘悉除去秦法。史稱約法三章。」

按史記高祖本紀的原文是：

召請縣父老豪傑曰：父老苦秦苛法久矣，誹謗者族，偶語者棄市，吾與諸侯約，先入關中者王之，吾當王關中，與父老約，法三章耳，殺人者死，傷人及盜抵罪，餘悉除秦法。

前漢書高帝紀也是同樣記述。

這很明白清楚的所謂約法三章，指的是：

第一：殺人；第二：傷人；第三：盜。至於「餘悉除秦法」中「餘」字語意更為明顯，乃是另一項政令的宣布。吳文既引述史記，為何要把「傷人」及「盜」合併為一章，而將「餘悉除秦法」列入三章之內，實令人費解。

況且史記，漢書的注疏家還特別論及「傷人及盜抵罪」的抵字的意義，都認為是「至」「當」的意思，也就是說凡「傷人」或「盜者」都應「各當其罪」。但是，「傷人有曲直、盜賊有多少，罪名不可預定」。殺人者一定判以死罪，至於「傷人」或「盜」那就要視犯罪情節輕重來科以適當之刑責了。

敬鬼神而遠之

論語「雍也」篇，樊遲問知，子曰：「務民之義，敬鬼神而遠之，可謂知矣。」歷代註疏都將「敬鬼神而遠之」解釋為「遠離鬼神」。所以我們常聽說指某人為壞人時，最好遠離開他，免得惹非，而套用這句「敬鬼神而遠之」的話。

按禮記一書的記載，所謂「鬼神」是指「祖先」而言。說文：「人所歸為鬼」。淮南墜形：「人死為鬼」。尸子：「鬼者，歸也，故古者以死人為歸人」。禮記祭法說：「人死曰鬼」。又說：「敬鬼神以尊上也」。廣雅釋天：「祭鬼先祖也」。可見「敬鬼神」是尊敬自己的祖先。故五帝本紀稱讚帝嚳「明鬼神而敬事之」。程子詮釋孔子「敬，鬼神而遠之」一語說：「人多信鬼神，惑也。而不信者，又不能敬，能敬能遠可謂知矣。」

祖先既是「人身」的根本，時常要追念想慕。子曰：「父在觀其志，父沒觀其行，三年無改於父之道，可謂孝矣。」祭祀為上古之大孝，「敬天畏祖」也可說是中國傳統文化，亦為先賢為政治民之道：「四時祭祀，所以訓民事君也。」所謂「上則順於鬼神。外則順於君長」是也。不過，並非所有「鬼神」都是自己祖先，要祭自己當祭者，所以孔子又說：「非其鬼而祭之，諂也。」

由上述情形來看，孔子告訴樊遲「務民之義，敬鬼神而遠之」，很顯明的是說「敬神如神在」，「教民反古復始，不忘其所由生也」，不忘其由，是以致其敬。但敬必誠，誠則有所思，思必遠，遠及其先祖，於是敬先祖之德行，報先祖之功勞，感先祖之恩義。曾子說：「慎終追遠，民德歸厚矣。」也就是告訴我們祭祀祖先要盡我誠心，追思想念，在上者如此盡孝，在下者也自然會感動。知所孝敬。

清明節為我民族掃墓節，由來已久，政府特定日為國定紀念日，全國各機關學校放假一天，是日，除中樞遙祭黃陵外俾便全國國民能有空好好祭祀自己的祖先，此正所以「務民之義」，乃在教民之「追遠」也。

民可使由之不可使知之

古書均不斷句，我們現在所讀者，都是後人所圈註。古人為文並非句段不分，也不是故意給人為難。乃是古人認為從其語意上，自然知其句段，何必另外「圈」「點」。所以在古人來說，句段並不是一個問題，而現今人卻視為一門專門學問。尤其「學者」中往往為了一句一篇的斷句問題，爭得面紅耳赤，在報章雜誌上大打筆墨官司，甚至有人為此鬧入真正公堂者，豈非先賢之「罪」也乎。

據說在研究所讀國文系的學生，要自己「圈讀」十三經，則給予若干學分。十三經何其多，如果一字一句的讀，一篇一章的去了解，而又不去「抄」人家的「圈點」，非窮畢生精力不可。

天曉得，我的一位朋友，便是請他「太座」照著人家圈好的舊本子，用小銅筆套圈的。所謂「十三經」也者，根本自己未看，說實話，不照前人所圈，又怎能圈得了。縱知其句段，而不解其意者，更不知凡幾了。或則經前人斷句，而不一定正確者亦有例可舉。

如論語泰伯篇「民可使由之不可使知之」即是。

現在一般人都把它斷句為「民可使由之，不可使知之。」而且對這句的語意，認為是「人民只可讓他們照著義理法規去做，卻無法使他們知道為什麼要這樣做」。這種斷經解經的方法，去古實在太遠了。

孔子是特別注重教育的人，那有不使人民「知道」的道理。如果認為這句話孔子對治理民知不齊的國家一種權宜的說法，那麼這一句應該把它斷句為：

「民可，使由之，不可，使知之」或「民可使，由之，不可使，知之」。

這句中的「由」字是「聽便發展」之意；「知」字是「教化」之意。把它整句解釋，應是「人民知禮義法度，便讓他們循此禮義法度發展自己的思想，如果還是愚蒙不智，便應去教化他們，使之遵循義禮法度」。此不但符合孔子教育的旨意，亦正是中國古時的「民本」思想。

釋「公天下」

很多人認為古時候，堯不把帝位傳給自己的兒子，而傳給賢臣舜；舜也不把帝位傳給自己的兒子，而傳給禹，這種傳賢不傳子的政治，叫做「公天下」又叫「禪讓」政治。禹以後傳子或傳弟的政治叫做「家天下」。

據史記三代世表，堯是黃帝的四代孫，舜是黃帝的七代孫，禹是黃帝的四代孫。因此，堯傳舜，舜傳禹，都是傳給自己的家族，只是他們不把帝位直接傳子而已。

這種不直接傳子的方法，從黃帝時已開始實行。史記五帝本紀載：黃帝死，其正妃螺祖所生二子昌意、玄囂，都沒有直接承襲帝位，而是由黃帝孫昌意子來繼承，是為帝顓頊。顓頊死，也沒有傳給自己之子窮蟬，而由四妃所生之子繼承，是為摯。帝摯死，則由帝嚳三妃所生子放勳繼承，是為帝堯。後來堯傳給舜，等於把帝位又傳回去，因為他和他父兄的帝位，本是舜的高祖顓頊傳過來的。至於帝舜傳給禹，也不是傳給外人，而是他高祖的孫子。這樣傳來傳去，都是黃帝的後裔，而且代系都很接近。

國父孫中山先生說：「中國堯舜是很好的皇帝，他們是公天下，不是家天下。」

但是，我們不要把「公天下」和「家天下」的分野，放在「帝位傳承」上。「公天下」的正確意義，應該是指一個作帝王者，他的所作所為是否完全以天下人民的公益為出發點，若以個人或家族為利益者，便是「家天下」。國父何以說堯舜為很好的皇帝，說他不是家天下呢？因為堯舜為帝，毫無私心，所作所為無不以天下人民著想。書堯典載：「堯欽文明，思安安，允恭克讓，光被四表，格于上下，克明俊德，以親九族，九族既睦，平章百姓，百姓昭明，協和萬邦，黎民於變時雍。」司馬遷讚之曰：「其仁如天，其知如神。」又曰：「一人有慶，兆民賴之。」淮南子載：「堯茅茨不剪，樸桷不斲，越席不緣，大羹不和。」又云：「戰戰慄慄，日謹一日，人莫躓於山而躓於垤。」說苑更云：「堯存心於天下，加志於窮民，一民饑，則曰，我饑之也，一人寒，則曰，我寒之也，一民有罪，則曰，我陷之也。」通鑑載：「不以私曲之故，害耕稼之時，存養孤寡，賑亡[illegible]之家，自奉甚薄，賦役甚寡。」孔子曰：「大哉！堯之為君也。」

堯因自己是這樣一個克己自律，一心為天下人民著想的帝王，希望繼承他的人也像他一樣，當時很多人推荐他的兒子丹朱，堯並不是因丹朱是自己而不敢「禪」位乃是早知其子不肖，不能承擔大任，於是把帝位推於舜。舜即位後，「克勤于邦，克勤于家」，將其孝心愛心，廣施眾人。中庸稱：「舜好問而察邇言，執其兩端，用其中於民。」陸九淵曰：「大舜之所以為大者，善與人同，樂取諸人以為善，聞一善言，見一善行，若決江河，沛然莫之能禦。」

很多人嚮往帝王生活及其威風，袁世凱做總統不過癮，偏要當皇帝。皇帝大權在握，「生殺予奪」往往隨心所欲。自古以來像堯舜「只存心於天下」的「皇帝」沒有幾個，故歷代大史家及　國父孫中山先生均推崇備至。

釋「禪讓政治」

關於「禪讓政治」的故事，在我國傳述了兩千多年，直到民國以後，才被疑古派一筆勾銷。疑古派認為這是儒家所擬製的一批聖賢人物；是出自墨子的「尚賢」之說，春秋時代的「明賢」主義。一層一層的把「禪讓」的外衣剝得精光。疑古派這樣做，以為是一種「覺悟」。何以會覺悟呢？他們說：「堯、舜、禹的禪讓，在從前是人人都認為至真至寶的古代史。自從康長素（有為）先提出了孔子託古改制的一個問題以後，這些歷史上的大偶像的尊嚴就漸漸有些搖動起來了。」這位當年組保皇黨，主張君立憲反「革命」的領導人物，雖然「政治革命」沒有成功，「歷史翻案」卻意外的收到效果，使多少大史家，「鞠躬盡瘁」的追隨其後，把中國的古史全部推翻。

談「禪讓」，必須先認定堯、舜、禹的歷史事實。如果像疑古派一樣否認有堯、舜、禹人物的存在，那還有什麼好談的？過份疑古，又有何益？然而我們的歷史教科書，對古史也一樣懷疑，把堯、舜、禹當作神話來講，解釋也簡略，試看舊的高中歷史第一冊頁五：「堯……因自己的兒子不肖，決定將帝位讓位傳給一位有才德的人。……舜的兒子亦不肖，就照堯的辦法，傳位給禹。這種傳賢不傳子的公天下之局，叫做「禪讓」。於是一般青年學子即這樣背誦以應付考試，認為「禪讓」云者，乃「傳賢」，「不傳子」而已。（新修定教科書，更輕描淡寫）。

按古時掃地而祭謂之「禪」。所謂「禪讓政治」，應是「古時天子在祭典上，向全國諸侯（人民代表）推荐某某人繼為天子。」至於被推荐的人，能否繼位，則要取決於全國人民的公意。也就是說，天子在祭典上推舉某人為繼承人，如果人民不同意也屬枉然。如禹晚年亦舉賢臣伯益任之政，以天下授益，「及禹崩，雖授益，益之佐禹日淺，天下未治，故諸侯皆去益而朝啟。」所以堯舜之「禪讓」，猶今日之提名競選，被提名者能否當選，也要看選民是否擁護他。

史記載堯舜禹「禪讓」的經過很清楚，四嶽向堯推荐舜，堯始知舜為一孝子，所謂「立愛自親始，教民睦也。」「事親孝，故忠可移于君。」乃決心試用他，先妻以二女，「以理家而觀國政」，然後又使舜「慎和五典，五典能從，乃徧入百官，百官時序，賓於四門，四門穆穆，諸侯遠方賓客皆敬。」又使其「入山林川澤，暴風雷雨，舜行不迷。」堯以為聖，於是命舜攝行天子之政，始「荐之於天」。由此可見，古時之被推荐為天子繼承人，必須具備人緣、品德、才幹與政績。

堯之所以荐舜於天。除基於前述理由外，史記又載：「堯知丹朱之不肖，不足授天下，於是乃權授舜，授舜則天下得其利而丹朱病，授丹朱則天下病而丹朱得其利。堯曰：「終不以天下之病而利一人」，而卒授舜以天下。」從太史公這段語意的反面來看，可知堯之所以不荐位於丹朱，乃因丹朱之「不肖」而已，若丹朱「肖」，可以「利天下」，則授天子位於丹朱有何不可，因之「禪讓」的條件，乃視其所授者「賢不賢」，非「子不子」的問題。

堯雖在生前推舉舜為繼承人，堯死，舜並不能立登天子位，必須先服喪三年，「三年之喪畢，舜讓辟丹朱，謳歌者不謳歌丹朱而謳歌舜。」自是舜才正式就天子位。之後，舜的晚年，亦因其子商均不肖，乃「豫荐禹于天」，舜崩，禹亦如法泡製，服喪三年，避舜子商均於陽城，天下「皆去商均而朝禹」，禹始登天子位。

以上乃所謂「禪讓」政治的原委。但史記中僅見「荐之於天」，或「豫荐禹於天」，並無「禪讓」一詞，禪讓二字或由孟子「唐虞禪」一語而來。然孟子主張「天子不能以天下與人」，「天下者，天下之天下，非一人之私有故也。」，「天子能荐人於天下，不能使天與之天下」。是天子可以「禪」位而不能「讓」位。事實上，堯舜禹都只是「禪」而沒有「讓」，舜與禹之所以能繼為天子，乃是他們政績彪炳，深得全民擁戴。誠如孟子所云：「舜之相堯，禹之相舜，歷年多，施澤於民久。」故得民心，相反的「益之相禹也，歷年少，施澤於民未久。」人民對他認識不夠，諸侯乃未「遵照」禹「禪讓」的意思，而選擇自己認為英明的啟為天子。很明顯的這是上古「民意」政治的具體表現。

神的兒子

在西洋史裡，回教的創立人——穆罕默德說，他自己同閃族傳說中的亞當、諾亞、亞伯拉罕、摩西、耶穌，都是上帝派遣入世的先知，他是上帝派下來的第六位，他說他是最後一位，以後上帝便不再派先知入世。清中葉洪秀全建立太平天國他說也是奉上帝之命，這樣說來，也是上帝派下的第七位了。

關於這位回教先知幼年生活，很少可靠史料得知其詳，只知他出生於西曆五六九年，阿拉伯半島上的麥加城，父母早死，由叔父撫養長大，廿五歲那年跟一個有錢的寡婦結婚。歷史上沒有說明他的父母為何人。

基督教聖經裡說，耶穌的母親瑪利亞生耶穌沒有跟丈夫若瑟同過房，所以耶穌是神的兒子。至於亞當，傳說是上帝用泥巴造的，諾亞又是從亞當身上抽出一根肋骨造成的。亞伯拉罕及摩西則是他們的子孫。我們中國的典籍裡，記載屬於「神」的兒子，比西方傳說的更多。

史記及今本竹書紀年中記載：太皞庖犧氏的母親叫華胥，在雷澤中踏了一個巨人足跡，便有感而孕：炎帝神農氏的母親是「感神龍」而生神農；黃帝的母親附寶是因為見「電繞北斗星樞，星光照野」，於是有感而孕；帝顓頊的母親是「見搖光之星，如虹貫日，應已於幽房之宮」，乃生顓頊於若水，堯的母親慶都是因為與赤龍合婚；舜的母親是見「大虹」有感而生舜：禹的母親是見「流星貫昂，夢接意感，吞神珠」而生禹，商朝的祖先契的母親簡狄，是在沐浴時吞食了一個燕子卵而懷孕生契；周朝祖先棄的母親姜原，也是在郊祭途中好奇的踏了一下巨人的足跡而身動懷孕；尤其史記和漢書記載大漢開國君主劉邦的母親劉媼，在一個大澤旁休息，夢與神遇，當時雷電交加，劉邦的父親往視，看見一條蛟龍纏繞在太太身上，後來便懷孕生下劉邦。以故劉邦的長像「隆準而龍顏，美須髯，左股有七十二黑痣。」看相的人都說他是個「大貴人」，他曾斬殺了一條大蛇，說是「赤帝子斬殺了白帝子」，其後起兵打天下便用「赤色」作旗幟。秦始皇常說：「東南有天子氣」，果真，當劉邦亡匿芒碭山澤巖石之間時，他太太呂后，就因為根據山頂上那朵不散的「雲氣」隨時可以找到他。項羽的謀臣范增一再對羽說：「吾令望其氣，皆為龍虎，成五采，此天子氣也。」從劉邦起兵入關亡秦，一直到他擊敗項羽即皇帝位，似乎都有「神」在保佑，好幾次被項羽圍困時，無不在極危險的關頭逃過厄運。劉邦自己心裡有數，憑他的「才幹」與「實力」實在無法跟項羽相比，雖然他獲勝的因素很多，但他自己還是認為「天命」所致。當他病危時，呂后為其延醫，邦曰：「吾以布衣提三尺劍，取天下，此非天命乎，命乃在天，雖扁鵲何益。」於是拒絕治病，旋即平平靜靜的死去。

中國古時記載這種「聖人皆無父，感天而生」的情形與立意，自然與西方的傳說不同。然中國古時稱皇帝為「天子」是事實，舉行祭祀時，天子才有資格祭上帝，「上帝」一名首見書經中的堯典，而史記各本紀及封禪書中均屢見「上帝」二字。

第三部份

琉球，台灣，釣魚台的歷史探討

琉球問題

前面已提到，其實現在台灣島上的人，除了原住民的祖先是從東南沿海，南洋群島或菲律賓等地移徙而來者之外，至於住居平地的人民，無論閩南人（福建），客家人（廣東），浙江人，山東人，江西人，湖南人，河南人，以及西南，西北，東北各地的人，他們的祖先都是來自大陸，只是先來後到時間上的差異，大家都是血濃如水的炎黃子孫。

關於台灣與中國大陸的歷史關係，我曾於中華民國五十九年六月「政治評論」廿四期五卷，發表一篇〈從有關琉球學術問題爭執透視日本人的陰謀〉茲將全文錄於下：

從有關琉球學術問題爭執透視日本人的陰謀

原屬於中國的琉球，已經被我們的「朋友」，乘人之「危」，把它拱手送給日本，再過三年（一九七二）琉球的主權便正式歸日本。此時此地，我們涕泣之餘，還能有何作為呢？

琉球雖已被奪，而有關琉球的學術問題仍在爭論之中，所爭論者為何？即我國正史中三國志吳志孫權遣將浮海求夷洲之「夷州」，及隋書有關琉球國中之「流求」，一派主張是今天的琉球，而另一派認為是今天的台灣，兩派學者對此爭論已近一世紀，參加討論的學者包括中、日和歐美的史家。按三國志吳志孫權傳原文：

黃龍二年春正月，遣將衛溫、諸葛直將甲士萬人，浮海求夷洲及亶洲。亶洲在海中，長老傳言，秦始皇遣方士徐福，將童男女數千人，入海求蓬萊神山及仙藥，止此洲不還，世相承有數萬家，其洲上人民時有至會稽貨布，會稽東縣人海行，而有遭風流移至亶洲者。所在絕遠，卒不可得至，但得夷洲數千人還。……三年春三月……衛溫、諸葛直，皆以違詔無功，下獄誅。

這三國志中的「夷洲」，究竟是今天的台灣？還是琉球？前人沒有注解。而後人或主台灣，或主琉球。其後隋書中則有「流求國」傳，主張三國志中夷洲為台灣者，亦認為隋書中流球國為台灣。

主張三國志中東吳孫權遣將浮海求夷洲之「夷洲」，和隋書帝遣將浮海求流求之「流求」，均為今天之「琉球」者，時人稱之曰「琉球論者」，反之，主張前述二事為今台灣者，時人稱曰「台灣論者」。

所謂「台灣論者」，首先由法國學者聖第尼、德國學者里斯、荷蘭學者希勒格等提出，而先後撰文贊和其說者，計有日本學者：鈴村讓、箭內亘博士、藤田豐八博士、尾曾我部靜雄、甲野勇氏等。我國連雅堂（橫）所著《台灣通史》，以及宋岑先生等亦撰文附和日本及歐洲學者之說，認為「隋代流求確為台灣」。於是我們的教育部也受上述學人的影響，在舊的高中歷史教科書中亦附和其說，謂隋煬帝「對於東海的流求」（台灣），也在大業六年（西元六一〇），派兵萬餘，由義安（廣東潮安）浮海往討，俘獲男女數千及不少軍資。」不僅如此，又從而演繹，加上我國衛挺生氏之附和，連帶主張三國志中之「夷洲」亦為今日台灣，謂孫權於「黃龍二年（西元二三〇）派甲士萬人浮海求夷洲，得夷洲人數千。夷洲即台灣，這是中國經營台灣的開始。

顯然這一個問題，不僅關係琉球與台灣之歷史發展，從而更牽引出「政治」問題，同時影響到我們的歷史教育問題。

主張「琉球論者」，計有日琉學者喜田貞吉博士、秋山謙藏、真境名安興、島袋源一郎、金城增太郎、小葉田淳、藤田元春、伊波普猷、島倉龍治等。但是這些日本學者的影響力，不及前述「台灣論者」的日本學者「勢力」大，同時亦受「政治」的拘束，或欲言而不敢言，或言而不由衷。而我國學人則似乎惟有梁嘉彬氏「孤軍奮鬥」從兩派學者的人數來看，顯然「台灣論者」佔了優勢，但這是一個學術問題，不是罵街打架，僅憑人多口眾，或藉某種勢力也是沒用，因為事實終歸是事實，真理就是真理。

筆者前此曾收集有關琉球問題的資料，最近詳讀梁嘉彬教授所著「琉球及東南諸海島與中國」一書，參考其所引部份古籍，深覺「台灣論者」，不是「食古不化」，便是「強詞奪理」。洋人者，帶有濃厚的政治色彩，國人者，盲目附和。誠如梁教授所云這些人既乏史法、史才，又無史識、史德。茲綜合批判如下：

一、無史法

宋太平興國李昉奉敕撰《太平御覽》，關於「夷洲」的記載，据梁著考證，是抄引東吳沈瑩《臨水土志》有關夷洲的紀錄，而將其增補刪削。沈瑩為東吳人，其《臨海水土志》，為唐章懷太子注引於後漢書東夷傳倭國條。「台灣論者」不採用東吳沈瑩的《臨海水土志》的原始史料，而採用改竄而來的次等史料《太平御覽》。

馬端臨文獻通考，固為中國類書，與杜佑通典，鄭樵通志並稱三通，但文獻通考在其四裔考內關於「流求國」，毗舍耶國兩條的文字（頁二二三），而且有些地方抄錯了。可見隋書等才是頭等史料，文獻通考是次等史料。但因馬端臨的名氣大，向為後代中國學者所尊重，對其著作沒有有人懷疑其真實性，自然在此不能批評「台灣論者」不懂「史學方法」，實是他們只知其「一」，不知其「二」，殊不知中國古代地名有「同名異地」，「同地異名」的例子，欲研究其真象，不能堅持「謀書是這樣說的」，而要去研究某書之說是從何而來？有無誤解、誤抄或偽託濫擬之處？不如此，無法求得正確答案。

「台灣論者」亦引據後漢書倭人條。後漢書雖列為「四史」之一，其史料不一定無疵，據梁著考證，其東夷倭人條即係撮輯班固前漢書地理志吳志條、燕志條及晉陳壽三國志魏書倭人傳及吳書孫權傳之有關記錄者而成，其中頗多訛誤，每有化一為二，記二而成四之弊（頁三六九）。

史料引用不對，初步工作已有錯誤，好比某人從台北欲往高雄，卻搭上去基隆的火車。好在台北、基隆之間不遠，「回頭」還來得及，只是這一段時間是白浪費了。

二、無史才

沈瑩臨海水土志於夷洲有「夷洲在臨海東南，去郡二千里」之句。日本方面的「台灣論者」，初則對夷洲的方位和距離還只是含糊說是「相當於台灣」。後來我國學者，居然說「臨海郡的疆域，北起浙江的寧海、天台，南至福建的羅源、連江，認為「台灣的方位確在其東南」，所謂「去郡二千里」者，是「指整個郡治而言」。梁著考證：「孫權黃龍二年臨海仍只有縣，未出今日臨海縣範圍。吳末以會稽東部都尉為臨海郡，以會稽南部都尉為建安郡，是縱以吳末臨海郡，全郡疆域作定向的基點，其極南界線最遠仍不得超越現今浙江省甌江流域，其以南至福建、羅源、連江或閩江之北之理」（頁二五六）。若打開地圖來看，只有夷洲在臨海東南，「夷洲」當然是指琉球了，台灣並不在臨海東南，而在其南南。

按三國志吳志，孫權遣將浮海求夷洲之外，並求亶洲，這亶洲已經梁教授考證為今日本，且為多數日本學者所承認（其中「台灣論者」亦承認亶洲為日本）。既認為亶洲為日本，則夷洲是琉球，若夷洲為台灣，則孫權當年派人求「台灣」，如何能同時越琉球群島遠求日本？是故夷洲為琉球方可順航北求亶洲（日本），況且孫權之所以欲同時求亶洲者，是求徐所去之亶洲（日本），蓋此時亶洲（日本）已頗為開化，「其人民時有至會稽貨布者」，此種情形除當時日本外，其他諸島不可能與中國大陸有商業來往。

三、無史識

隋書記載，中國大陸到流求，「水行五日而至」。聖第尼認為「中國航海技術幼穉得可憐，在蒸汽船發明以前，帆船斷無從福建水行五日可達沖繩之理。」從「海行紀錄」來看，在風帆時代，帆船從寧波到日本九州，或從福州到琉球（沖繩）那霸，除非海中遇到颶風、逆風或無風，又或航海家路線錯誤，通常都只以水程五日為準，梁著列舉了古今許多海行紀錄，「在風帆時代，航行的難易，固不問距離的遠近，而但問風濤的順逆，風濤順者雖遠而猶易，風濤逆者則雖近而猶難」（頁二二八——二四〇）。當時交通東海的各港，凡船行，去以孟夏後，乘西南風，回以孟冬後，乖東北風。因帆船的放海，最倚賴的是風，其次是濤，中國船的曉得利用季候風，是極早的事，「漢武帝時，船夫舟子已曉得因風交通南海。台灣一島之距大陸雖近，只因風濤兩逆，難成航海目標，而閩浙兩省與琉球日本間（尤其是福州與琉球群島間，寧波舟山與日本九州間），因適有一道最順適的海流（北赤道暖流，夏季由西南流向東北，在琉球日本間稱為「黑潮」，在冬季因風送流關係，有反流現象）之故，凡自福州以北各港的出航，皆至琉球日本而難達台灣」（頁二七四）。按三國孫權求夷洲，隋代煬帝求流求，均係順著這種「海流」，故水行「五日」而至，「台灣論者」不但不能把隋書流求指認為台灣，更不得不指三國志中孫權求夷洲為台灣，須知「流求之名起於沖繩，而非起於台灣。」說文「求，索也」，「繩，索也」。流求：流中之求；沖繩：沖中之繩，是流求與沖繩之義相通，此正說明琉球列島之地形，而非台灣之地形，豈可謂台灣為「流中之求（索）」的道理。因之隋書中的流求不能解釋為台灣。

四、無史德

前述法國學者聖第尼、荷蘭學者希勒格、德國學者里斯之所以對我國東南海島發生興趣，無非是為了「殖民慾」。後來里斯在日本講授西洋史，更因為成了日本的上賓，所以在他寫的《台灣島史》中自然也有代日本尋找台灣「以奴證主」。他雖知中國史料浩如瀚海，但何者是原始史料？何者是二手史料？根本無法分清，也似乎不願意分清。至於日本學者對琉球與台灣問題，真正從學術觀點去探討者少，而且有時這些學者仍須受「政治」勢力的拘束而作「違心」之論。本來日本正保寬文間幕府將軍德川家光家綱兩代監修本朝通鑑卷一神后有云：「庚戌三十年（即三國東吳孫權黃龍二年，西元二三〇年），吳王孫權使其將衛溫、諸葛直等率甲士萬人，浮海侵我西鄙，不克，士卒疾疫，死者十八九，經歲而去，溫等以無功被誅。」這一紀事當然是參考三國志吳志而來。由此可見日本在我國清初時，猶自認本國為亶洲，指夷洲為琉球，若夷洲為台灣而非琉球，日本焉能謂之「侵我西鄙」，難道台灣在日本西鄙嗎？可是日本到了大正年間以後，因國勢興盛，一欲遮蓋本國歷史本來面目，二欲遂其對台灣與海南島之野心，乃由文學博士市村瓚次郎、白鳥庫吉等另著書立說，否認德川幕府時代所修《本朝通鑑》有關紀載，而把亶洲證在海南島，把夷洲證在台灣）。等到一八九五年日本奪台灣後，又欲製造一些本國與其殖民地間的歷史連鎖，於是對其殖民地的歷史地理的研究更有刻不容緩之勢，不少著名學者或受南滿鐵路公司的委託，而致力於滿、蒙、朝鮮的研究，或受台灣總督府的資助，而參加東洋協會學術調查部的組織，其學術任務乃追隨日本政治的趨向，在歷史文化上，只能說日本較中國為先進；在人種上，只能說日本是中國的「父母之邦」；對朝鮮、滿州、蒙古、琉球、台灣，均分別鼓吹民族同源或早從古代已受日本經營拓殖的理論（頁一三二）。

於是日本學者市村瓚次郎、鈴村讓等紛紛著書為其本國政治利益，而盡作違心和歪曲事實之論，其動機不外：①將台灣一島解釋為琉球故壞，同時又把琉球解釋為日

本自古以來之屬島，既不許琉球有獨立歷史存在，又不讓中國與台灣拉上關係。②誣指中國人對海島只有偶爾討伐的關係，而非經營開發。更說台灣一島屢經中國歷代的討伐，原不過是「幾墟一島而棄之」罷了；甚至於認為台灣原本文化進步，只因為被隋代討伐以後，才退化到「袒裸盱睢，殆非人類」。這種都是企圖製造平地人與山地同胞間的仇恨（頁二三二、二三三、二六五、二八八）。

由此可見日本人之所以先說『琉球是其西鄙」者，乃欲與之拉上關係，及其奪得琉球國，廢為沖繩縣後，再欲侵佔台灣，故乃改變其過去理論，把台灣琉球合而為一，如此一來，日本在甲午戰爭奪我台灣，好像是「收復故土」，其用心之刻毒，莫此為甚！

難怪，他們今天想在台灣辦大學！

難怪，他們帶小學生來台觀光，一下飛機領隊的就告訴說：「台灣原是我們日本的領土。」

難怪，他們來台的觀光客問台灣的朋友說：「你們歡不歡迎日本人回來？」

他們甚至於說：「台灣應該屬於我們」。④

遺憾的是我們自己多數人竟不明察外人的陰謀，一味跟著日本人走，說什麼「多數日本學者認為孫權時衛溫諸葛所侵入之夷洲即台灣」云云，這不但讚美日本學者之

「捏造」史實，而且特別用上「侵」字，這種，「見解」，徐了迎合人家的口味外，有何學術價值？另有一些「愛鄉土懷故國」的人士，為了把台灣的歷史拉長，也跟著日本人說，三國時孫權浮海求夷洲便是指台灣。其用意似乎說明中國與台灣的關係，早在西元二三〇年便已開始，殊不知這正中日本人之下懷，上了日本人的當。如今琉球又歸日本，日本的「台灣論者」固屬不亦快哉！國內之「台灣論者」豈仍無悔意與警惕乎？

五、結語

《琉球及東南諸海島與中國》一書，純從學術觀點落筆，絕對擺對「政治」和「民族」的立場，以打破沙鍋問到底的精神來追究歷史之真象，既不「標新立異」，也不「意氣用事」，是即是，非即非。我跟梁教授無一面之交，決非在此「標榜」。至於中國人與琉球的關係，應早在戰國時代即已開始，有考古學家在琉球島上出土之古物為證；有琉球語言保存我國古音為證。至於台灣與中國大陸的關係，從最近台東八仙洞出土的古物來看，已能與山頂洞文化連成一氣。史實與遺物俱在可以把一切「短視」和「誣說」一筆勾銷。

①、光緒五年，日本併吞我琉球，我國曾反對並交涉未果，後因帝國主義者方

與我為難，致將琉球問題擱置，直至第二次世界大戰結束，美軍佔領琉球，停止日本在該島之行政權。日本投降時表示接受一九四三，中美英三國「開羅會議宣言」及一九四五年中美英三國「波茨坦宣言」，依據前二個會議的宣言，日本應被逐出於其以暴力或貪慾所攫取之所有土地，其主權應局限於本州、九州及四國四大島，應將過去盜取於清朝之一切地域歸還於中華民國。可見琉球已非日本的主權所及的地區。其歸屬問題，自不容有所變更，縱有問題，亦應由當年參加簽約的盟國大家共同商量，才能有所決定，如今美國竟擅自與日本逕行決定歸日本，顯然違背歷次宣言，罔顧國際道義，豈非「乘人之危」？痛心！

②關於台灣何時始被發現以及何時與大陸正式交通問題，梁著中另有討論及見解，本文從略。

③見史學彙刊第二期梁著〈從徐福碑有真假追　蓬萊亶洲〉文。

④見《人間世》五九年三月號〈堵塞日本南進的陳倉暗道〉。

外人侵台灣與光復台灣的由來

如果認定「夷洲」「流求」不是台灣，則大陸經營台灣的歷史，有文字的記載是從元朝開始，曾在澎湖設官，明代因為沿海海盜，倭寇猖獗，下令海禁，對外採行消極政策。台灣成為海盜根據地，鄭芝龍即為有名海盜之一，曾亡命日本娶妻生子取名為鄭森，後來回到台灣，頗有悔悟，洗手不作海盜，並從大陸福建廣東沿海等地招徠漢人，開墾了今天的嘉南大平原。當時的洪承疇為明廷舉足輕重人物，招降鄭芝龍，並保舉為福建的提督。鄭芝龍降明後，台灣旅即被荷蘭人占領，時西元一六二四年，荷人占領台灣後，由他們的東印度公司透過印尼的華僑領袖蘇鳴崗等人，從福建招徠大批閩南人入墾。荷人占據台灣南部時間，西班牙人曾於西元一六二六年占據台灣北部，在淡水建立一座名叫「聖多明哥」城。西元一六四二年被荷蘭人趕走。並將西班牙所建的這座城改名為「紅毛城」。（西元一八六八年，設領事館於此，一九八〇年中華民國正式收回）在此之前日本人在豐臣秀吉、德川家康的幕府時代先後派人入侵台灣，但被原住民擊退。

荷蘭人占領台灣卅七年之久，其間移入的漢人有二萬三千多人，以「佃農」的身分，承租荷人所謂的「王田」。在不堪荷人壓榨剝削之下，漢人不斷掀起抗暴運動，但被荷人殘殺數千人。

滿清入關後，鄭芝龍曾擁立唐王，但旋即變節降清，他的兒子鄭森卻能堅守儒生志節，為唐王所器重，賜姓他為「朱」，名「成功」。時人便稱他「國姓爺」。現在台灣還有供奉國姓爺的神廟。

南明三王先後被清廷派遣指揮的降清的明朝將軍吳三桂等消滅。鄭成功當他父親鄭芝龍被殺害唐王後，遙奉桂王，桂王封他為延平郡王。旋桂王被吳三桂從緬甸追回來押到昆明將其殺害後，明朝算是真正亡國。而鄭成功仍奉明正朔，號召同志反清。時大陸已為清廷全部控制，鄭成功乃率二萬五千人攻打被荷蘭人占據的台灣，由當時的鹿耳門今天台南市西北的地方登陸，歷經九個月的苦戰，終於在一六六二年，盡逐荷蘭人，首次光復了被外人侵占的國土。鄭成功便以台灣為反清復明的基地。鄭成功當年雖反「清」復「明」，但時過境遷，後來清廷派船政大臣沈葆楨來台灣時，以鄭成功逐走荷蘭人收復失地，乃真正大中華民族的英雄，於是不避忌諱，聯絡東南督撫，聯名上書朝廷予以褒揚並為建立祠堂，就是今天台南的延平郡王祠。想當年蒙古人忽必烈滅南宋後，英雄識英雄，要求南宋大臣文天祥投降，做他的一人之下萬人之上的宰相，文天祥卻寧為南鬼，不為北王，忽必烈只好成全他的忠貞，在痛哭流涕之下殺了他，真是英雄惜英雄，並褒揚他為「宋文信國公」。歷史上改朝換代之際，死不變節的前朝士人，都被認為是忠臣義士，流芳萬世。一些貪圖榮華富貴，見風轉舵的投機分子，只是獲得短暫的利用，如明末投降清廷的苦干文臣、武將，後來都被康熙皇帝一律列為「貳臣」，就是指這些一臣事奉二主的失節官吏。

鄭成功光復台灣後，第二年就病死，其子鄭經，在陳永華主謀下，對台灣農業發展，文教提倡頗有貢獻，其孫鄭克塽則軍政廢弛。清康熙二十二年，西元一六八三年，派原為鄭成功的心腹，後來因與鄭經失和而投降清廷的施琅，率軍攻台，鄭克塽投降，自是台灣正式納入清朝的版圖。設台灣府，府下設諸羅（嘉義）、台灣（台南）、鳳山三個縣，隸屬於福建省。當時清廷的對台政策，禁止內地人民攜眷渡台，凡單身入台者，也須取得官廳的許可。雍正十年才放寬移民條件，允許已入台灣者，可以搬移眷口，到咸、同年間，沈葆楨奉令來台，廢除內地人民渡台禁例，設局招徠，免費乘船，並供口粮、耕牛，農具和種子。以致台灣的漢人由明鄭時期的數十萬人，至清嘉慶十六年，已達到二百多萬。康熙末年，由於官府苛政擾民，引發朱一貴領導三十萬人起來反抗，乾隆五十一年因官府搜捕天地會黨徒爆發林爽文領導數十萬人的抗官事變，亂事平息後，清廷乃先後調整台灣的行政區，增設若干府廳縣。

工業革命後，中西貿易日盛，台灣正可為前進大陸的據點，遂成歐美各國垂涎的目標。至清道光年間以降，英美日法各國相繼以武力入侵台灣，英法聯軍之後，清廷在天津條約中將台灣（台南），淡水開為通商口岸，而清廷卻以台灣為「化外之區，化外之民」的態度視之。同治十三年，日本藉口流求漁民被原住民殺害，派軍進占台灣南部，旋即設機關學校儼然視作日本的領土來治理，糊塗的清廷從英國報上獲得訊息，才知事態嚴重，立派沈葆楨來台查辦，事後雙方簽訂北京專約，日軍退出台灣，清廷竟承認日本侵台為「保民義舉」，日本乃藉以侵奪我屬地流球。光緒五年，（一八七九）正式併吞改為日本沖繩縣。二次世界大戰之後，開羅會議中，日本應放棄在華侵略的所有領土，戰事結果，琉球暫由美國託管，但美國託管至一九七一年，中華民國六十年時，美總統詹森與日本首相左藤私相簽約，竟將琉求正式交由日本統治。並將靠近台灣的釣魚臺也劃為日本領土，中國反對無效，表示「不承認」列入檔案而已。

由於日本的侵台，促起了清廷對海防全面檢討，沈葆楨上書朝廷說：就一地而言：「台地向稱饒沃，久為他族所垂涎，今雖外患暫平，旁人仍眈眈而視。」

就全局而言「台灣海外孤懸，七省以為門戶。」故主張積極建設台灣，獲得當時在清廷中有舉足輕重的李鴻章的支持，先後派沈葆楨，丁日昌，劉銘傳三人來台，擘劃經營舉凡開山通道，撫綏原住民，增設郡縣，推廣經濟作物，機器開礦，興建鐵路，架設電線，發展教育，清理賦稅，整頓財政，其中以劉銘傳貢獻最大。中法戰爭之際，拒退侵犯基隆之法軍。中法戰爭結束後，台灣正式設省，劉銘傳任首任巡撫，他決心以「台灣一隅之設施，為全國之範」，再「以一島基國之富強」的宏偉抱負，奠定了台灣近代化的基礎。

劉銘傳主持省政六年，成績輝煌，然而他究竟是一位飽讀聖賢書的人，生活嚴謹，從他留下的詩句可知：

不幸入官場，犇勞日日忙。何曾真富貴，依舊布衣裳。
賦性無謙假，宜人說短長，不如歸去好，詩酒任疏狂。

唐景崧繼劉銘傳為台灣巡撫，不到二年，日本便發動甲午戰爭，將清廷擊敗，被迫簽訂馬關條約，將台灣、澎湖割讓給日本。在談判之初，日方代表伊藤博文獅子大開口，竟向清廷欽差大臣全權代表李鴻章要求賠款二十萬萬兩。李鴻章舌敝唇焦，最後以兩萬萬落款。何以伊藤會如此讓步？按兩萬萬兩銀子，相當日圓參億六千萬圓。而甲午戰爭日方的全部損失不到兩億日圓，也就是說，中國的賠款除了彌補日方的全部損失外，它還淨賺一億六千萬圓，接著日本就用這筆錢發動日俄戰爭，將俄國被打敗，旋一連串在中國獲得廣大利益。

當「馬關條約」的消息傳出後，朝野上下，全國各界掀起一鼓反對抗議浪潮，無奈在軍事徹底潰敗，在敵人刀槍下，外交只得任人擺布。而台灣同胞誓死抗拒，宣布成立「台灣民主國」，推舉巡撫唐景崧為總統。兵逢甲為副總統，劉永福為大將軍。但因未被國際支持，清政府也未支援，而民主國內部更紛擾多事，唐、丘、劉又不和合，怎能成大事。「台灣民主國」僅成立十三天便宣告結束，唐、丘、劉等先後逃回大陸」。日軍則以新式武器從三貂灣的澳底登陸，將台灣反抗勢力一個一個消滅，正式統治了台灣。

在日本佔據台灣五十年期間，台灣士民反抗日本殖民統治的戰鬥始終不懈，所付出的慘重犧牲，真是可歌可泣，已有學者專家撰著了「血淚史」，本文不再贅述，但下列三事我最欣賞：

其一，苗栗的羅福星所領導的抗日運動，與孫中山先生領導的國民革命運動有密切的關係。羅氏認為要驅逐日人在台灣的統治，必先參加祖國的革命運動，推翻滿清，使祖國強盛，才有光復台灣的希望。但他在台北苗栗之間奔走召募黨員時為日警所捕，在獄中，羅氏作了一首「祝我民國詞」，將「中華民國孫逸仙救」八字嵌入各句之首：

中土如斯更富強，
華封共祝著邊疆，
民胞四海皆兄弟，
國本苞桑氣運昌，
孫真國手著初唐，
逸樂中原久益彰。
仙容早沽靈妙藥，
救人千病一身當。

其二：清水望族出身的漢學家蔡惠如。與霧峰林家出身的林獻堂，聯絡留日的台籍知識青年，組織「新民會」反對當時日本在台灣的所謂「六三法」，認為是一切惡法源，它使「台灣總督」成為「實質上」的「土皇帝」。所以要求撤廢「六三法」，他們的請願不但沒有成功，還被判罪入獄，當蔡惠如被押送從清水到台中監獄時，沿途民眾一路放鞭炮，高呼萬歲，一直跟到監獄門口，蔡氏在獄中寫下一首感人的「意難望」詞：

芳草連空，又千絲萬縷，

一路乘揚，牽愁離故里。
壯氣入樊籠，
清水驛，滿人叢，握別至台中。
老輩青年齊見送，感慰無窮。
山高水遠情長，
喜民心見醒，痛苦何妨。
松筠堅節操，鐵石鑄心腸。
居虎口，自雍容，眠食亦如常，
記得當年文信國，千古名揚。

其三，同時因請願被判罪入獄的蔡培火也在獄中寫下「台灣自治歌」：

蓬萊美島真可愛，祖先基業在，
田園阮開樹阮栽，勞苦代過代。著理解，著理解，
阮是開拓者，不是憨奴才。
台灣全島快自治，

公事阮掌才應該。

這些愛國義士，都具有強烈的民族意識，他們秉承「義不臣倭」、「誓不為倭民」的一貫精神，以脫離日本的殖民統治為極終目標。他們把台灣的前途寄託在祖國的強大上，把台灣的光復寄託在抗戰的勝利上，他們的這種堅持和認識，終於獲得了實現。民國三十二年中美英三國在開羅會議中，蔣委員長要求日本在戰後應將台灣澎湖交還中華民國。於是會議中決議「日本戰後東北四省以及台灣澎湖歸還中國」。這乃是八年抗戰，中國艱苦奮鬪，使國際地位提高，成為世界四強之一，才能在開羅會議宣言中，得以聲明日本無條件投降後，台灣重回祖國懷抱。

短視與偏見

回顧中國近百年的歷史，多災多難，內憂外患，幾無寧日，研究這方的歷史家，動輒寫上百萬言的「近代史」或「現在史」，似乎還意猶未足。中國人喜歡用「汗牛充棟」來形容這種現象。但何以用「汗牛充棟」的成語來形容書籍之多，卻只知其然而不知其所以然。就字面來解，是說書籍眾多，是指書籍繁多厚重，古人用牛車裝運，牛都累得滿身大汗。所以藏書多的人，不輕易搬家，讓書堆滿一屋子（充棟），政論家任卓宣先生不但著作等身，而他的藏書也自成一個圖書館，甚至為防火災，還在中和建造一棟一樓樓房，用以藏書。這句成語的來源，是唐代柳宗元，陸文通墓表中的一段文章，其文曰：「秉觚牘，焦恩慮，以為論註疏說者百千人矣。攻訐狠怒，以辭氣相擊排冒沒者，其為書，處則充棟宇，出則汗馬牛，或合或隱，或乖而隱。」可見「汗牛充棟」除了形容書籍之多外，另含譏諷之意。說實在的，百萬言的歷史著作供研究查考資料於願足矣，處在忙碌的工業社會，一般的人那有閒情來閱讀。我在民國六十七年一月十七日在中華日報的副刊上用「好有一比」為題，把近百年的中國歷史僅用一千多字講了出來，請看：

由於八股取士，由於清廷以「科舉」籠絡士人，更由於清世宗之禁西教，閉關自守，因之產生「天無二日、人無二王」的「自大」觀念。

鴉片戰爭後，猶有「不服氣」的心理。有的士大夫見洋兵打綁腿，操正步，認為他們「行動不便」，如此筆挺著身子，顯然無法彎腰曲腿，如何打仗。有的士大夫雖欲活捉洋人，抽他的筋作馬鞭，但卻收集民間的「糞便」，準備用以對抗洋人的大砲兵艦。甚至到了中日甲午戰爭時，還有人要效法「三國時代」火燒連環船的故事，把湖南出產的桐油，運到東海上，去燒日本的鐵甲兵艦。如此這般，到頭來，都無法派上用場。

經過一場鴉片戰爭和兩次英法聯軍之役，割地賠款之餘，主權相繼喪失。清廷總算認識了洋人的「船堅砲利」，以及自己之不懂什麼叫「外交」？什麼叫「國際公法」。自己的確有許多不如外人之處。於是「師夷人長技以制夷」的主張應運而生。咸同年間的「自強運動」，雖幹得有聲有色，但「皮毛」的模仿，帶給國家的並非「富強」而是「紊亂」，以致中法越南戰爭，戰勝而求和，中日甲午戰爭失敗得更慘。接著雖有「康、梁」的「維新運動」，卻遭到慈禧的反對而「胎死腹中」。

這些士大夫的「覺醒」，不能說不對，祗因他們的「洋務」與「維新」乃是一種頭痛醫頭，腳痛醫腳的辦法，卻不知頭何以痛，腳何以痛？

國父孫中山先生真不愧學醫出身。他由醫「人」的經驗來醫「國」。先找出這個國家所以積弱不振的病根所在，乃因身體內部長了一個瘤，這個瘤即是腐敗的滿清專制政府。欲挽救其生命，必先割除這個毒瘤。也就是說必須推翻這個專制的滿清政府。

但因這個國家一向體弱多病，如果住院開刀（革命），勢必犧牲流血，恐更喪失元氣，最好的方法是吃藥打針，因是 孫大夫先為這病人開了一付秘方：「人盡其才、地盡其利、物盡其用、貨暢其流。」如果當時幾乎可以「當家」的李鴻章，讓病人把這帖中藥吃下，或可使毒瘤慢慢消失。無奈李鴻章「食古不化」，而又迷戀他的「以夷制夷」之策。孫先生眼見病情一天天惡化，病人既不肯吃藥，非強迫住院開刀不足以挽救其垂死的生命。

由於這個「老人」的頑抗，使「開刀」工作並不順利，一連進行十次手術都遭失敗，第十一次才成功。

體內生長二百多年的毒瘤雖已割除，但失血過多，以致身體虛弱，必須長期修養，才能恢復健康。」孫大夫又特別為他開了許多補藥，例如「三民主義」、「建國大綱」、「建國方略」，「實業計業」、「孫文學說」等等。

然而又由於當時「當家的」意見分歧，認識不夠，是非不明，沒有給這個「病人」好好調養，以致傷口發炎，像「袁世凱稱帝」、「段祺瑞毀法」、「張勳復辟」「曹錕賄選」「陳炯明叛變」，以及「北洋軍閥割據與混戰」，幾無寧日。因之細菌復侵，如「日本之侵略」、「共產黨之叛亂竊國」，這些接踵而來的內亂外患，甚於洪水猛獸，難以抵禦。

所幸，總統蔣公高瞻遠矚，決心對這個「病人」作「隔離」治療，遷移風光明媚，四季如春的寶島。一面細心照顧；一面打針吃藥。二十餘年來，眼見它紅光滿面，精神煥發，身體碩壯，有如中流砥柱，屹立於太平洋上。正準備搬回老家，剷除惡魔，重振漢家雄風。

中華民國在台灣經過兩蔣（中正）（經國）的勵精圖治成為一個民主自由的國家，抗拒大陸共產黨的入侵台灣，與之維持對等的各自表述的兩個政權。讓人民好好的在現況之下過日子。不幸有少數的私慾的，偏見的，短視的，野心的，愚笨的的政客，否認中華民國對台灣建設的成就，主張要把「中華民國」廢掉，另建立一個「台灣共和國」。而且公開的在電視上全國觀眾面前展開辯論。民國八十年十二月，我在中華日報副刊寫了這篇文章請：

章、謝電視辯論中的違心謬論

前外交部次長章孝嚴，和前立法委員謝長廷，為「重返聯合國」進行一場電視辯論，連日來已有輿論、學者、專家發表觀感，有的論「輸、贏」，有的談「風度」，或以「包袱」同情章，或以「攻勢凌厲」讚美謝。

筆者不敏，認為這次辯論，基本上是錯誤的，是失策的。試問以一個「實體」的「中華民國」，與一個「空想」中的「台灣國」討論何者進入聯合國比較容易，豈不滑天下之大稽。

「台灣國」在那裡？台灣國既不存在，談什麼以台灣國名義進入聯合國有利。如果以「台灣國」進入聯合國比較容易，那勢必推翻現在的政府，取消「中華民國」，另建「台灣共和國」，這本來就是反對黨的「目的」和「手段」，以「台灣進入聯合國比較容易」為手段，來達到推翻中華民國，另建台灣共和國為目的。

儘管如此，無論從那一角度、立場，情勢來看，現階段，「台灣共和國」是不可能也不容許產生的，當然中華民國也暫時無法重返聯合國。

明知「非不為也，實不能也。」的事，卻拿來公開辯論，雖對「進入聯合國」達到「共識」，卻大大混淆視聽。

因為那邊「理直氣壯」，暢所欲言。而這邊僅為「政策辯護」，欲言而怕失言，該追問而不追問，該反駁而不反駁。

要知這次電視辯論，可以說從小學到大學，從大街到小巷，從百貨公司到菜市場，都聽到有人在談論，謝委員說有千萬人在看他們辯論並不太誇大。然而，這麼多觀眾之間，有多少人能夠「體念」得出章次長的「苦衷」呢。

聽小學生說「謝比較會說話」，賣菜的阿巴桑說「謝真鰲ㄠ」。

顯然的，這次辯論簡直是替反對黨造勢。下屆如他競選立委一定高票當選。

在辯論進行中，章說接到很多電話，信函都是認為以「台灣共和國」名義加入聯合國是不可能的。而謝在反駁中，一連串引用了好多位學者、教授、博士的話認為以台灣名義進入聯合國才有可能，甚至拿前聯國副代表薛某說「以中華民國重返聯合國是不可能的」的話當擋箭牌，如此這般，前者似乎空洞無據，後者全恃權威。在絕大多數不明「究竟」的觀眾心裡一定產生嚴重的錯覺。

更有甚者，在謝某的結辯中特別提高嗓門大聲強調說：「台灣四百年來，是一個任人宰割的綿羊，從西班牙、荷蘭、滿清、日本，到今天的國民黨政府，台灣人從來沒有自己能夠主宰自己的命運……」。

台灣的確先後被西班人、荷蘭人、日本人侵略，尤其日本人統治台灣，奴役台胞達五十餘年。至於滿清政府於康熙年間正式將台灣納入大陸版圖後，即不斷開發台灣，如沈葆楨、丁日昌、劉銘傳等對台灣的積極經營，貢獻之大有史為證，無須贅述。

不幸，謝說「到今天的國民黨政府也把台灣人當綿羊宰割，在國民黨政府之下，台灣人也沒有人能夠主宰自己的命運」，這樣的「政治言論」未免太荒謬離譜了。然而，章這邊對這種論調未提出反駁，真令人費解遺憾。

沒有國民黨政府，台灣能脫離日本人統治嗎？

沒有國民黨政府領導反共，台灣早就淪為共產黨統治了。

四十年來國民黨政府在台灣的所作所為還不落實嗎？台灣人如此豐衣足食，如此的自由民主，使大陸十億多同胞中羨慕嚮往不已。台灣同胞中人才濟濟，上自總統，下至民意代表，不都是國民黨政府培育出來的嗎？即使反對黨中的佼佼者，你能違背良心，不是在國民黨政府之下成長的嗎？

國民黨政府何曾宰割台灣人？

當然，我們人民也知道，搞政治的人，往往為達目的不擇手段，但不能為滿足少數人的私慾來犧牲全民幸福，目前不談「統」，也不說「獨」，在既有基礎上把國家建立更尊嚴，經濟更繁榮，憲改更落實。

要知，自古以來，凡「內亂」必遭「外患」，斯土吾民，能不慎思乎！

主張台灣獨立的人士還主張先把中華民國的國旗廢掉，不要在台灣島上插國旗，我在民國八十四年六月九日在自由時報的「自由廣場」寫了這一篇文章，請看：

國民應尊重國旗

某大學李教授（姑隱其名）「九問馬英九」（自由廣場，六月九日），其中第八問說「中華民國的憲法草案有關領土的範圍沒有把台灣包括在內」，認為在台灣插中華民國的國旗，是「荒謬怪象」，要馬英九告訴他，「為何要在台灣插一面在台灣之外產生、原本不是代表台灣的國旗」。

台灣跟中國大陸的歷史早在西元二百三十年便已開始，一千多年來，未曾中斷，後來雖被荷蘭人侵占，但旋被鄭成功趕走收回。清康熙二十二年（西元一六八三年被）將台灣列入中國的版圖，隸屬於福建省的台灣府。清光緒十一年（西元一八八五年）正式設省，成為清廷第二十個行省。不幸在中日甲午戰爭，清廷戰敗，被迫將台灣，澎湖割讓給日本，自是台灣變成了日本的領土。

台灣既被日本人侵占，所以在一九三六年、中華民國廿五年的憲法草案，沒有把台灣列入中華民國領土的範圍。對日抗戰期間，蔣委員長出席同盟國的開羅會議，唯一的主張就是日本一旦投降，中華民國就要收回台、澎。經過八年堅苦奮鬥犧牲，終於使失去五十年自由的台、澎同胞重回祖國的懷抱。

台灣既是中華民國的領土，中華民國的國旗插在台灣土地上，天經地義，何謂「荒謬怪象」。

三年前，陳水扁競選台北市長時，在最後緊要關頭，聽了林正杰的建議，在競選總部懸掛中華民國的國旗，兩人並在國旗面前合影，報紙電視公布這一畫面後，很多人都非常感動，就因為這「臨門一腳」而當選。

國旗代表國家，是國家的靈魂，旗在國在，旗失國亡。台北市是中華民國的台北市，陳水扁是中華民國的台北市市長，台北市要插國旗，市長市民都要尊重敬愛國旗，這是幼稚園小娃都知道要做的事。

請問李先生，你承不承認是中華民國的國民，你有沒有中華民國的身分證，你若出國，要不要持中華民國的護照？一個想退黨的人，可以把黨證退回，甚至燒掉，李先生口口聲聲罵中華民國，討厭中華民國的國旗，你能把印有中華民國國旗的身分證退回給政府嗎？國慶紀念日，你家門口可以不插國旗，參加集會也可以不向國旗敬禮，但你能將身分證上的國旗塗掉嗎？

李先生在「九問」馬英九說「國民黨流亡台灣已將近半世紀了，台灣人民供養他們半個世紀也該仁至義盡了。這群蔣政權的遺物，打著流亡的名號，阻礙全體台灣住民建立新國家。」

沒有國民黨政府，台灣能脫離日本人統治嗎？沒有國民黨政府，台灣早就淪為被共產黨統治了，試問台灣如果在日本或共產黨統治下，有今天這個局面嗎？

台灣人如此豐衣足食，如此的自由民主，難道不是國民黨施政的成果嗎？台灣上自總統，五院院長，部會首長，縣市長，各級民代，以及大學教授，這些統治階級人士，百分之九十九都是台灣人，都是由國民黨政府培育出來的。即使反對黨中的佼佼者，不都是在國民黨政府之下成長的嗎？像許信良還是當年國民黨用公費送他出國深造。國民黨建設台灣，造福台灣同胞，李先生為什麼說是「台灣人供養國民黨」呢？

釣魚台問題

應記處新的「五七」國恥

當年開羅會議中決議，日本放棄兩次世界大戰中在太平洋侵略的一切島嶼。台灣澎湖由中華民國收回。流球群島暫由美國託管。但美國託管至一九七一年時，突然宣布不管了。當時美總統詹森和日本首相佐藤竟私相協議將流球群島的主權交給日本，同時把位於台灣北部附近的釣魚台也一並交給日本。據說在美日簽約之際，美總統詹森曾提出釣魚台主權歸屬問題恐會引起中國方面的異議，日本首相佐藤卻說：「我們已先派人到台灣調查，中國官方出版的「中華民國地理全圖」上沒有釣魚台，他們的地理和歷史教科書上也沒有釣魚台的記載，由見釣魚台不是他們的「領土」，詹森聽了佐藤的這番說詞也就默認了。自是釣魚台就這樣被日本侵奪去了。

我當時擔任高級中學歷史教師，我們的地圖教科書的確沒有釣魚了，被日本侵佔之後，現在都畫上去了。

流球釣魚台事件發生後，國內外都曾掀起一股反日保釣保台的高潮，尤以大中學生反應最烈，但因礙於當時的戒嚴令，學生不能出校門上街頭，只能在校園內喊口號，貼標語，出特刊等種種活動，而學術界也只是，從歷史，地緣各方面的觀點引經據典，強調流球，釣魚台絕對是中華民國的領土。

筆者當時亦為文響應，題曰：「灰色的五月」。回顧日本在近代史上侵略我國製造的「國恥」都是發生在五月份之內。如民國四年五月九日，日本引誘袁世凱簽訂足以使中國亡國的廿一條的「五九國恥」；民國八年五月四日，因日本在巴黎和會中從德國手中侵奪我山東半島上的權益，北京大學的學生發起「內除國賊，外爭國權」的「五四運動」；民國十四年五月三十日，日本在上海的紡織工廠的老板竟然槍殺我工人代表而引起的「南京五卅慘案」；民國十七年五月三日，日本阻擾我北代，在山東殘殺我同胞的「濟南慘案」。於今，日本又在中華民國六十年五月七日侵佔我流球釣魚台，五月對我國而言，真是多事之秋。

前述國恥於今多已洗雪，可以從教科書中刪去，不必再提往日的傷心事。現在要記取的是新的「五七國耻」。然而當時的外交部處在內憂外患最惡烈的環境下除了發表「不承認」聲明之外，又別無他法，最後把聲明稿歸檔塵封。而學者們也只能紙上談兵，搖頭嘆息一番後。也烟消雲散，現在時過境雖未遷，試問現在有多少國人知道日本侵略釣魚台的過程。所以我曾建議教育部「往者已矣，來者可追」，應將這新的「五七國恥」編入現行歷史教科書中，莫讓我們的子孫遺忘了這塊土地，等有朝一日，我們的子孫有「能力」的時候，仍然像光復「台灣」一樣的，把釣魚台收回。

國人喜歡引用一句俗話「生米煮成熟飯」。問題已經造成，事後的種種反應不僅無濟於事，徒增加自己的羞辱。如釣魚台被奪之初，有一批愛國青年自己雇船前往釣魚台，將中華民國國旗豎立島山，但當他們離開後，馬上就被日本人拔掉丟入海中。

前幾年我們的漁民在釣魚台附近海上作業，旋被日本軍艦逐離，台灣漁會獲得政府的支援派出船艦前往保護，而日本的艦隊卻先已抵達，為免事態擴大，我們虛張聲勢一番後默然而止。

前不久燈塔問題鬧起來了。各界又掀起了強烈的反應，漁會摩拳擦掌要派二百艘船隻前往釣魚台抗議，內政部對這種舉動不敢作正面反應，僅由警政署含糊籠統的說必要時保七總隊會盡量配合。但當日本宣稱要派軍艦逐離時，我們的漁會馬上靜若寒蟬，中共對此雖也由其外交部提出「抗議」，但他除了用飛彈威嚇自己同胞外，敢把飛彈射上釣魚台去吧。至於我們的外交部依然如故的翻開老檔「老生常談」的「我們在釣魚台有領土主權」。最可笑的當年反日保台最強烈的留美學生中於今已有多位是政府大員，他們除了在記者面前「想當年」之外，又有什麼作為？倒是我們的最高當局最沈得住氣，自始終至終不說一句話，他們深諳孟子所說的「非不為也，實不能也。」，說實在的。釣魚台主權的問題，我們處在目前的環境下是無法獲得圓滿解決的，所以有關方面已「顧左右而言他」，把問題轉移到經濟海域方面去了。宣騰一時的釣魚台問題就在中國「雷聲大雨點小」，日本「知所節制」的情況下落幕了。

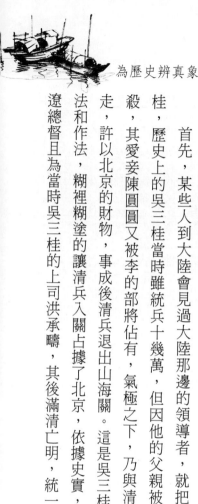

維持現況乃安定台灣的良策

一個國家在戰敗之後，或是腐敗無能的情況下，在敵人的刀槍下，被迫簽下割地賠款，如德國的「凡爾賽和約」，中國之「馬關條約」等等，絕對沒有被它的政府或人民心甘情願把自己的國家賣給敵人的史例。時至今日竟有人指出有新、舊「賣台集團」，擔心會把台灣賣掉。這真是「滑天下之大稽」的謊言。

首先，某些人到大陸會見過大陸那邊的領導者，就把他們比作明末清初的吳三桂，歷史上的吳三桂當時雖統兵十幾萬，但因他的父親被佔住北京的土匪李自成所殺，其愛妾陳圓圓又被李的部將佔有，氣極之下，乃與清兵講好條件，將李自成趕走，許以北京的財物，事成後清兵退出山海關。這是吳三桂幼稚的、愚蠢、錯誤的想法和作法，糊裡糊塗的讓清兵入關占據了北京，依據史實，真正策劃清兵入關者乃薊遼總督且為當時吳三桂的上司洪承疇，其後滿清亡明，統一全國更是重用明朝降將降臣，運用「以漢制漢」政策的成功，非獨吳三桂一人之罪。現在一些不明歷史真象的政客還在引用吳三桂的故事，可謂不倫不類。

幾十年來，住居在台灣的人，無論來自大陸何省何地，沒有那一個不認同這塊土地，也沒有那個不愛這塊土地，大家在這塊土地上辛勤耕耘努力打拼，其樂融融，大陸人娶台灣媳婦，台灣人討大陸老婆，早就沒有族群的存在。每到選舉就被政客以及政客的小丑們挑起來，他們自以為很聰明，這種老掉牙的選舉招，早為人民所厭惡，今天還用族群搞省籍情結來爭取選票，註定失敗。

我住在台灣六十年，我的孩子也快六十歲，我曾要他們陪我到老家去探親，他們反應冷淡，認為那邊的伯伯叔叔們素昧平生。我的兄弟姐妹叫我落葉歸根，搬回去住，還替我覓妥一塊墓地，然而我已離家六十年，已「近鄉情卻」，對老家生活環境已不習慣，還是覺得住在台灣好。我相信百分之九十以上來自大陸的人士，都跟我一樣認同這塊土地。

為什麼在媒體報導下，在電視扣應節目中，挑起族群與土地認同問題的，老是那幾張嘴臉。還把吳三桂當抄作題材，到現在只要有競選，競選者不端出國政的牛肉，卻還是一味把「統」「獨」拿來「炒」，既是「捨本逐末」，又是「風馬牛不相及」。

總之，統也好，獨也好，都不是目前所能解決的問題，一個國家的政策在多變的時代巨流裡，一定會隨時代的變遷而有所修正，如國民黨過去的政策是「反共抗俄」，不是變成「反共」不「抗俄」了，現在連「共」也不反了。將來或統一，或獨立，以現況來看，恐怕要寄望於下一代甚或下下一代了！我們這輩子的人是看不到的，這不是洩自己的氣，實事是如此，唱高調是沒有用的，中國的歷史，誠如羅貫中所說，分久必合，合久必分。有朝一日，大陸共產集權四分五裂，台灣揮軍西征，一統中國的局面未始不可，或乘大陸紛擾之際，台灣宣布獨立，另建一國，不也美夢成真嗎？

在現在中共這麼強大的政權下，與中共談統一，無異與虎謀皮，斷然宣布獨立，是自速滅亡，請某些人士不要天真的以為中共已簽下了世界人權條款，就不會對台灣用武了，也不要天真的以為改了國號，台灣就可以為所欲為了。試問「台灣國」既未成立，而「中華民國」又沒有了，台灣還成什麼體統，所以在目前，台灣獨立建國既不可能的情形下，惟有維持現在的中華民國獨立自主的政權，不分黨派，和和氣氣，共同努力，至於誰當總統都可以，只要把台灣建設得更好更富強，讓二千多萬人民過更民主更安定更幸福更快樂的生活。明乎此，各黨各派還有什麼爭吵的呢！

第四部份

歷史上的仁君良臣和賊子舉例

張釋之與狄仁傑

漢文帝出巡，路上渭橋，有一人從橋下走，乘輿馬驚，文帝捕交廷尉張釋之法辦，釋之依法奏請罰金，文帝怒曰：「此人驚吾坐馬，幸馬和柔，令他馬，固不傷我乎，何僅罰金？」釋之曰：「法者天下之公共也，今法如是，更重之，是法不信於民也。且方其時，上使使誅之則已，今已下廷尉，廷尉，天下之平也，壹傾，天下用法皆為輕重，民安所措其手足，唯陛下察之。」文帝良久，卒允其奏。其後有人盜宗廟玉環，文帝亦下廷尉治罪，釋之按法奏當棄市，文帝欲族之，釋之乃免冠頓首謝曰：「法如是足也，且罪等，然以逆順為差，今盜宗廟器而族之，有如萬分一，假令愚民取長陵一杯土，陛下何以加其法乎。」文帝亦知有理，乃稟告太后如奏。

唐高宗時，有二將軍誤砍昭陵柏樹，依法罪當除名，高宗特令殺之，太理丞狄仁傑上奏，認為二人罪不當死，高宗堅持要殺，狄仁傑曰：「犯顏直諫，自古以為難，

臣以遇桀紂則難，遇堯舜則易，今法不至死，而陛下特殺之，是法不信於人也，人何所措其手足，且張釋之有言，設有盜長陵一杯土，陛下何以處之，今以一株柏殺二將軍，後代謂陛下為何如矣，臣不敢奉詔者，恐陷陛下於不道，且羞見釋之於地下故也。」高宗怒息，亦允予所奏。

該罪不該罪，不該罪而罪，該重不重，不該重而重，該輕不輕，不該輕而輕，俱皆枉法違法，若漢之張廷尉，唐之狄理丞乃標準的罪刑法定主義者。現在的司法官尤其司法部長，應以張、狄二氏為榜樣。

仁民愛物

「仁」字含義固廣，歸納言之，仁即愛人，愛天下之人，孔子指出，仁即人性，數千年來，仁，成為中華民族的「民族性」，故中華民族謹守之「仁」，超乎耶穌「神愛世人」的境界，因為它不僅「愛人」而且「愛物」。翻檢史籍，「仁民愛物」的事例隨手可得。

商湯原為夏朝諸侯，一日外出散步見獵者四方張網，禱告上天，「從天墜者，從地出者，從四方來者，皆入吾網。」湯認為這是一網打盡天下禽獸，極為不仁。乃勸其拆出三面網，僅留下一面，並勸獵者把禱告辭句改為「欲左者左，欲右者右，欲高者高，欲下者下，不用命者，乃入吾網。」

這故事傳開出去，漢水以南的諸侯都說：「湯德至矣，及於禽獸。」於是歸順者四十餘國。

周文王修靈台時，無意掘出一付骷髏，命屬下更葬，有人說：「此無主矣。」文王說：「有天下者，天下之主也，有一國者，一國之主也，今我非其主耶。」遂令吏以衣棺更葬之。

天下聽到這消息，都說：「文王賢矣，澤及枯骨。」

孔子繼承禹湯文武思想，所以亦「釣而不綱，戈不射宿。」孟子說：「君子之於禽獸也，見其生不忍見其死，聞其聲不忍食其肉，是以君子遠庖廚也。」中國古時這種「仁民愛物」的具體實例，流傳後世，更滙成一套理學。宋人張載在《正蒙》一書中提出他的主張，認為宇宙萬物都是天地所生，若放眼而觀，則天就是父，地就是母，在這種情形下，不僅人類都和我是同胞所生，就是萬物也和我是相與的伴侶。那麼大家既是同根而生，當然要休戚相關，彼此友愛，故說：「民吾同胞，物吾與也。」

宋朝另一學人程頤，作哲宗老師時，對哲宗無意折斷一支柳條，便正色道：「春天正是草木萌生的季節，絕不可無故的加以摧殘。」實在，一草一木，都有它的生命，並非「草木無情」，只是我們人感受不到而已。

以前電視曾放映「鬥牛」影片，總覺得人有萬物之靈的尊榮，跟大笨牛有啥鬥頭，及鬥累則已，又何忍將其殺害，這其中固有尚武精神，然與中國「仁民愛物」的文化格格不入。業經有關機關——停映。頗為明智之舉。

得民心者昌

報載蔣經國先生任行政院長時，主持就任後首次院會，勉所屬同仁說：「記得抗戰時，經國曾在前線遇到一位姓鄭的團長，是位非常優秀的同志，人家稱他為百戰百勝的團長。我問他用什麼方法帶好官兵，他說沒有旁的方法，就是把心交給官兵，官兵也把心交給他。這句話深記在經國心裡，希望全體同仁互勉，只有把我們的心交給老百姓，老百姓把心交給我們，大家的心聯在一起，才能完成艱鉅的任務。」茲徵諸歷史，亦莫不如此。

戰國時代，吳起為魏將，「與士卒最下者同衣食，臥不設席，行不騎乘，親裹贏糧，與士卒分勞」。更難得的有一位士兵生了一個瘡，他竟用嘴替士兵吸去瘡中的毒濃。其愛護部屬如此，部屬莫不效死命，故戰無不勝，攻無不克。

李牧為趙國邊將，防禦匈奴，把糧食都集中在幕府，專供士卒饗用，並每天殺幾頭牛，犒勞將士，士卒因感於長官的賞賜，心不自安，都希望拼命一戰，終至斬破匈奴十數萬人。

田單為齊將，亦因能「身操版插，與士兵分工，妻妾皆編於行伍之間」，因之上下一心，團結一致，卒以復齊。

當年李世民與金剛相戰，已有二天未進食，時軍中僅有一羊，世民並不據為己有，而與士卒分而食之，卒獲將士之心，遂能克敵致勝。

昔張巡守睢陽，救援不至，城中糧盡，乃殺愛妾以饗士。每戰，巡必立於最前線與眾共甘苦寒暑，推誠以待人，故將士爭相效命，眾志成城，精誠團結，因殲敵十幾萬。

李愬為唐節度使，奉旨討叛軍吳元濟，時軍中承喪敗之餘，士卒皆憚戰，李愬乃親行視士卒，傷病者恤存之，不事威嚴，且儉於奉已，而豐於待士，故士卒無不效命，卒平叛逆。

至於劉邦之不自翊已功，對「三傑」推崇備至；劉備之能「三顧茅廬」，起用才俊，都是歷史上大成功完大業之先例。

前總統蔣經國先生為青年導師，早為國人所公認，其為人之隨和，禮賢下士，有口皆碑。尤其與青年在一起，笑口常開，「不事威嚴」，故莫不與之樂於接近。記得一次經國先生看完晚會表演之後，親自走上台，與全體表演員一一握手表示謝意，而且還幽默的摸摸那位表演中國戲法的肚子，探探他為何能從長袍　下變出一桌酒席出來，其親切之感，令人如此。

孔子說：「子欲為善，而民善矣。君子之德風，小人之德草，草上之風，必偃。」孟子說：「樂民之樂者，民亦樂其樂，憂民之憂者，民亦憂其憂，樂以天下，憂以天下，然而不王者未之有也。」試觀經國先生之為人為政，不僅可以收「風動草偃」之效，其於富國裕民亦指日可待也。

失民心者亡

史記漢書均記載劉邦擊敗項羽稱帝以後，在洛陽宮中置酒歡宴群臣時，對文武百官說：「列侯諸將無敢隱朕，皆言其情，吾所以有天下者何？項氏所以失天下者何？」

群臣中有高起和王陵先後起立發表意見說：「陛下嫚而侮人，項羽仁而愛人，然陛下使人攻城略地，所降下者田以予之，與天下同利也；項羽妬賢嫉能，有功者害之，賢者疑之，戰勝而不予人功，得地而不予人利，此所以失天下也。」

王陵這番話，只是道出劉邦能與屬下同享「戰爭成果」，至於面對其主，竟敢謂其「嫚而侮人」，或因高祖有言在先，「無敢隱朕，皆言其情」之故。然劉邦雖未生氣，但也沒有完全承認，故曰：「公知其一，未知其二。夫運籌策帷幄之中，決勝於千里之外，吾不如子房，鎮國家、撫百姓、供給糧餉、不絕糧道，吾不如蕭何，連百萬之軍，戰必勝、攻必取，吾不如韓信，些三人者，皆人傑也，吾能用之，此吾所以取天下也，項羽有一范增而不能用，此其所以為我擒也。」觀劉邦之言，亦有欠當然之處，面對滿朝文武，獨把「三傑」抬舉得高高的，其他百官聞言，心裡如何，可以想見。然考諸史實，劉邦從起兵到亡秦，每多「禮賢下士」，未聞「嫚而侮人」，以故文武將相，始終追隨左右，王陵之言不知從何說起。

相反的，項羽不僅對范老一人既不雅容，即其季父項伯也背他向劉。起兵之初，即將襄城、陽城的老少殺得精光，兵到之處，往往一片焦土。當劉、項相持廣武時，劉邦曾當面數項羽十大罪狀：「始與項羽俱受命懷王曰：先入定關中者王之，項羽負約，王我於蜀漢，罪一；項羽矯殺卿子冠軍（宋義）而自尊，罪二；項羽已救趙，當還報，而擅劫諸侯兵入關，罪三；懷王約入秦無暴掠，項羽燒秦宮室，掘始皇帝冢，私收財物，罪四；又彊殺秦降王子嬰，罪五；詐坑秦子弟新安二十萬，王其將，罪六；項羽皆王諸將善地，而徙逐故王，令臣下爭叛逆，罪七；項羽出逐義帝，彭城自都之，奪韓王地，并王梁楚，多自予，罪八；項羽使人陰弒義帝江南，罪九；夫為人臣而弒其主，殺已降，為政不平，主約不信，天下所不容，大道無道，罪十也。」

名雖然十大罪，事實上只有九大罪，蓋第十罪中所云「為人臣而弒其主」本即第九罪；殺已降本即第「五」罪；「為政不平」本即第「七」罪；「主約不信」本即第「一」罪；「天下所不容，大逆不道」二語則概括前述諸罪而言。不過，即使九大罪，全都是真的，沒有絲毫渲染。但並不是劉邦當場一口氣能數說出來的，大概是太史公後來編撰「本紀」時才整理出來，因為文中連連稱「項羽」之名，如果劉邦當場直接對項羽說，應該稱對方為「汝」或「爾」始合乎語意。

總之，不管如何，項羽的種種「不仁」行為，全見諸史籍，無可置疑，而劉邦之善待臣下，體念民情也是史實，何以王陵說劉邦「嫚而侮人」，項羽「仁而愛人」，想是主從倒置，或為後世手民所誤。

其後，項羽被劉邦打敗，困於沼澤時，曾悲嘆說：「吾起兵至今八歲矣，身七十餘戰，所當者破，所擊者服，未嘗敗北，遂霸有天下，然今卒困於此，此天之亡我，非戰之罪也。」司馬遷編撰項羽本紀時，曾評之曰：「自矜功伐，奮其私智，而不師古，謂霸王之業，欲以力征經營天下，五年卒亡其國，身死東城，尚不覺寤而不自責，過矣，乃引天亡我，非用兵之罪也，豈不謬哉！」太史公似乎沒有細細推敲項羽「天亡我，非戰之罪也」的真義。其實，項羽說得對：「天亡我也」。蓋「天」就是指「民意」，所謂「天視自我民視，天聽自我民聽」是也。項羽之亡，主要原因是失去民心，「得民心者昌，失民心者亡。」此千古不變定律，後世之為政者，能不引以為戒乎。

洪承疇恬不知恥

明宋閹宦亂政，熊廷弼、袁崇煥諸邊將先後被誅，邊防空虛，清兵長驅直入。時洪承疇為薊遼總督，督師松山，清兵旋攻下錦州，明遣承疇率吳三桂等十七萬馳援，未幾亦敗，承疇在松山被執降清。最初明廷傳聞承疇不屈殉節，崇禎為之賜十六壇，下令建專祠。後始知其投降，且為清兵策劃入關。

福王南立，遣督都陳洪範，兵部侍郎左懋第等使清，以酬其退賊之功。未料陳竟通款於清，告以江南虛實。後陳潛還，而左懋第等被羈留。清欲降之，乃使洪承疇往諭，洪至，懋第叱曰「此鬼也，松杏之戰，洪公身殉馬革，賜祭賜葬，死久矣，安得復有是人」。洪慚而退。左為多爾滾所害。

後清以洪承疇為東南經略使，時史可法已殉節揚州，洪率兵南下，至於白下城（今南京西北），原吳江舉人孫兆奎起義兵抗清，為洪部所執，孫與洪有舊，問曰：

「先生在兵間，審知故揚州閣部史公果死耶？」孫答曰：「經略從北來，審知故松山殉難督師洪公果死耶？抑未死耶？」承疇大恚，急呼麾下驅出斬之。又有義民黃石公亦被執，洪亦往勸，黃面責曰：「若豈洪承疇耶，如果洪承疇者，則當年戰死，天子且為祭九壇矣，若等固從北方來，獨不見空然道立者洪承疇碑，而安得冒名耶？」說得洪承疇不能仰面，黃亦被害。

光祿寺卿沈百五，於清兵入關後，脫走海上，尚圖結援，為清兵所獲，不肯投降。承疇幼時，百五曾廷其父為西席，承疇感德，嘗呼百五為伯父。洪亦往論降，百五故作不認識曰「吾眼已瞎，汝為誰？」洪曰「小姪承疇也，伯父豈忘之耶？」百五大呼曰：「洪公受國厚恩，殉節久矣，爾何人斯，欲陷我於不義乎！」乃揪洪衣襟，大批其頰，洪強笑曰：「鐘鼎山林，各有天性，不可強也」，遂將百五戮於江寧。

上述諸人，寧死不變節，名留青冊。而洪承疇受朝廷厚恩，臨難畏死而貪爵祿，自己認賊作父，還一再勸人投降，恬不知耻，為萬世笑。當清兵南下，福王出奔，有一乞兒題詩百川橋上曰：「三百年來養士朝，如何文武盡皆逃，綱常留在卑田院，乞丐羞存命一條」，題畢躍水而死。若洪承疇更有愧於一丐也。

不卑不亢的外交官屈完

左傳僖公四年春天，齊桓公率領諸侯軍隊，南伐楚國，楚國國君派了屈完去質問他說：「你住在北海，我住在南海，真是馬走逆風，牛走順風，絕不相干的，不料你渡水到我這裡，不知為了什麼事？」

當時齊桓公想稱霸於諸侯，只有楚國尚未心服，乃興這無名之師，卻被楚國問得無話可答，桓公便派了管仲以責備的語氣說：「你們不向周王進貢祭祀用的釀酒的包茅，這是我要詰問你的，還有周昭王南來巡狩，溺死漢水。與你們不無關係，這也是我要詰問你的。」

按楚國雖不是周天子直接賜封的諸侯，但為周天子所承認的舊勢力，理應向天子按年朝貢，然而，楚國見周室微弱，已很少入貢了。而且當年周昭王南巡至漢水時，被人陷害，周人一直懷疑是楚國謀殺的，管仲把這兩頂「大帽子」加在楚國頭上，是相當嚴重的。

屈完卻不慌不忙的回答說：「不進貢確是我們寡君的罪，以後不敢不供給了，至於昭王南巡不返，與我們無關，你去責問漢水吧！」這一回答真是妙極了，面對齊國大軍臨境，而又被加上兩大罪狀，屈完如嚇得發抖，馬上跪倒在地哀求道：「這都是小國的不是，罪該萬死，一切請包涵，請恕罪！」這樣或可避免齊國征討，但楚國的人格國格掃地，豈不是太卑。設若毫不畏懼而且面呈傲色的反駁說：「不入貢就不入貢，怎麼樣！昭王就是我們殺了，又怎麼樣！」這樣回答可能激怒桓公，一舉滅楚，豈不太亢。

然而，屈完卻承認了「不納貢」的不是，這是「不亢」，反駁了「謀殺昭臣」的罪過，這是「不卑」。

此次齊國雖率諸侯兵臨楚，並非真想打敗楚國，只是威脅楚國，希望他擁護齊國「尊王攘夷」達到稱霸的目的。春秋霸者除了「攘夷」之外，盡量不使用武力。但齊桓公覺得楚國的態度強硬，便進兵駐在陘的地方。不過碰到這個善言辯的使者，卻無法動怒起來。

到了這年夏天，楚國又派了屈完到齊國率領的諸侯軍營中去講和，桓公把諸侯軍隊排列起來，招屈完同車前去，指點給他觀看，說道：「我把這些軍隊來攻人，誰能對敵我，我用這些軍隊來攻城，那個城不能攻破！」屈完毫不示弱的回答說：「你若用恩德安撫諸侯，那個敢不服從，你若靠用武力來威脅我們，那麼楚國可以把方城的山當城，有漢水為池，城這麼高，池那麼深，你的兵雖多，也是沒有用的啊。」桓公聽屈完的話很厲害，不敢輕視楚國，便和和氣氣的邀楚國與諸侯結盟而去。這件事，對楚國來說，屈完替楚國保持了國格，爭到了大面子，對齊國來說，管仲替齊國表現了霸者的風度，齊桓公能夠說服楚國，霸業已算完成了。

附註：齊楚這件事，左傳只稱「使者」，未指名那個使者，史記則謂楚成王自己回答齊桓公的話，而穀梁傳認為是屈完擔任這個主角本篇採信穀梁傳。

領導與統御

漢劉邦擊敗項羽後，天下大定。最初建都洛陽，置酒洛陽南宮，宴飲群臣諸將，邦躊躇滿志的問左右說：「吾所以有天下者何？項氏之所以失天下者何？」

王陵首先表示意見說：「因為陛下使人攻城略地，所降下者，因以予之，與天下同利也。項羽妬賢嫉能，有功者害之，賢者疑之，戰勝而不予人功，得地而不予人利，此所以失天下也。」

劉邦說：「公知其一，未知其二，夫運籌帷幄之中，決勝於千里之外，吾不如子房。鎮國家，撫百姓，供給糧餉，不絕糧道，吾不如蕭何。連百萬之軍，戰必勝，攻必取，吾不如韓信。些三人者，皆人傑也，吾能用之，此吾所以取天下也，項羽有一范增而不能用，此其所以為我擒也。」

王陵不是拍馬屁，說的是事實，劉邦自己說的也是事實，一個善於領導者，最忌對部屬表示自己「領導有力」，多半把「功勳」送給僚屬，將「責任」加諸己身。

劉邦的確沒有官架子，他當了皇帝仍對群臣將相稱兄道弟，侍父至孝。後來還是因為叔孫通替他制定了一套「朝儀」，自是才有「君臣」之別。

戰國時代的吳起，所以能成為一名百戰百勝的名將，就是「能與士卒最下者同衣食，臥不設席，行不騎乘，親裹糧食，與士卒分勞苦。」更難得的士卒中有一個生了疽，他竟為他吮膿。

田單所以復齊，也是因他能夠「身操版插，與士卒分功，妻妾編於行伍之間，盡散飲食饗士。」

在上者對部屬如此愛護備至，在下者無時不在感恩圖報，於是在打仗時，赴湯蹈火，死不旋踵，所以才能「攻無不克，戰無不勝」。這大概也就是「一將功成萬骨枯」的道理吧。

讀三國演義更不要忽略了劉備統御之術。當趙子龍冒死把劉備的獨子阿斗從長板坡救回來交給他時，備接過阿斗，竟擲之於地，說：「為汝這孺子，幾乎損了我一員大將！」

劉備這句話說得妙極了．羅貫中寫這部小說，最使人佩服的便是這些對話的安排。假如這句話這樣改說也可以：「我的寶貝，要不是趙將軍，你的命可休矣！」言下雖同樣感激子龍救他獨子的恩，但究竟是以兒子為重，將軍為末。而「為汝這孺子，幾乎損我一員大將」，卻是以兒子為次，將軍為上，劉備此舉無非是「無由撫慰忠臣意，故把親兒擲馬前」，所以趙雲聽了，馬上跪倒在地，並拜泣說：「雲雖肝腦塗地，不能報也。」

按劉備的才能，憑什麼與曹孟德等爭天下，完全是靠那些忠心耿耿的謀臣良將，而這群謀臣良將所以願「肝腦塗地」的追隨他，豈不就因他這點「統御」之術了，很顯然的，他若不三顧茅廬，禮賢下士，諸葛亮豈肯出來替他策劃呢。

讀書最善

北魏道武帝拓拔珪，乃鮮卑人也，好儒學，通詩書，仿漢武帝置五經博士，增國子太學生員合三千人。一日，珪問博士李先曰：「天下何物最善，可以益人神智？」對曰：「莫若書籍」。珪復問曰：「書籍凡有幾何？如何可集？」對曰：「自書契以來，世有滋益，以至於今，不可勝計，茍人主所好，何憂不集。」於是下令郡縣，大索書籍，悉集京師。其後至魏孝文帝，更立國子太學，四門小學於洛陽。帝好讀書，手不釋卷，在輿據鞍不忘講道，所寫文章，多於馬上口占，既成不更一字，有勝於曹孟德「橫槊賦詩」。其詔策多自為之，不假手於人，且好賢樂善，情如飢渴。因於胡漢同化功莫大焉。

民國以來擔任第四任總統的蔣經國先生在其任行政院長時勉全國公務人員，利用公餘空閒，多讀詩書，充實自己。蓋時代日益進步，往昔若干原理原則，已不適用於今日。惟有讀書，既可「溫故知新」又可「益人神智」，是故要求部屬讀書，首長亦要以身作則。「科員政治」早應淘汰，今日公務講求分層負責，研究發展，上焉者孜孜不倦，下焉者安敢遊手好閒，人人讀書，既無「是非」之亂耳，又可提高工作效率，真是改進業務，促進行政革新之先務。

惟時下書局售書，價格昂貴，非一般公務人員能力所及，聞某軍事學校嘗以公帑購買「資治通鑑」，再以廉價轉售員生。實則應由政府統籌將古聖先賢遺著擇要印行，按成本提供公務人員研讀，當有利於文化復興之推動。

民族正氣

當年日本無條件向盟國投降，其首相東條猶向世界廣播說：「日本失敗在科學，民族精神沒有失敗。」最近看了三船敏飾演日本駐美大使侍衛的那種「效忠」的精神，真使人敬佩。難怪日本這個國家又從戰敗中站了起來。

這是一位朋友看過「大太陽」後的一種「感慨」。這電影我也看過，觀眾每看到三船敏郎解開掛在腰中的那根白繩索的「結」時，便由衷的發出「同情」的心聲，深恐他七天過去還找不到那柄「金鞘寶劍」時便要「切腹」了。

其實忠君愛國的思想乃為中國文化的特色；「切腹報主」的行為亦本中國所先有，日本的所謂「武士道」是從中國傳過去的。「盡忠殉主」的事例，在我們的國史裡多得不勝枚舉。如魯國的曹沫在會盟的議壇上，用匕首劫持齊桓公，奪回魯國的失地；吳國的專諸替公子光刺殺防衛森嚴的吳王僚；魏國的唐雎單槍匹馬，在秦王面前拔劍而使之下跪求饒；那位「風蕭蕭兮易水寒，壯士一去兮不復還」的荊軻，替燕國太子丹，從容的走進秦國大殿去刺殺秦始皇。他們都是為報答「知己者」，表現了必死的決心。司馬遷特為之立傳說：「此其義或成或不成，然其立意較然，不欺其志，名垂後世，豈妄也哉！」

更使人感動的，春秋韓國的聶政，替嚴子仲刺殺他的仇人韓相俠累後，竟用刀子割破自己的面皮，挖出自己的眼睛，然後又「自屠出腸」以死。晉國的豫讓，為了替他的主人智伯報仇，想盡辦法去殺趙襄子，先偽裝成犯人，潛入趙襄子的廁所裡沒有成功，接著將漆塗抹於身，裝成患癩病的樣子，繼而「滅髮去眉」，吞食木炭，使聲音變啞，然仍為趙襄子識破被捕，他只好要求趙襄子脫下外衣，用劍刺殺襄子的衣服，便伏劍自殺。有人問他為何要這樣做？豫讓說：「吾所以為此者，將以愧天下後世之為人臣懷二心以事其君者也」。

文天祥在「正氣歌」裡，自春秋至唐朝，更列述了十二位忠臣義士，個個都是「正氣磅礡，萬古流芳」。文天祥之所以「寧為南鬼，不作北王」，乃是受了這些烈士的感召，所謂「風簷展書讀，古道照顏色」，因而他覺得「人生自古誰無死，留取丹心照汗青」。故忽必烈用盡種種方法，威脅利誘都未能收降他，最後不得不成全其「節義」。死後在他的衣袋中檢出幾句遺言：「孔曰成仁，孟曰取義，惟其義盡，所以仁至。讀聖賢書，所學何事，而今而後，庶幾無愧！」這幾行血書，為千古以下忠臣國士的最好寫照。難怪使那位曾經縱橫沙漠，馳騁歐亞的大英雄也感動流淚，繼而封他為文信國公，真不愧為英雄識英雄。文信國的犧牲精神，比他筆下那十二位人物有過之而無不及。

中國歷史上這種「忠君」精神，有如「長江後浪推前浪」，一代影響一代，由「鞠躬盡瘁，死而後已。」到「身殘封疆，死無餘恨。」乃至革命先烈的「從容赴義」；抗日英雄的「慷慨犧牲」，剿共自盡的太原五百完人和一江山忠魂，無不是「義盡仁至」的偉大表現，使中華民族的正氣，發揚到了頂極。中國過去數千年歷史，以至今後億萬年歷史，都有賴這種「民族正氣」的支持。

人不可無死，死有重於泰山，輕於鴻毛，故曰「殺身以成仁」「捨生以取義」，「和平未到絕望時期決不放棄和平，犧牲不到最後關頭時決不輕言犧牲。」這乃是今天中華民族的「民族性」。至於「切腹」行為已是歷史陳蹟，不為時代所需，中華兒女已由過去忠於「人」的小我精神，衍化為忠於「事」、忠於「國」的「大我」精神。若三島由紀夫的「切腹」、川端康成的「吞煤氣」，除顯示他們「書生無用」之浩嘆外，再就是反映出今日日本人之悲哀，堂堂中國人，自不足以為訓。

正氣凜然的文信國公

文天祥可以說是家喻戶曉的人物。尤其是他的（正氣歌）因被編入高中國文教材，高中以上的學生都會背。

我的老家（湘西）如果長輩去世，大殮之後，要由司禮者領導喪家家屬及弔喪親友，繞著棺材，慢條斯理把正氣歌唱完。司禮先唱一句，跟隨在後的眾人和唱一句，唱腔悽婉哀慟，平添悲傷氣氛。據說這種以（正氣歌）入殮的儀式，一是為了鎮邪；一是以正氣歌中的人物事蹟與精神來美化死者。因是我們在小時候就會背得，晚上走夜路，如果怕鬼，也就唸正氣歌來壯膽。

不研究歷史的人，對文天祥的生平事蹟所知有限，最近才有閒閱讀有關他的一些詩文，以及專家學者為他寫的一些文章後，對其為人，更是「高山仰止，景行行止」。

文天祥江西人士，年二十歲即在臨安中進士。當時與他參加進士考試的還有宋末大忠大孝負帝投海的陸秀夫，以及宋亡後拒絕事元絕食而死高風亮節的詩人謝枋得。另外一個也是大家熟悉的「聖之清」不肯事元而閉門注釋（《資治通鑑》的胡三省。這幾個人真是「志同道合」。而文天祥更以「文勝一籌」被拔為進士第一名（狀元）。據說宋理宗見到他的名字，曾贊嘆說「此天之祥，乃宋之瑞也」。後來文天祥也就將原來的字號「履善」改為「宋瑞」。

最難得的，也是他人難為的，是他當時參加進士考試時所寫的文章中，沒有隻字歌功頌德，完全就事論事，痛陳當時民生痛苦，朝政腐敗，毫不忌諱。並力主鞏固邊防，重視公論。所幸宋理宗亦頗識時務，認為所言的確「切中時弊」。因是錄取他為狀元，但卻沒有採納他的建議革新弊政。

文天祥還沒有正式就官，就曾上疏主張斬除皇上寵信的內侍董宋臣，並要求理宗負起抗蒙的責任。然而當忽必烈因帝位之爭撤軍北去之後，君臣卻又過起歌舞昇平的日子。

在賈似道當政期間，文天祥雖斷斷續續做了幾年一無發展才能的清閒官。直到元大舉攻宋，賈似道罷斥，守襄陽的呂文煥也投降，元軍離臨安不到十里，朝廷在這無可為的情況下，才啟用他為右丞相兼樞密使，只是奉皇太后之命與元軍談判投降之事。他抵達元營，企圖與元帥伯顏「談和」，大罵呂文煥為亂賊。而伯顏卻勸他投降，並被押北上。他們一行十二人，一路上想法逃亡，歷經二十多天，終於逃到通州，隨員只剩下五人，其逃亡過程，艱險，波折，千辛萬苦。

這時，宋恭帝已被俘，宋朝已名存實亡。只賴張世傑、陸秀夫帶了兩位年幼的王子，一個叫趙昰，一個叫趙昺，組織流亡政府。他們從福州被追到涯山。先是趙昰已在十一歲死去，再擁八歲的趙昺，前後三年的流亡政府，終在無可為的局勢下，陸秀夫負帝投海，張世傑亦溺死海中。

且說文天祥又逃離元軍後，在福州重組義軍，不幸第二年又為元軍俘虜，被押送到大都，一路上，張弘範想盡辦法勸他投降，但他看了文天祥寫的〈過零丁洋〉詩，其最後兩句「人生自古誰無死，留取丹心照汗青」之後，再也說不出勸他投降的話了。

在大都牢房的景況，正氣歌的「序文」，令人讀之，無不肅然起敬。

元世祖忽必烈企圖以高官厚爵「一人之下，萬人之上」誘勸他投降，他還是「寧為南鬼，不為北王」。

文天祥求仁得仁，那位蒙古英雄忽必烈也心胸寬大追謚他的敵人為「宋・文信國公」。真是英雄識英雄、英雄惜英雄。殉國時，文天祥留下的血書是：「孔曰成仁，孟曰取義，惟其義盡，所以仁至，讀聖賢書，所學何事，而今而後，庶幾無愧」。

好一個「庶幾無愧」。當今之世，飽讀聖賢書者有之，高唱成仁取義者有之，然而「庶幾無愧」者能有幾人？

第五部份

書評

中國人發現美洲

十多年前在中央日報「學人」版，讀到達鑑三先生「法顯出國及其曾到美洲考證」一文，其認為發現新大陸者是中國東晉寺時的一位和尚法顯，不是義大利人歌倫布。而且法顯到美洲的時間是西曆四一二年（東晉安帝義熙八年），比歌倫布到達美洲之年（西曆一四九二年）早了一千零八十年。

達先生的文章不是憑個人的臆測，而是引述了下列中外學人的論證：

①法國學者德基納於一七六一年即倡「中國人發現美洲」之說：法國學者帖拉維於一八四四年二月號的基督教哲學年報上發表論文說：「在五世紀時，有中國僧人，曾到美洲，並將佛教文化傳到美洲」。另有法國學者高隆降於一八六八年在旅行年報上發表同一主張。

②美國學者勒蘭在一八七五年由倫敦鄧伯納書局出版的著作中亦云：「第五世

紀，中國僧人，發現美洲。」美國學者麥斯德士於一八九四年在加利福尼亞地理學會報上，更直截肯定的說：「美洲中國人發現的」。另一美國學者弗推於一九〇一年，在哈潑斯月刊上論證「一位中國僧人，早於哥倫布一千年，早已發現美洲。」

③中國國學大師章太炎著文錄初編考證法顯曾到達「耶婆提國」（即墨西哥，文長不便引述）。

④法國研究者與珍物媒介雜誌云：「美洲是中國人發現的」。

⑤法國蒙陀穆跌輪報云：「始發現亞美利加洲者，非歌倫布，而為支那人。案紀元四百五十八年（以中國計算為四一二年）支那有佛教僧五眾，自東亞海岸，直航六千五百海浬而上陸，其主僧稱法顯。據其所述上陸地點，確即今墨西哥；今考墨西哥文化，尚有支那文物制度之蛻形。」

達鑑三先生曾引僧國記原文，並以民國四十四年有中國青年駕「自由中國號」帆船橫渡太平洋的事實，論證法顯當年由獅子國（錫蘭）出發，航行九十多天便能到達耶婆提國（墨西哥加普爾科）是可能的。

現今墨西哥的一些文物如三足鼎、紡織機、中國袍、文字、佛像等等，都與中國古物相似。最後達先生引墨西哥華僑史話稱：一千四百年前有中國船曾到亞卡布哥港，港口廣場並有一紀念碑，上刻中國帆船模樣云云。

以上既有人證，又有物證，謂中國人首先發現美洲，是沒有什麼可疑的了。最後我又讀到了一本更「驚人」而且更令人「欣奮」的專書——「中國人發現美洲」。

這本書是由一位七十一歲高齡的衛聚賢教授（又號衛大法師）所著。衛教授是山西萬泉人，北平清華大學研究院畢業，歷任國內外著名大學教授及院長，著作等身，他在這本書裏，不僅主張「美洲是中國人發現的」——而且認為中國人與美洲的交通，早在「春秋」時代已往來頻繁。衛教授更指出中國人到美洲去的路線有：伯令海峽線、千島群島阿留申群島線，以及由浙江到夏威夷線，由爪蛙到夏威夷縣。

一九六一年的夏天，衛教授偶然在「春秋」上看到「六鷁退飛過宋都」之句而引起了他的注意。他認為「退飛」的鳥是蜂鳥，蜂鳥只有美洲才有。所以，當我國殷朝被周朝滅亡後，一部分殷人逃到美洲。在西元前六五零年，齊桓公為找尋美洲虎皮，到達阿拉斯加的科達克島，前此逃難的殷人後裔，知道趕他們出國的周朝此時統治權已縮小，乃組織了一個回國觀團，帶來了美洲特產的一籠小鳥，先到殷朝唯一存在的宋國首都，但無法和宋襄公見面。在他回美洲時，就把那籠小鳥釋放，後來有六隻出現在宋都貴族的花園。因為中國無此鳥，宋襄公特書此事通知各國，是以魯國的「春秋」上照錄其事。

齊桓公為紀念他的遠征，乃在旗上繪畫了蜂鳥，把旗插在船上，筏人把蜂鳥刻畫在船頭上叫做「鷁鳥」。西元前一〇六年，畢勒國（墨西哥）曾進貢了一百多隻蜂鳥給漢朝，漢武帝把牠們釋放，牠們便棲息在宮中婦女的簪子上面。衛教授考證「六鷁退飛過宋都」的文章有五萬餘字，引述中國古書一百三十六種。

另外，衛教授列舉了三十多種、礦、植物，認為都是很早由美洲傳入中國的。如戰國時代有人從南美運回幾隻「黑角鴨」給燕昭王，古人把這種黑角鴨的羽毛插在頭上表示英武。現在從電影上看到印第安人戴羽毛，以及中國人唱平劇看那些將領們插上「雉羽」是屬同一類型的文化。

淮南子上說「東方多虎豹」，但中國以東的島嶼上如台灣、琉球、日本，在古代均無「虎」「豹」；向東方再遠一點就是美洲「多虎豹」了。衛大法師說，美洲人把美洲虎運到魯國，非洲人把兕牛也運到魯國，魯國當權的季氏認為是奢侈品，便把美洲人非洲人遞解出境，這虎和兕牛無人會養，只好把牠們放生，使其自生自滅，所以論語中「虎兕出於柙」之句。又說同時美洲人還運了一隻長頸鹿到魯國也釋放了，魯國獵人獵得，孔子認出牠是「麟」。說也奇怪，中國古書有「麟」的記載，卻始終沒見過「麟」。如同古書有「鳳凰」鳥的記載，而亦不曾見過。所以有人認為現今動物園的孔雀即古之鳳鳥也不無理由。

墨西哥出產一種「跳豆」，放在桌子上自己會跳躍，能跳高一寸至七寸。衛教授說，這一種名叫箭樹的種子，當花開時，蝴蝶來採花密，把卵產於花中，結成子像豆子時，卵化為蛹，在豆子中活動，因而會使豆子跳動。墨西哥人每年收集這種豆子幾百噸運銷於歐美各國作兒童玩物，香港也有出售。

中國晉代郭璞的師公郭公，從美洲回來帶了若干粒跳豆給郭璞，後因中原動亂，郭璞由北方逃難到南方，曾以跳豆為魔術，在廬江太守家中騙到一位侍妾。此事在正史晉書郭璞傳中有紀錄，大概不會假。

物上加「番」字都表示最初為外來物。

我們常吃的「番石榴」（俗稱八拉）、「番茄」、「番薯」都是先後在戰國、唐、宋由美洲移植而來。向日葵亦原產於美洲的秘魯，而中國書上最早的紀錄見於左傳上載孔子說：「葵猶能衛其足」，其後述異記所以叫它為「胡葵」。

衛教授更從地理方面考證，認為中國人上由戰國莊子荀子，下迄金元時代，便知地是圓的紀錄。莊子的「宇宙觀」不是「坐井觀天」的人能想得出來的。韓國最近發現中國古代的世界地圖數種，而這些地圖上畫有美洲，至遲是在宋朝繪製的。如果中國人不在宋以前到過美洲，怎知在地圖上繪上美洲。利瑪竇在明末到中國來所繪的世界地圖是哥倫布到美洲後的事了。因為在此之前。歐洲出版的世界地圖上尚無美洲。

李白赴美乃係偷渡

至於中國人何人最早到美洲，衛教授在「中國人發現美洲」一書裏，指出在唐宋以前便知道有美洲者有一百四十人，到過美洲者除一部份殷朝遺民外，尚有十數人之多。

根據經書的考證，齊桓公和孔子都曾到過美洲。最有趣的說唐代詩仙李白到過美洲，而且說他是偷渡出境。李白的詩句中有「去國難為別」、「愁為萬里別」、「去久無還期」、「一去時無還」、「喜結海上契」、「宜與海人狎」、「我昔東海上」、「故人東海客」、「海外思歸」、「還浮入海船」等等，似非空談。又說李白在美洲圖書館看過書，學吸菸，吸上了癮，回國以後，無菸草可吸，故有「相思如烟草」之句。

你也許最不同意的，說楊貴妃並未死在馬嵬坡，而是由高力士偽作勤斃，陳玄禮假為驗屍，再由楊通幽等伴隨到了美洲，後由唐玄宗派王丹到阿拉斯加的科達島把楊貴妃接回。事後唐肅宗偵知，立即下詔通緝，楊貴妃不能在成都停留，乃出國到了日本，後來死在那裏；現在日本尚有楊貴妃的墳墓，以及自稱為楊貴妃後裔的日本人。

以上只是隨便拈出的一些例子，衛教授這本「中國人發現美洲」全書約有一百廿萬字，包括六十四篇論文，採用中國古書九百餘種，但全書因經費問題尚未付印，現所出版者只是一些提要，從其所引書目來看，似乎每一件事，每一件物；所述每一個人都有他的依據，絕非捕風捉影，憑空臆斷。衛大法師預料有人罵他「胡說八道」、「荒誕」、「自大狂」，但他希望看完他的每一篇原文之後「再罵」。他說：「現在有些人是化神奇為腐朽，把神仙故事作迷信看待；我是化腐朽為神奇，把神仙故事的背景找出來。」

就常理來看，偌大一個美洲，決不可能在西元一四九二年才被哥倫布無意中發現，我們只能說哥倫布是歐洲第一個先到美洲的人，或稱他是第一個冒險橫渡大西洋到美洲的人。就地理位置來看，美洲的北部阿拉斯加與我們的鮮卑利亞僅一個小小的白令海峽之隔，中國人首先由這個地區到美洲去是最可能的，即使由太平洋的島嶼上過也比橫渡大西洋容易。況且中國歷史久，在很久以前，至遲在周以前，中國人已到了美洲是不必懷疑的。最近喬一几先生在文化局講「中華文化之特質」時，曾指出美洲的土人印第安人，即是中國的「殷狄」人，）現今一般人認為是哥倫布誤以為到了印度而稱其人為印第安，此一說不合邏輯）。這些「殷、狄」人便是在殷朝亡了後，從中國大陸渡伯令海峽由阿拉斯加過去的。現在印第安人的孩子除混血外，與我們沒有什麼分別。他們和白人不和諧，但對中國人很親切；並且對中國人說：「據傳說，我們是你們的祖先」，意思是我們和他們是一個祖宗。喬委員的這一說法和衛教授的主張真是不謀而合，而又相互印證。

上述中外學人的意見，雖不敢完全苟同，但言者有憑有據，在你還未找到不同意的「理由」之前，我們不能不暫且承認。在此我要寄語編寫世界通史的專家們，還有我們教育部編高中史地教科書的先生們，應不應該把「中國人首先發現美洲」的史實列入，至少在字裏行間提一提，於國人民族意識之激發當有刊焉。

總之，這也是由中國古書所引出的問題，我們現在積極展開復興中華文化，類似隱藏於經書中的問題，是值得學者專家共同努力的。

孔孟學說底真相和辨正

小時候在私塾裏讀書，每天要背二次書，背不出來要挨先生的戒尺，回家後還要挨祖父的旱烟桿。就這樣在先生的戒尺和祖父的旱烟桿之下，從三字經、百家姓、而四書而詩經……記得五歲時背誦三字經中的「苟不教」時，心想「狗」怎麼不「叫」？而不知「苟」非狗，教也不是「叫」。那時候讀書只是跟先生唸，替先生背，先生偶爾也解釋一下，記得講「有奇不必然，無之必不然」時，先生搖頭幌腦的說：「有這個東西，不一定是這個東西，沒有這個東西，一定不是這個東西。」這如同講「白馬非馬」，學生怎麼會懂。如舉個例子說：「有角的不一定是牛，因為羊也有角；沒有角的一定不是牛」，因為牛一定會有角。這就明白了。

今天我們的教學方法當然進步了，但高中「文化基本教材」，對論語與孟子也僅僅作了些「教條式」的銓釋，一句一解，一章一釋，絲毫沒有系統，學生只知它的

「句句金言」為了應付考試，為了要擠進大學之門，才不得不囫圇吞棗，像背青年守則似的。

小女讀到顏回「一簞食，一瓢飲，在陋巷，人不堪其憂，回也不改其樂。」說她們的老師發揮了一番見解：「以現代的眼光來看，顏回因為不注意飲食，營養不夠，身體抵抗力不強，而居所環境衛生不好，容易生病，所以才短命而死。」讀這章經文，若只注意顏回的「生活環境」，而不注意他「為什麼」不為這種生活環境所苦，怎能明白它的真正意義？難道孔子是要我們學顏回的這種生活方式嗎？如此讀論語，與我小時候讀書的情形又有什麼兩樣呢？

現在的青年學子，在高中階段雖被灌輸了一點「中國文化基本教材（論語、孟子，而且若干年前，高中尚無此教材），大學又熱衷於理工科，對儒家學說可說「一知半解」，又因偶而讀了幾篇唱反調的文章，居然也跟著說「儒家如何如何落伍，如何不合時代潮流，如何的要把它打倒。」

對於這一些只知「盲目」批評者，也難怪他們，教育當局既沒有一套好的教材，教的人又有幾個能透過字面而去啟導學生的？這當然因為時間不多，教材多，教師要趕進度，那裏還有時間發揮。由此可見，我們今天的學校教育，多只為「進度」而上課，講不完，也得要講完，所以說教育只重「形式」，不問「效果」。

自從「復興中華文化運動」以來，有人主張讀經，「經」是中華文化的主要部份，但如何去讀？讀那些經？卻沒有一套通盤的計劃，固然像以前那種從頭到底的死背讀法早已落伍也不合適，像今天這種教條式的口號式的只作字面銓釋，不作系統貫通亦要不得。那麼要復興中華文化，要大家讀經，必須先解決下列幾個問題：

要使大家知道為什麼要讀經。

讀經有什麼好處（包括對已、對人）。

孔孟學說有何讀的價值（即孔孟學說之真相為何）。

「孔家店」應不應該打倒？

一些批評孔孟學說的人對不對？有無理由，主張打倒孔家店者用意何在？

任卓宣先生所著「孔孟學說底真相和辨正」一書，便是解答以上各問題的答案。茲分兩方面來介紹於後：

甲、孔孟學說底真相

讀孔孟學說真相，自然先讀其「導言」，這一章，首先說明「儒」的真義，儒家與諸子的比較，闡釋儒家的現代化。讀這一章好比筵席上先上來的拼盤，自然大菜在後面。

孔子學說體系

大家都知道要了解孔子底思想必讀論語，但論語結構散漫，既無層次，又無系統，前前後後，東一句，西一句，對張三一句，對李四一言，既不成章，也不成篇，初讀的人，縱然由「學而」讀至「堯曰」二十篇，對孔子的思想體系也無法「一以貫之」。朱子注「四書」，雖以思想解思想，但也只是按章句，讀之，仍無整體觀，難怪象山要批評他「支離破碎」。「孔孟學說底真相和辨正」讀來無「支離破碎」之感，它前後呼應，成為單獨的每一篇，又連各篇為一章，再連各章為一書。自首尾其系統是分明的，其思想是一貫的。

本書的內容雖為闡明「孔孟學說」，但其「結構」則為創作；他把四書讀得滾瓜爛熟，然後會通全書，綜合諸弟子們的話，以及孔子自己的話，把因人因事因時因地所不同，而說的話作科學的整理，作客觀的分析。列出孔子的思想體系為：

主張「人文主義」的「人生論」；

崇尚學問的「知識論」；

以「仁」為中心的「道德論」；

以「德」治國的「政治論」；

注重「民生」的「經濟論」；

講先後緩急的「軍事論」；

有教無類的「教育論」；

此外，孔子也講「文藝」，談「宇宙」，重「歷史」。由此可見「孔子哲學底全部體系，實為一種人文主義，其特徵是理智主義和道德主義」；「在中國哲學史上的地位有如蘇格拉底，影響則勝過柏拉圖和亞理斯多得，他是儒家哲學的創始人，支配中國二千年之久，他的影響廣及東方各國，並遠達十七、八世紀的歐洲」（頁七一）

孔門弟子底成就

孔子把他底學說傳授於人，致有弟子三千，七十二賢人。論語一書便是弟子記述孔子學說、道德、生活等而傳於後人。這些弟子底成就散見論語、大學、中庸三書，對其弟子之為人，亦是東鱗西爪。本書中特列「孔門弟子底成就」一章，將孔門弟子成就大者亦分別的、綜合的、有系統的略述其思想。讀這一章，有如讀各弟子之「列傳」。「孔門弟子不僅是把孔子學說散佈了、宣傳了、普及了；而且是把孔子學說闡明和發揚了」（頁七五）。

孟子學說體系

「孟子」一書，雖較有系統，但讀一篇，也只知一篇的旨意，其學說體系，一般人仍不易貫通。本書亦將「孟子」全書融會貫通，使其每一篇前呼後應，列出其學說體系，如「理性論」、「性善論」「自反論」「仁義論」、「王霸論」、「保民論」「義戰論」、「民本論」、「互助論」等等。「孟子學說與孔子學說有相同的地方。但在相同之上有完全一致者，有闡發甚多者。而在不同的地方，則有獨見，有新知。這種闡發和創造，大有貢獻於儒家學說，使其內容豐富，體系完整」（頁一四〇）。

荀子學說體系

荀子與孟子一樣，同為發揚儒家學說之大師。「孟子」因列入「四書」，讀的人較普遍，較受尊崇，而「荀子」一書向來不受重視，彷彿只有研究哲學者才須要讀它。孟子主張性善，因為「人皆有所不忍」，趨善避惡乃天性使然。荀子主張性惡，因為「人之性惡，其善者偽也」。就是說，善由於人為，而非由於生性。兩者正好相反。荀子學說，本書亦列出其體系如：「人生論」」「心理論」、「知識論」、「理則論」、「性惡論」、「道德論」、「禮義論」、「禮樂論」、「王霸論」、「政治論」、「用兵論」、「經濟論」、「自然論」。其學說體系可總括之為人文主義，它由人出發，而又歸於人。但是內容豐富，體系博大，而有一個中心。他底學問比孔子、孟子為博，他底主張比孔子、孟子為廣。因此在思想上比孔子、孟子就雜而不純。是帶有綜合性的儒家。有似亞理斯多得之於柏拉圖、蘇格拉底。

（頁二五五——二五六）

孔孟學說底精義

闡明孔孟學說底精義。孔孟底道德哲學內容包括三十四個道德項目，可分對已、對人、對物、對事四類：

對已：溫、良、莊、剛、清、弘、毅、正、誠；

對人：孝、弟、仁、忠、愛、恭、讓、禮、慈、寬、惠、孫、和；

對物：儉、廉；

對事：謹、信、敏、敬、義、直、勇、任。

雖然劃分成四類，但是「對已者亦可用以對人」，「對人者亦可用以對已」，「對人者亦可用以對物」，「對人者亦可以對事」，「對事者亦可用以對人」（頁一五四——一五五）。道德項目雖多，可以歸結為一，即對人之理。

道德是人為的，此人係個人，孔孟學說是人文主義，故孔子重視個人，但非個人主義，應由「修身、齊家、治國、平天下」著手。家、國、天下好了，個人亦好。反之，個人不好，則家、國、天下亦不好。對於個人地位，孔孟又主張平等；在教育、道德、政治、經濟上的平等，以打破階級制度。其次尊重個性；對弟子因材施教，補偏救弊。其次崇尚自由；包括行為自由（不妨害他人）教育自由、言論自由。其次完成人格：自由的個人，在孔孟及其門徒，不是一個浪漫主義者，而應有學、有德、有能、有志氣、有抱負，其次發抒意思：時時處處安之若素，無不自由發抒意志（頁一七二——一九四）。

反對孔孟學說者，都以孔孟學說是二千多年前的封建產物，不合現代思潮。這是因為不明瞭孔孟學說底真相。「孔孟學說與現代思潮」一章，指出孔孟學說是極符合「國家民族」、「民主法治」、「社會民主」以及「學術技術」等現代思潮的。

乙、孔孟學說底辨正

孔孟學說一出現就遇著批評，如墨家、道家、法家都曾批評過。以後從漢代開始，最明顯的有王充、李贄、吳虞、陳獨秀、郭沫若、侯外廬、共產黨、自由派等。

王充為漢代有創造性的思想家，「問孔」「刺孟」是「論衡」中批評孔孟的兩篇，但王充底批評是枝節的屬於訓詁和考據，未接觸到整個孔孟學說底內容和體系

（頁四七五）。所以王充批評孔孟竟不能給予任何損害。

明代李贄是一個極端的個人主義者，他喜歡「敬人之非，非人之是」，其所以如此者，是因為他「自幼倔強難化，不信學，不信道、不信仙、釋，故見道人則惡，見僧則惡，見道學先生則尤惡」（頁三〇六）。這樣一個古怪的人自然要批評孔孟，他對於孔孟學說底內容和體系是接觸了，好像要完全否定它，但在積極主張上沒有新的學說，而仍留在孔孟學說之內（頁四七五）。

吳虞是清末民初人，他非議孔孟比王充、李贄更激烈，是站在「反孔排倫立場上來反對孔子，排斥儒家」的。他曾寫過一篇「吃人與禮教」，和其他類似的文字編成「吳虞文錄」一書，胡適替他寫序文，稱他為「中國思想界的一個清道夫」；是「四川省隻手打孔家店」的老英雄（頁三三〇—三三一）。吳虞反孔排孟，態度激烈，而且是新的學說，如民主主義和個人主義等，但在批判方面只涉及孔孟學說底一小部份，而昧於孔孟學說底真相。

陳獨秀反孔排儒比吳虞更有力。五四新文化運動把反孔排儒造成風氣，是陳獨秀使然。他反孔排儒之理，最基本的是從社會時代和共和立憲上立論，認為「孔孟本失靈之偶像，過去之化石」，一口咬定封建時代的東西，不適合於「今日共和時代，國家時代」。其理論只有極小部份成功，即把忠於君之忠否定了，極大部份，如忠於人、忠於已、忠於國、忠於事之忠，仍然存在。至於從自由平等上所論「儒說階級綱常之倫理」，違背「近世自由平等之新思潮」，甚至把漢宋兩代的綱常也算在孔子帳下。（頁三五四——三七四）

郭沫若是從「反孔的資料中去反孔」。他以為根據正面的資料來論孔子底基本立場，是不可靠的。因為贊成孔子的都把他聖化了，所以那些人底傳說和著作都不好輕信。反面的資料「不會有溢美之辭」，所以他「從反對派的鏡子裏去找尋被反對的真影」（頁三七五）。郭沫若因為胸有成見，不客觀，又從馬克斯主義出發來考察孔孟學說，作有意的誤解和曲解（頁四七六）。郭沫若的動機無非為共產黨找叛亂的理由；而其思想又是隨共產黨的喜怒哀樂而轉移，是一個聰明的投機份子。

侯外廬對孔孟不明言批判，而以研究孔孟為名，但是和郭沫若一樣是從馬克斯、共產主義出發。

郭沫若和侯外廬均為共產黨人，駁過他們後，還有一章「共產黨討論孔學之批判」，是針對共產黨近年討論孔學的內容為主。一般人只是從報紙上獲悉中共把孔孟學說誣為「牛鬼蛇神」，從本章可以看出共產黨討論的全部經過，共產黨人的批評孔孟，或出於「蓄意」，或出於「粗心」，或出於「愚昧」，或出於「不得已」，但在另一方面他們仍不得不承認孔子的偉大。這就是所謂「烏雲是遮不了大陽的」。可見孔孟學說之不容曲解妄評。

目下在台灣的自由派，也批評孔孟及整個儒家，如所謂「儒家道德思想的根本缺陷」，認為儒家「對生命體會膚淺」，「道德工夫流於虛玄」，是「由於儒家人生思想的空虛」，此亦昧於孔孟學說的真相。儒家底人生思想和人生理想亦從人生經驗來，切合實際，比宗教對生命的體會，科學得多。儒家講仁義，就是道德，「民無信不立」，表明人人不可無道德，人人以道德為本，則無論做什麼，都應是道德才對，這就把道德推而廣之，一以貫之，形成一種道德主義了。自由派有人不贊成這點，以為是「泛道德主義」，遂有「泛道德主義影響下的傳統文化」一文，此文包含三部份：「泛道德主義影響下的文章思想——文以載道」，「泛道德主義影響的政治思想——德治主義與政治神話」，「泛道德主義影響下的經濟思想——謀道不謀食」。逐一討論過後，在「四書」中所表現的，不對者很少，對者很多。這可看出「四書」底正確。（頁四四五——四七二）。

結　論

孔孟學說之所以二千年來，成為中國學術思想的主流，傳統文化的精髓，是因它不為時代所限，一切從根本上著眼，用能把握永恒，注意一般，了解本質，認知絕對，故具有永久性，同時又具有普遍性，它著重人生論，其次為認識論，如人文主義、理智主義、道德主義等，這些主義易知易行，對無論什麼人也適合。美國愛默生說：「孔子是全世界民族的光榮。」蒲陀羅說：「望中國人不要失去這份家當才好。」

「孔孟學說真相和辨正」一書，是認識孔孟學說的捷徑，其「真相」部份，可幫助人了解孔孟學說，其「辨正」又如同一個「指示標」，可以引導要走的方向，不致誤入歧途。惟本書有關「孔子的民族主義」和「孟子的華夷論」，與筆者所持「四海一家的國史觀」相左，不敢贊同。筆者學淺才疏，「其毀譽豈足輕重」。（原載五十九年九月一日「國魂」及「革命思想」）。

尚書問題與復興中華文化

東晉梅頤所奏古文尚書，補充漢以下散失的古文尚書。殘缺者間或有之，未必全為向壁虛構；而且已流傳千有餘年，我們豈可因閻若璩等人的懷疑而亦跟隨不信？

尚書是中國一部最古史書，或為當時官方文書，後經孔子刪定。據說孔夫子刪定的尚書大概一百篇，不幸經秦火之厄，蕩然無存。迨劉漢興起，尚書復見，然篇目不全，且有兩種本子。一種是漢文帝時，由故秦博士伏生口授，鼂錯用當時文體（隸書）記錄，共二十八篇，謂之今文尚書。另一種是在漢武帝時，魯恭王擴充宮室，壞孔子故居，從「孔壁」中得若干古籍，其中有尚書五十八篇，因其為周代古文（篆書）寫成，故曰古文尚書。漢以今文尚書列於官學，而古文尚書僅由孔子裔孫孔安國銓釋，以為私家講授之本。

西晉末年，永嘉之亂，洛陽長安兵火相繼，典籍再遭厄運，據說古文尚書完全喪失，但至東晉元帝時，豫章內史梅頤忽上奏古文尚書五十八篇。於是下迄隋唐宋明學者，均以此傳誦，唐孔穎達尤其重之。宋吳棫及朱子雖曾表懷疑，然仍傳誦不絕；直至清代，由於考證之學大興，乃有閻若璩著「古文尚書疏證」，舉一百二十八例證，證明唐孔穎達等所採用之古文尚書，為梅頤所偽撰，而非漢時「孔壁」古文尚書，因而以「偽」古文尚書稱之。其中所附帶的尚書也認為是東晉孔安國所作，而非西漢孔安國（二人同名）所傳，故稱「偽孔傳」。以故造成清末民國以來的學者，多數附和閻若璩之說，認定書經中的大禹謨、五子之歌、說命、秦誓等二十五篇均係東晉梅頤所偽撰。近有王保德先生撰《閻若璩〈古文尚書疏證〉駁議》一文，載中華雜誌，指出閻若璩之錯誤甚多，該刊發行人胡秋原先生亦嘗治尚書，頗贊同其說。

最近讀屈萬里教授註譯《尚書今註今譯》一書（按此書曾獲教育部學術獎），竟完全擯古文尚書各篇，僅註譯今文尚書二十八篇；由見屈教授不信古文尚書故不採用，且認為今文尚書若干篇亦為後人「述古之作」。

筆者不學無術，對尚書真偽之辨尤屬門外漢，焉敢班門弄斧。惟自　先總統倡「中華文化復興運動」以來，凡論中華文化之學者，無不引述古文尚書的文句。如總統「中山樓中華文化堂落成紀念文」即曾引用「民為邦本，本固邦寧」和「正德、利用、厚生」等文句，前者見於古文書「五子之歌」，後者見於〈大禹謨〉。前嚴副總統〈紀念開國與復興文化〉中，曾引用「人心惟危，道心惟微；惟精惟一，允執厥中」之句，此亦見於古文尚書〈大禹謨〉。此外孫科、王雲五、陳立夫等諸先生亦無不引述。

目下談中華文化者，無不以堯、舜、禹、湯、文、武、周公、孔子所傳的「人心道心」為道統，朱子在中庸章句的自序裡也說：「則允執厥中者，堯之所以授舜也，人心惟危，道心惟微；惟精惟一，允執厥中者，舜之所以授禹也。」我國文化道統，最可貴的就是這十六字心得，如果把「大禹謨」視為不可信的「偽書」，則「人心道心」并廢，道統文化又從何談起？至於若干學者公認「民為邦本，本固邦寧」，以及「天視自我民視，天聽自我民聽」，是中國民主思想之基礎，而這一基礎經過孔孟的宣揚，使民主思想成為中國政治思想中的重要一環。但這一思想的淵源起於夏朝太康失國後所作〈五子之歌〉，及周武王伐紂王時所作的〈泰誓〉。如果認為〈五子之歌〉和〈泰誓〉是東晉人偽作，則研究民主思想之人士，便不能再自我陶醉說：中國民主思想如何如何悠久了。又 國父「知難行易」學說便是對三千多年前〈說命〉中「知之非艱，行之惟艱」，二句之糾正。若〈說命〉是後人偽作，則《孫文學說》也失去依據。其他如我們在日常言行中喜用的「德惟善政，政在養民」、「滿招損，謙受益」、「天聰明，自我民聰明；天明畏，自我民明威」〈大禹謨〉；「東征西夷怨，南征北狄怨」〈仲虺之語〉。「立愛惟親，立敬惟長」〈伊訓〉；「萬世無疆之休」；「天作孽，猶可違，自作孽，不可逭」〈太甲〉；「有備無患」〈說命〉；

「作之君，作之師」、「受有臣億萬，惟億萬心；予有臣三千，惟一心」、「除惡務本」；「玩人喪德，玩物喪志」、「不作無益害有益」、「為山九仞，功虧一簣（旅獒）。以上均見於古文尚書。（按論語、孟子亦曾引述）

司馬光說：「尚書者，二帝三王嘉言之要道，盡在其中，為政之成規，稽古之先務也。」我們讀尚書，並非欣賞其文句，乃為認識先賢先聖的道德和政治思想，從而效法之，發揚光大之。今天復興中華文化之旨意即在此。所以尚書之真偽，關係中國歷史文化甚巨。尤其學者所不採信的古文尚書，偏偏是中國文化道統的根源、民主思想的先河。這一問題不能不弄個明白。

東晉梅頤所奏古文尚書，補充漢以下散失的古文尚書殘缺者間或有之，未必全為向壁虛構，而且已流傳千有餘年，我們豈可因閻若璩等人的懷疑而亦跟隨不信？近世我國學者對於考證歷史真象，固有甚多貢獻，但過份疑古又豈是智者？像疑古派前所編七大冊「古史辨」，幾乎把中國古史一筆勾銷，他們「絕對堅持夏以前的古史傳說前身是神話」，認定「五帝是上帝的稱號」；「禹是爬蟲；鯀是一條魚」；「舜的弟弟是一頭象」；「秦的祖先是一隻燕子……」；他們又說《論語》未提到《春秋》，便斷定《春秋》不是孔子作的。如此疑古豈是完全正確？我們當然也相信孟子所說「盡信書，不如無書」，但若連二十五篇古文尚書也不信，還能相信什麼？

復興文化的康莊大道

現在有些人一談起中國文化，便主張讀「四書五經」，加強學校的「文化基本教材」教學，甚至有人主張從國校就開始。我不知這些人所謂之中國文化，是不是除了「四書五經」之外，中國便沒有別的文化了；除了堯舜禹湯、文武周公孔孟之外，便沒有其他創造中國文化的人了。這些人所謂之「復興中國文化」，是不是只要大家把「四書五經」讀好，中國文化便算復興了呢？

嚴格說來，「四書五經」並不能代表中國全部文化。舉凡中國歷史，其他諸子百家，歷代典章制度和文物，都應包括在中國文化之內。

當然這些歷史文物，並不樣樣是好的，也沒有一一發揚的必要，應視時代潮流與環境，取其長，去其短，摘其要，用其精。如歷史上某一時代的思想使某一時代的政治走上民主康樂的大道是可效也；或某一時代的思想，使某一時代的政治步入黑暗的局面是可誠也。

儒家思想以及任何一種學術思想，有它的是處，也有它的非處，有它可行的地方，有不可行的地方，有它行得通的時候，有行不通的時候。

司馬遷在二千多年前曾說：「陰陽之術，大祥而眾忌諱，使人拘而多所畏，然其序四時之大順，不可失也；儒者博而寡要，勞而少功，是以其事難盡從，然其序君臣父子之禮，列夫婦長幼之別，不可易也；墨者儉而難遵，是以其事不可偏循，然其彊本節用，不可廢也；法家嚴而少恩，然其正君臣上下之分，不可改矣；名家使人儉而善失真，然其正名實，不可不察也；道家使人精神專一，動合無影，贍足萬物，其為術也；因陰陽之大順，采儒墨之善，攝名法之要，與時遷移，應物變化，立俗施事，無所不宜」。

這真是持平之論，事實也是如此。歷代沒有能獨行一家政治思想而享長久之治者。如秦焚詩書，獨行法家思想，使統一局面僅十五年而終；漢初於兵荒馬亂之後，行「黃老」之術，乃有「文景」盛世。但這種治術如果行之過久，將會產生流弊。至漢武帝時不得不廢改。然採用董仲舒那種「罷黜百家」，獨崇儒學」的結果，使兩漢四百年在學術思想上是空虛而偏枯的。以故魏晉之世，清談興起。不過「清談思想」並非無一是處，其啟發後世生活自由與夫思想之奔放，功不可沒。兩宋過分重文，造成軍政不振，使大宋王朝，居然要向遼金稱臣納貢；明清以降，士人死啃「四書五經」，一旦聞帝國主義砲聲一響，便無所措手足，以故遭受百年不平等條約的束縛。

這可說自孔孟以下，中國文化思想走入「偏」而不「實」的道路所致。二千年來徒把「孔孟思想」當作個人修身養性，或徒事記誦講說，或用之以為一已進身入仕之媒，並未把它真正實行出來裨補於國計民生。直至　國父孫中山先生才把中國過去流於形式的道統思想融貫起來，創造了承先啟後的三民主義。

前蔣總統中正嘗提示說：「中華文化復興運動，實際上就是三民主義的實踐運動。」三民主義決不是某些人所謂之「教條主義」，它是集中國文化思想之大成。三民主義矯正了後儒偏枯之弊，空疏之失。復興中國文化，應從三民主義做起。這才是一條康莊大道。

文化復興運動的檢討

中國文化復興運動從去年十一月十二日展開以來，到筆者今天（十月四日）執筆寫此文止，只差一個月便是一週年了。（如果編輯先生在十一月號刊出，則剛好一週年）在將近一年的日子裏，我幾乎逐日閱讀有關於這一偉大運動的新聞，以及學者專家們所發表的談話與宏文。我收集了我所能收集到記載此一運動的報紙雜誌。

如果依出版法第十八條的規定，揭載於新聞雜誌上的文字，只要未註明「不許轉載」字樣，我便可以編印一本厚厚的「中國文化復興運動專輯」。可是我不但沒有那筆浩大的印刷費，而且我知道那是這項法律條文的漏洞，我不忍那樣做。然而主要的理由，也是因為我收集的那數十萬言的文字，大半是「應時文章」，內容不免流於「空泛枯疏」，真正針對「復興中華文化」而提出切實可行又非行不可者難得一二，十之八九是引用古聖先賢的一些遺言，對「什麼」是中國文化，作了一番解釋，至於

「如何」復興中華文化，卻很少有具體的建議。像某大學校長的「應時文章」中引用宋人張載的四句偈，居然把其中一句最重要的「為生民立命」漏掉了，於是又有某中學為了響應文化運動，竟胡亂抄印此一無頭無尾，空空洞洞的文章以為學生的範文，如此復興中華文化，豈不是笑話。筆者為針對此一弊點，在此期間先後有兩文發表，一刊「政治評論」，一刊「民主憲政」，曾對復興中國文化提供了一條康莊大道。

如今報章雜誌均已出過特刊，文化學術團體也分別舉行了座談會，各學校社團照例也開了一次會，而陳立夫先生的講演早已結束，並已回到美國去了。儘管報紙雜誌雖仍可斷斷續續看到有關文化運動的文字，而文化復興推行委員和文化局也先後成立，顯然「文化復興運動的高潮」已經一如過去的「自覺運動」隨時間而消逝。雖然如此，我仍要為此一運動放一串「馬後炮」。

一、請打破「礙古」觀念

一般所謂的中國傳統文化是以堯舜為起點，即韓愈在「原道」中所說的：「斯道也……堯以之傳舜，舜以傳禹，禹以之傳湯……」然而現在某些大史家不僅否認堯舜禹的「歷史實事」，甚至連孔孟經書也表懷疑。影響所及，我們的歷史教科書中也稱之為「上古的神話傳述」，不承認堯舜事蹟為「真實歷史」。口裏喊著「中華五千年歷史文化」，而教科書中認為是「神話傳述」卻佔了大半。殊不知剝去神話外衣，便是本質的歷史，為什麼不把神話外衣剝去，使堯舜成為中國歷史上真正的聖王明君。

即使承認堯舜的歷史實事還是不夠，因為堯舜時的歷史文化也是有所從來。我們如果否認夏朝，則商朝歷史從何接起，否認黃帝堯舜，則夏朝歷史不得而講，否認三皇，則五帝從何而生，所以講中國歷史文化，應上溯黃帝、神農、伏羲、燧人，也就是說中國數十種古書所記的三皇五帝便是中國歷史的起點，文化的開端。三皇五帝的事蹟固略帶誇張，大部份仍屬真正的歷史。

歷史文化總得有個起點，中國經史的紀錄，不失為歷史的一點一線，如果徒把這些舊點線去掉，而又無新的「點線」發現，那就不成為一個完整的歷史了。關於這個問題，筆者已另有專文論述，自從「北京人」之出土以後，主張中國歷史文化至少有三四十萬年，所謂五千年歷史文化，已是「落伍」的說法了。

二、請建立「四海一家」的國史觀

中國歷史文化之悠遠，決不是一般人所謂之「漢人」單獨建立起來的，在中國文化產生以至發揚光大的時候，根本還沒有「漢人」的字眼兒出現。中國歷史上的蠻夷戎狄並不是「種族」名號，禮記中明明說「中國蠻夷戎狄」，而非「外國蠻夷戎

狄」，像帝舜、商湯、周文王都是歷史上的「夷人」，（見孟子及書經）而孔子更喜歡居住到九夷的地方去。（見論語及後漢書）

所謂「漢滿蒙回」乃是由一個大宗族分衍而成的小宗族，決不是五個不同的「異民族」。蔣中正先生在《中國之命運》一書中曾特別強調：「中華民族是多數宗族融合而成的，這多數宗族，本是一個種族和一個體系的分支」。筆者近年來就歷史事實倡「四海一家」的國史觀，撰寫十數篇論文，認為中國歷史上除了對俄人、英人、法人、德人、日人等的入侵，我們的反擊才是真正的「民族禦侮」戰爭外，幾千年來在中國領土內，只有「宗族」戰爭，沒有「種族」戰爭。

現在某些人在談中國文化復興的文章中，仍出現「中國文化迭經異族摧殘」等字句，這乃是不了解中國民族的本質；而中等學校所採用的「中國文化史」和「本國史」中仍指蒙古滿清為「異民族」，為摧殘中國文化的「罪人」，實在不應該得很。平心而論，蒙古滿清對中國文化均有不可磨滅的貢獻，如「宋、遼、金史」的撰述，「元曲散文」為中國文學開闢了新的紀元，「康熙字典」「古今圖書集成」「四庫全書」「遼金元三史國語解」以及「清文鑑」等偉大的文史著作和編纂，不都是在滿蒙人手裏完成的嗎？

我們應該知道，此時此地，是在復興「中華」文化，不是復興「漢人」文化，

中華文化包括了所有滿漢蒙回藏諸宗族的文化。中國歷史文化之悠久，領土之擴大，人口之眾多，是居住在這個領土內，無論過去和現在，邊疆及內地的每一個愛好中國文化的人共同努力的結果。因此復興中華文化也需要我們大家的努力，在我們的國大代表和立監委中不是有許多滿蒙回藏的人士嗎？時至今日我們怎可還在喊滿蒙回藏為「異民族」的口號呢？

現在教育部聘請了數以千計的文史專家，正著手修改現用文史教科書，這的確是復興文化工作的「當務之急」。但根據過去二次所修訂的高中歷史教科書來看，只是換了個封面，擴大了版面，內容可說毫無更改，連錯句錯字都未校正。但願這次修訂能從充實『內容』和變更立場上切實作一番大刀濶斧的整理，希望放一點酵母進去，釀出新的酒來，不要再用「新瓶裝舊酒了」。（現行歷史教科書更糟）

三、請重視社會科的教學

一般學校的社會科包括公民、歷史、地理。這裏舉普通中學為例，現在高級中學的公民教學時間是每週一小時，史地是各二小時。人倫道德和法律政治常識都應該從公民課本中獲得，然而每週僅一個小時的時間能講些什麼？學些什麼？因此我相信一個高中畢業的學生，對親屬的「稱謂」也有弄不清楚的。（實際講課時間是四十到

五十分鐘）

據說我們的教學時數配當，是教育家從「外國」研究而來，以為「人家」在社會科方面的教學時數也是一至二小時。然而世界各國的歷史有長有短，地理也大有小，像莫洛哥、梵蒂岡、新加坡等，他們中學的史地教學每週二小時已足。而我們有幾十萬年的歷史，一千多萬方公里的領土，總共實際教學僅一百二十餘小時，即使勉強可以教完，試問學生能學到些什麼？教育當局雖強調高中民族精神教育的重要，但必須要有較多的時間讓老師去教，和學生來接受這種教育。

現在一般普通中學有一個怪現象，即規定在高中二年級開始，便分為「社會」「自然」二組。社會組照正常課程上課，而自然組則很「自然」的不再重視歷史地理的「教」和「學」了。到了高三以後，社會組因將來參加大專聯考要考歷史地理，所以講授「中國文化史」和「人文地理」。這些自然組的學生不讀「人文地理」尚可，那有不讀「中國文化史」的道理！再加上大多數學生家長都鼓勵子弟讀甲丙組（自然組），學校行政人員也特別重視英數理的教學，因此各級學校（少數女中除外）的老師學生都偏重於自然組，換句話說絕大多數的中學生都不重視史地教學，都不懂中國文化史。他們將來考入大學，除了「大一」還講一點中國通史外，這些念自然科學的學生從此便與中國歷史文化斷絕了關係，也許他們將來都是了不起的「科學家」，顯然他的國家觀念和民族意識更薄，將來未必是中國之福。

總之，今天的中學校裏，社會學科之不受學生重視，社會科的老師亦同樣不受學校之重視，再加上這種不合理的教育政策，如果不修正，要想使中國文化復興，談何容易。

筆者以為推動中國文化復興運動，除了從各級學校加強展開之外，別無他途。社會上的寫文章，出專刊，開會講演等，那只是一種倡導運動，惟有從如何教育下一代認識和重視中國歷史文化，才是切實可行而又非行不可的方法。

有關成吉思汗大祭的兩個問題

每年陰曆三月二十一日，蒙藏委員會委員長代表中樞致祭民族英雄成吉思汗；旅臺蒙古同鄉會在中樞致祭完畢後，接著再致祭一次，對這位蒙古英雄表示崇敬與懷念。大祭這天，典禮肅穆而隆重。來賓中常有人提出兩個問題：

（一）今歲成吉思汗大祭是多少年？

（二）為什麼要在三月二十一日祭？

這的確是兩個有意義的問題，也是難以肯定回答的問題。對這兩個問題，學者專家早有許多不同的說法，現在還沒有定論。

一、成吉思汗何時出生？何時逝世？享壽多少歲？

首先我們看馮承鈞譯「多桑蒙古史」謂成吉思汗生於西曆一一五五年，原書云：

一一五五年，也速該戰勝塔塔兒，殺其長二人，其一人名鐵木真斡怯，及其還也，其妻名月倫額格，斡勒忽訥兀惕部人也，適在迭里溫孛勒答黑山附近之地，生一子，名曰鐵木真，誌武功也。」

馮譯《多桑蒙古史》並註引波斯人拉施特（剌失德）之蒙古全史又云：

剌矢德（拉施特）云：成吉思汗誕生日，未能確知。惟據成吉思汗諸王與蒙古諸貴人之說，其在生之年，案陽曆有七十二歲，案陰曆則有七十四歲又三月餘。而歿於豬兒年秋月之十五日，核以回曆，應在六二四年二月之初，（一二二七年二月）。世人並知其始於五四九年十一月也（一一五五年二月）。

拉施特雖云「成吉思汗誕生之日，未能確知」，但仍主張成吉思汗是生於西曆一一五五年，崩於一二二七年。

但是馮承鈞在所譯《多桑蒙古史》中復引「蒙古源流譯本稱鐵木真生於一一六二年原注文云：

「也速該一日與兩弟行獵，見一塔塔兒人，名也客赤列都者，適至斡勒忽訥兀惕部娶婦歸，其人見三人至，有圖己意，遂棄其妻而逃，遂為也速該所得，由是烏格楞額格，遂為也速該之妻，至一一六二年生一子，名鐵木真。」

在《多桑蒙古史》中又注稱：

然馮秉正所謂之中國史書，則謂其生於一一六二年（蒙古朝史），元史綱目蒙古源流皆謂其死年六十六歲，然則鐵木真誕生於一一六二年矣。

從這兩段引述及其語氣來看，馮承鈞原認為成吉汗生於一一五五年的主張，顯然受了上述說法而動搖，不過他自己所寫的「成吉思汗」（商務人人文庫），仍肯定成吉思汗生於西曆一一五五年，崩於一二二七年，享壽七十三歲。惟馮譯《多桑蒙古史》第四〇頁謂「一一五五年，也速該妻生鐵木真」，而同書一五三頁稱：「汗病八日死，時在一二二七年八月十八日，年六十六歲，計在位二十二年」。推算之，則生於一一六二年。多桑似乎有些自相矛盾。

師範大學歷史教授李符桐著《成吉思汗傳》其於第三章稱：

> 西曆一一五五年（宋高宗紹興二五年乙亥），夏，蒙古為報復俺巴孩汗被出賣的仇恨，與塔塔兒部日尋干戈，於某次戰役中，尼倫部首領也速該曾擄獲塔塔兒部二酋，一名豁里不花，一名帖木真兀格，時也速該妻訶額侖，正身懷六甲，靜居於斡難河畔迭里溫孛勒答里山下，於舊曆三月二十一日午時產生一個男孩，也速該非常高興，給他命名為帖木真，以誌武功也。」

李符桐認為成吉汗生於西曆一一五五年，他在書後並附年表，列明成吉思汗的死年也是一二二七年，享壽七十三歲。

札奇斯欽教授在其所譯，沃爾納德斯基著《蒙古與俄羅斯》一書中又有另一說：

……帕拉第所譯之聖武親征錄，作六十五歲，帕氏於其註解中稱，原文作六十，其餘之五歲，則係清代學者何秋濤氏所加。根據西藏之記載，則成吉思汗僅享年六十一歲，近來伯希和氏在中文書籍中，亦曾發現同樣的證據。假定汗年六十，崩於一二二七年，與前述之一一五五同為亥年矣。

倘以一一六七年為汗出生之年，則其開始對土耳其斯坦政略之一二一九年，汗為五十二歲，而非如一般所謂之六十四歲。自此次戰爭中，汗之堅苦不拔之精神，及貫徹其艱巨之目的觀之，似乎合於五十餘歲之人的行為。一一五五年，至其成婚之二〇頃之間，亦有過大空隙，不合於蒙古秘史之記載。

李則芬教授最近著《成吉思汗傳》，對成吉思汗的誕生及崩年問題，引述甚多，考證亦詳，結論認為：「即壬戌」以前，蒙古人只知道草青為一年，別無紀年方法，也不注意人的年齡，大概要到耶律阿海歸順之後，才學會十二肖紀年；要到耶律楚材進「西征元曆」時，才改用干支年號。」又從「蒙古人的一般年壽，成吉思汗的體格，他的酒色生活，及晚年戰役的艱苦等許多因素」，作一綜合研究，最後認為成吉思汗「享壽六十六歲之說，已經算是最高估了」，自然不贊同成吉思汗有七十三歲的高壽。

關於這一問題，引述最多，考證最詳者，要算師大教授程發軔所編《成吉思汗生殂年月日考》，所採信的史料包括元史、聖武親征錄、輟耕錄、蒙古源流等書，最後並用中西回三曆法而得出結論，主張成吉思汗生於西曆一一六二年，崩於一二二七年，享壽六十六歲。

以上諸學者專家的看法都各有其依據，說來也各有其理由，筆者不敢批評，讓我們再回顧中國的正史——元史（明詔認為正史）太祖本紀的記載：

初烈祖征塔塔兒部獲其部長鐵木真，宣懿太后月倫適生帝，手握凝血如赤石，烈祖異之，因以所獲鐵木真名之，志武功也。

元史雖未說明成吉思汗何年誕生，然而在太祖本紀最後卻謂享壽六十六歲。依此溯推成吉思汗之出生為西曆一一六二年。顯然這就是主張成吉思汗生於一一六二年，享壽六十六歲的有力證據。因此國防研究院所編的「元史」（列入中華大典）亦採宋濂等所撰「元史」之說，在其「元史大事說」中，直接了當的書寫成吉汗生於一一六二年。崩於一二二七年，享壽六十六歲。

現在我們再看另一正史——新元史（民國八年，政府明令以柯劭忞所撰新元史，列入正史，為二五史之一）的記載。

烈祖討塔塔兒，獲其部酋日帖木真兀格，師還，駐於迭里溫孛勃答黑，適宣懿皇后生太祖，烈祖因名曰帖木貞，以志武功。太祖生時，右手握凝血如赤石，面目有光，是歲為乙亥，金主亮貞元三年也。

好一句「是歲為乙亥，金主亮貞元三年也」，這使我們對太祖的出生在正史中有一個可靠的消息，根據清・畢沅撰《續資治通鑑》卷一百三十，金主亮貞元三年，為宋高宗紹興二十五年，西曆一一五五年。再看清，李文田注《元秘史》中有「甲戌生成吉思汗」之句。按甲戌年即西曆一一五四年，與新元史之「乙亥」，僅前一年，證明成吉思汗生於西曆一一五四年，是可信的。又新元史太祖本紀下記載成吉思汗「崩年七十有三」，前後呼應，則生於一一五五年，崩於一二二七年，正七十三歲。

按「元史」和「新元史」，都是官方承認的正史，元史是明代宋濂等撰，新元史是清末柯劭忞撰，二書的性質，好比唐書和新唐書，舊五代史與新五代史，「新」史所以補「舊」史之「舛漏」。本來已有正史——元史，何以又在撰新元史？又何以政府再承認新元史為正史？據新元史引略稱：「劭忞以明代宋濂等所修元史，舛漏甚多，因廣搜群籍及金石遺文，復迻譯東西學者撰述。參互考正，訂誤補遺，別為新史，凡十餘年始成，義例謹嚴，遠出舊元史之上。」國防研究院所編之「元史」序文稱新元史：「廣搜群籍，闡揚精微，旁及金石遺文域外史料，補前史之闕文，集諸家之大成。」可見新元史的資料是經過嚴格取捨的，然而國防研究院不採用「新元史」中有關成吉思汗的生年史料，令人費解。茲為便於讀者對此問題有更明確的辨識，因將有關此一問題諸說，列出如後：

一、主張成吉思汗生於西曆一一六二年，享壽六十六歲者：

元史（無生年，有崩年，言享壽六十六歲者）明宋濂等撰。

元史（列有年表）國防研究院編（列入中華大典）。

聖武親征錄（未言明生崩年，雖含糊其詞，但仍可推算享壽六十六歲）原著者不明，王靜安考證，書成於元世祖時。

輟耕錄（僅言享壽六十六歲）元末陶宗儀撰。

蒙古源流（有生年（壬午），崩年享壽六十六歲）清順治小澈辰薩囊台吉撰。

成吉思汗實錄（僅列出崩年）清末阿通世撰。

成吉思汗新傳（列考據，但不肯定）近人李則芬撰。

成吉思汗生殂年月考（考證頗詳，堅信元史）近人師大教授程發軔撰。

二、主張成吉思汗生於西曆一一五五年，享壽七十三歲者：

新元史（有生年、崩年，享壽七十三歲）清末柯劭忞撰。

蒙達備錄（有生年可考）宋趙珙為宋寧宗時遣蒙古使者，為記載成吉思汗生年最早之書。

元朝秘史（有生年可考）著者佚名，清李文田注。

蒙古全史（列有生年與崩年，享壽七十三歲）波斯人拉施特著。

多桑蒙古史（有生年，但享壽有誤）法多著馮承鈞譯。

元史譯文證補（有生年、崩年，享壽七十三）清洪文卿（鈞）撰。

太祖年壽考異（列有生年、崩年）洪文卿再考證。

蒙兀兒史記（有生年，但謂享壽七十一）民初屠敬山（寄）撰。

成吉思汗傳（列生年，崩年，享壽七十三）馮承鈞撰。

成吉思汗傳（列生年、崩年，並附年表）李符桐撰。

高中歷史教科書（列崩年，享壽七十三歲）教育部審定。

成吉思汗大祭特刊（列生年、崩年，享壽七十三歲）蒙藏委員會刊行。

除以上各說外，或尚有其他見解，非我所見，若僅就以上資料作客觀研究，筆者贊同蒙藏委員會所採信的正史——新元史，謂成吉思汗今年大祭為八百十六年。

貳、為什麼選定三月二十一日來祭成志思汗？

關於致祭成吉思汗的意義，也有如下不同說法：首先我們看馮承鈞譯《多桑蒙古史》，在成吉思汗生年之下有這樣一段按語：

鐵木真一名，根據夏真特書後附元史字彙，在蒙古語中猶言精鐵，此名曾與突厥語之鐵木兒赤相混，鐵木兒赤，鐵工也，由是人遂以為成吉思汗曾作鐵工……

此說現在蒙古人中似尚存在，君在一八二〇年自恰克圖，赴北京途中，路經庫倫西南一百九十三斡羅里之塔罕山，聞塔兒罕之義，猶言蹄鐵工，蓋因成吉思汗曾鍛鐵於山下，其南麓下有蒙古人積石而成之鄂博，蒙古人每年來此祭奠成吉思汗，以示不忘。

由此段記載來看，蒙古同胞最初祭成吉思汗，可能是祭其誕生，但沒有說明祭奠日期。歷史上對其生年既有異說，月、日當更無確考。前引各書，附討論其生年崩年、以及崩年月、日外，誕生月、日，從未提及。至於程發軔教授的〈成吉思汗生殂年月日考〉，亦未把成吉思汗的確實誕辰考出來。蒙藏委員會民國五十五年成吉思汗大祭特刊，刊載了蒙古人士吳鶴齡先生〈成吉思汗大祭之由來〉一文，其中有云：

據蒙地故老相傳之真實故事云：「當太祖二十八歲之年，汪罕部長之子僧昆義拉固，見其日見強盛，心懷妬嫉，常欲伺隙除之。適太祖為其弟畢勒古臺求婚於汪罕部長之女，即僧昆之妹索倫高瓦也。僧昆以時機已至，當佯許之，約定三月二十一日納采，並邀太祖赴宴，太祖許之，其部下謂汪罕父子素極險詐，恐有不測，力阻其行。太祖曰，余即許之，必須前往，彼即或有異圖，余亦絕不失信，遂不納部下之諫，僅率甲兵數人，毅然而往，比至宴所，則僧昆虛與委蛇，遂獻毒酒，太祖左右以之奠地，而地為之裂，僧昆見計不售，乃舉杯為號，於是伏兵四起，劍拔弩張，欲傷太祖，太祖急執汪罕而四顧大喝曰，爾等加害於我，我必不利於爾主，於是挾持汪罕以歸，及至家備加優禮，並遣使送還，汪罕乃喟然其子曰：天下有德莫如鐵木真，世間無義，莫如爾我。太祖脫險之後，以為幸獲天佑，每年於是日舉行祭祀慶祝，著為定例，後人相沿不絕，遂以為慶祝太祖脫險之祀矣」。

吳文主張三月二十一日，為其脫險紀念日但他所依據者僅「故老相傳」的故事，缺乏學理依據，可靠與否，不敢肯定。再者成吉思汗自幼即遭家庭變故，其後顛沛流離，終其一生，脫險非僅一次，而又值得紀念者甚多，若真要紀念其脫險，似應以成吉思汗最初為奉亦赤兀惕人追趕，而竄匿帖兒古捏山得免於難，以及接著又為兀都亦惕蔑兒乞人襲擊而逃入不兒罕山而脫險，這兩次大難不死，關係至巨，故《元秘史・卷三》稱：「鐵木真說：我的小生命，被不而罕山遮救了，這山久後時常祭祀，我的子子孫孫也一般祭祀。」說訖向日，將繫腰掛在項上，將帽子掛在手上，椎胸跪了九跪，將馬嬭子灑奠了。」可見成吉思汗自己亦認為這次之脫離險是值得紀念的。但是否為三月二十一日這一天，史無明文。

蒙藏委員會又曾印行由趙尺子教授執筆之《伊克昭盟志》一書，其中有〈伊金霍洛與達爾扈特〉一文，對大汗的陵寢介紹至為詳盡，惟對大汗祭日亦僅云：「大汗的祭日：每月初一有月祭，四季有祭但最大的祭日為養祭。養祭的日期為夏曆三月二十一日，俗名「三月會」。屆時蒙古同胞不遠千里而來，頂禮敬拜，熱烈真誠，不啻基督教徒之參拜耶路撒冷，回教徒之朝麥加。伊金霍洛也是蒙胞的「聖地」。

趙教授在抗戰期間曾在伊克昭盟從事地下工作甚久，與蒙胞生活在一起，瞭解蒙俗，文中雖描述蒙胞致祭大汗的熱情，卻未能肯定三月二十一日是祭大汗的什麼日子？事實上蒙古同胞「不遠千里」而往拜者，乃成吉思汗的陵寢。這和我們清明節祭祖掃墓的情形相似。不過抗戰期間，政府為了怕日本人劫陵，乃將成陵奉移到甘肅興隆山，之後蒙古同胞在蒙古地方如何祭祀大汗不得而知。倒是我中央政府自民國三十年十二月，由蒙藏委員會委員吳忠信氏首次代表最高國防委員會委員長　蔣公致祭成吉思汗。三十一年六月二十八日再由蒙藏委員會副委員長趙丕廉氏代表中樞致祭，且自此規定以後每年致祭成陵一次，其儀注一如祭黃陵。政府遷台後，於民國四十一年四月十五日（即農曆三月二十一日），首次在臺祭祀大汗，由　總統派蒙藏委員會委員長代表主祭，並由五院代表暨邊疆政教領袖人陪祭，中央與地方機關團體代表及邊疆在臺人士均參加祭典，在臺蒙古同鄉數百人與祭，中樞祭畢，蒙古同鄉會接著又單獨祭一次。由這一演變來看，中央最初祭成吉思汗是祭其陵寢，而且時間上不定，如第一次在十一月，第二次又在六月二十八日，至於遷台後，何以每規定夏曆三月二十一日祭？除了前述吳鶴齡氏所提出的為其「脫險紀念」之外，亦有人認為這天是成吉思汗誕辰，或紀念其勝利之說，然而史無明文，均是猜測傳說而已。筆者以為致祭大汗的日期，除了依從蒙古習俗之外，無論說它是什麼紀念日，均不失我們對大汗敬崇的意義。

一個應該有了結論的學術討論

——兼評梁嘉彬博士著〈琉球及東南海島與中國〉等書

採信以往洋人之說把「夷州」「琉求」視為古之「台灣」，一些主張「台灣國」者乃據此以為台灣與大陸過去只有「征討關係」製造「省籍」情結。因是我在六十七年六月撰寫一篇三萬多字的長文寄到聯合報的副刊，編者來信說，副刊無法刊登學術方面的長文，希望濃縮後再寄去。於是遵囑成三千多字，刪去十分之七，很感謝編輯先生空出寶貴的篇副刊載了此文。

晉人陳壽所撰之正史「三國志」，其中吳志孫傳有這樣一段記載：

黃龍二年春正月，遣將衛溫、諸葛直將甲士萬人，浮海求夷洲及亶洲，亶洲在海中，長者傳言，秦始皇遺方士徐福，將童男女數千人，入海求蓬萊神仙及仙藥，止此洲不還，世相承，有數萬家。其洲上人民時有至會稽貨布者。會稽貨布者。會稽東縣人海行，亦有遺風流移至亶洲者，所在絕遠，卒不可得至，但得夷洲人數千還。……

唐人魏徵等奉詔撰「隋唐」，其中流求國傳有這樣的記載：

> 流求國，居海島之中，當建安郡東，水行五日而至，土（地）多山河，……大業三年，煬帝令羽騎尉朱寬入海求訪異俗……因到流求國，言不相通，掠一人而還。明年，復令寬慰撫之，流求不從，寬取其布甲而還。……
>
> 帝遣武賁將陳稜……至流求……焚其宮室，虜其男女數千人，載軍實而還，自爾遂絕。

上引三國志中的「夷洲」與隋書中的「琉球」，引起中外學者的爭執幾達半個世紀。

首由法國學者聖第尼，荷蘭學者希勒格、德國學者里斯等認為「夷洲、琉球」為今日之「台灣」，接著撰文贊同其說者，有日本學者市村讀次郎博士、白鳥庫吉博士等數十人，我國有一部份學者亦撰文附和日本及歐洲學者之說，於是，我們的教育部也受上述學人的影響，在高中歷史課本中亦採用其說，謂三國時代之孫權於黃龍二年（西元二三〇年）派甲士萬人浮海求夷洲，得夷洲人數千，夷洲即台灣，這是中國經營台灣的開始。」（舊版高史第一冊頁七七）又謂隋煬帝「大業六年（西元六一〇年）又派兵萬餘，由義安（廣東潮安）浮海往討東海的流求（台灣），俘虜男女數千及不少軍費。」（舊版高史第二冊頁一五）

主張「夷洲、琉球」為今日之「琉球」者，計有日本、琉球學者高田貞吉士等十數人，不過這些日、琉學者的影響力不及前者的勢力大，同時亦受「政治」的拘束，或欲言而不敢言，或言而不由衷，而我國學者唯梁嘉彬博士「孤軍奮鬥」。

顯然，這一問題，不僅關係我國海防歷史的發展，並且牽出若干「政治」問題，從而影響我們的歷史教育問題。

筆者曾蒐集有關琉球的史料甚多，並詳讀中外學者有關的論著，深覺前述主張「夷洲、琉球」為今日台灣的學者：在洋人，乃強詞奪理、顛倒難易，帶有濃厚的政治色彩：在國人，乃道聽塗說，盲目附和，懷有很深的私人成見。

其一：三國時代，孫權所尋找之「夷洲」，有三國志吳志孫權傳、後漢書東夷倭人傳以及東吳沈瑩著〈臨海水土地夷洲條〉，唐章懷太子注後漢書等史料，此夷洲當今何地？未有說明，至十九世紀有位法國的漢學家聖第尼，用法文翻譯宋末元初馬端臨撰《文獻通考》的時候，以為馬端臨筆下的「流求國」就是隋書中的流求國，荷蘭通譯生希勒格也作如是觀。彼輩並不知《文獻通考》中的〈流求國傳〉，是雜抄隋書流求國傳和宋趙适的〈諸蕃志〉等史料而成，而且有些地方錯抄誤解了。這些洋學者只知其「一」，不知其「二」，更不知中國古代地名還有「同名異地」或「同地異名」的例子。彼輩僅知「某書是這樣說的」，而不去研究史料的來源與價值，是故彼輩學者的看法，僅能視作十九世紀末期二十世紀時期的西洋『漢學』，不能視為歷史考據，後來日本學者市村瓚次郎博士便附和其說，同時把孫權所尋找之亶洲證為海南島。其用意乃把台灣、海南島的歷史跟日本拉上關係，並進而作為侵略的目標。

其二，由於隋書記載，中國大陸到琉球，水行五日而至。法國學者聖第尼認為：中國航海技術幼稚可憐，在蒸汽船發明以前，帆船斷無從福建水行五日可達沖繩之理，然而從「海行紀錄」來看，在風帆時代，帆船從寧波到日本九洲，或從福州到琉球（沖繩）那霸，除非海中遇到颶風，逆風或無風，又或航海家路線錯誤，通常都只以水程五日為準，梁嘉彬博士列舉了古今許多海行紀錄，在風帆時代，航行的難易，固不必問距離的遠近，而但須問風濤的順逆，風濤順者則雖遠而猶易，風濤逆者則雖近而猶難，當時台灣距大陸雖近，只因風濤兩逆，難成航海目標。而閩浙兩省與琉球日本間，因有一道最順適的海流之故，凡自福州以北各港的東航，皆易至琉球日本而難達台灣，按三國孫權求夷洲，隋代煬帝求琉球，均係順著這種「海流」，故水行「五日」而至。再則，琉球之名起於沖繩，而非起於台灣，說文「求，索也」，「繩，索也。」流求，流中之求，沖繩，沖中之繩，況隋書流求國傳分明說「流求國居海島之中（或作居海島間）」，而未說「居海之中」。此乃證明琉球列島之地形，而非台灣之地形，洋學者既不明當時我國海航真象，又不解中國史文真意，其所下之結論，純乃個人臆測，沒有學術依據。

其三：前述法國學者聖第尼，荷蘭學者希勒格、德國學者里斯等之所以對我國東南海島發生興趣，無非是為了「殖民慾」。蓋此時法國已據越南，亟思再在東南亞有所發展，而荷蘭亦曾據台灣之故，至於德國學者里斯因適在日本講授西洋史，成為日本的上賓，所以在他寫的《台灣島史》中自然也有代日本找尋台灣「古史」的義務，因此他的「學說」，自可不加批評的被日本人所接受，可見他是「以奴證主」，而日本學者對琉球與台灣問題，真正從學術觀點去探討者極少，前面說過，這些學者須受「政治」勢力的拘束去作「違心」之論，試觀日本在德川幕府時代監修有《本朝通鑑》，其中有云：「庚戌三十年，吳王孫權使其將衛溫、諸葛直等率甲士萬人，浮海侵我西鄙，不克，士卒疾疫，死者十八九，徑歲而去，溫等無功被誅。」這一紀事與中國正史「三國志吳志」相似，可見日本在我國清朝初年，猶自認其為亶洲，指夷洲為琉球，若夷洲為台灣，日本焉能謂之「侵我西鄙」？試問台灣位於日本之西鄙嗎？可是，日本到了大正年間，因國勢興盛，一欲遮蓋日本歷史本來面目；二欲遂其對台灣與海南島之野心，乃由文學博士市村瓚次郎、白島庫吉等另著書立說，否認德川幕府時代所修之《本朝通鑑》有關記載，硬歪曲事實把亶洲證為海南島，把夷洲證為台灣，等到一八九五年日本奪去我台灣後，又製造一些日本與其殖民地間的歷史連鎖關係，對其殖民地的歷史、地理從事積極研究，其學術任務完全追隨日本的政治趨向。

三十年來，我國學者梁嘉彬博士，純從學術的觀點著手，絕對擺開「政治」與「民族」的立場，以打破沙鍋問到底的精神在追究歷史的真象，先後著有《琉球及東南海島與中國》《吳志孫權傳九洲亶洲考證》以及「隋書流求國傳逐句考證」等書，用科學方法，用邏輯推理，細心謹慎，考證三國時代孫權派人所求之夷洲，隋煬帝派人所求之流求，都是指今日之「琉球」，而非一般人所謂之台灣。實事終歸實事，真理究竟就是真理，梁氏的考證，終於使日本學術界大大的改變，東京大學並以學術理論實授給梁氏文學博士，琉球學者對梁氏的考證更贊揚有加，而我國學者黃彰健、徐可標首先贊助其著作在《大陸雜誌》一次刊完，杜維運先生也要將梁著收入中華文化復興運動推行委員會所出版的《中國史學論文選集》中，前此國科會更撥補助費使其完成《隋書流求國傳逐句考證》一書，而此書更獲得教育部六十六年度學術文科獎，可見梁氏的論著已獲得我學術界和官方的承認。

政治歸政治，學術歸學術，如果要把台灣、琉球跟中國大陸的關係拉長，更可上溯先秦時代，考古學家已在琉球島上發掘到我國戰國時代之古物，幾年前從台東八仙洞出土的古物來看，台灣已能與山頂文化連成一氣，這些史實與遺物，更可把某些人的「短視」、「誣說」與「成見」一筆勾銷。

第六部份 回憶抗日戰爭期間

一、回憶抗日戰爭期間

日本發動七七事變，全面侵略中國開始於民國廿六年，那時我正滿十歲，小學還沒有畢業，戰場離我們家鄉還遙遠得很，一般鄉民還沒有感受到戰爭的威脅。小學生從老師的口中得悉日本很快就侵占了上海，接著就展開南京大屠殺，殘殺我軍民三十萬人，（民國六十年我在台灣編寫了一本「日本侵華史綱」，對南京大屠殺有詳盡敘說。）在我們小小心靈裡開始感到恐懼，但聽老師說，我們的空軍在廿六年八月十四日擊落日本飛機很多架，我們的陸軍先後在上海徐州，忻口，武漢四個戰場上，殲殺日軍甚眾，因而使日本妄想三個月內征服中國之企圖，完全幻滅。但中國工業落後，官兵訓練與武器裝備，都遠落日軍之後。所幸地廣人眾，可以利用持久戰略，當正面無法抗拒時，只有向後方撤退，一面誘敵深入，一面使之備多力分，因此從武漢戰場退後，將中央政府直接遷都重慶，決心長期抗戰。之後中日戰場便漫延到贛北、鄂北、豫南，湖北，桂南晉東一帶。

自是我的家鄉也有了戰爭的氣氛，那時我已在一所中學就讀，每天一大早吃完早餐後，便帶了當天要上的課本，跑到後山上去躲警報，因為我們學校是一座很大的「蔣氏祠堂」，再加上在四周增建的教室，從空中鳥瞰，頗富規模的建築物。日本人除了正面與國軍作戰外，並不時派飛機擾亂後方，對大規模的建築投燃燒彈，所以學校為了安全，不得不改在山中上課，這那是上課，像是老師帶學生在山裡捉迷藏，師生皆大歡喜。當日軍快要逼近縣城時，學校才停課放學生回家，我的初中教育一半時間就是這麼混的。這中間還有一事值得一提的，是民國卅三年，蔣委員長號召全國知識青年從軍，當訓導主任在週會上宣讀蔣委員長的文告後，全校立刻掀起了一鼓從軍熱潮，初二以上的學生幾乎都未經家長同意，就踴躍響應去了，我因為年齡不足被拒，感到很失望。全國一共號召了十多萬中學以上的學生到重慶會合，經甄選了八萬餘人，編為「青年遠征軍」。據說日本軍隊獲得此一訊息後，對中國青年的奮勇抗日的精神，頗為喪膽，一時在戰場上退卻了數十里。至於那些落選的青年，政府對他們都妥善的安排，如果繼續升學，可由學生自己選擇學校，完全由政府公費供給到大學畢業，如果不願升學者，一律由政府負責安全送回家鄉。

除了前述的「青年軍」之外，學校的學生都參加「青年團」類似後來台灣的「救國團」組織，我還把一枚當時青年團臂章帶來台灣，現在當中央研究院院士的張玉法，幾十年前看到那臂章，還稱讚我「不愧是學歷史的」。不幸這富有歷史意義的臂章不知怎的還是弄丟了。

那時的學生不斷在都市舉辦集會遊行，或演街頭劇，宣揚抗日精神，在遊行時高喊著：「打倒日本鬼子，殺漢奸，殺漢奸！」手握拳頭慷慨激昂，街旁的市民無不同仇敵愾，也跟著高呼口號，並跟著一起高唱義勇進行曲：「起來！不願作奴隸的人民，把我們的血肉，築成新的長城……」抗日的這首噲炙人口的歌，沒想到成為今天中華人民共和國的國歌。

抗戰期間，最苦的是農民，十七八歲就被抓去當兵，這些被抓去的人，既沒有受過軍事訓練，幾乎連那時的「中正式步槍」都不會使用，怎麼能對敵作戰，所以那時稱當兵叫「吃糧」，多半是某一個部隊人數不足，胡亂抓些農民充數，才可以向上級請領餉械，這些新兵才真正是在前方當「砲灰」，後來國民黨罵共產黨發動人海戰術，把成千上萬的人民強迫徵調前方作戰，不也是異曲同工嗎？

農民除了吃糧之苦外，還有做不完的勞役，那就是修飛機場和開公路，築橋樑，這之間最痛苦的是，剛剛修好一條飛機跑道，說日本鬼子快打來了，連夜又把跑道挖上幾個大坑，並偽裝起來，讓鬼子的飛機栽大跟斗，自然機毀人亡。修好的公路和橋樑也得立刻炸毀破壞，阻斷鬼子的運輸補給交通，這些固然是戰略上不得已的措施，但有時情報來源不確實，敵人根本遠在幾百里之外，這樣一來反使自己的交通限入癱瘓。不得不日日夜夜趕工，把弄壞的部分重整起來。就這樣「情報」來了破壞，「命令」下來重修，「苦不堪言的老百姓，累死，餓死，病死的不計其數，就我們那個小小的鄉裡被折騰而死的十數人，所幸我們兄弟都還沒有成年，家裡只有父親是唯一成年人，故不在徵召之列。

當年拿破崙率六十萬大軍遠征莫斯科，當法軍抵達俄境時，俄軍在軍勢相差懸殊無法正面抵抗法軍的進攻，乃採行「焦土策略」，將所有的道路，橋樑盡行炸毀，下令俄國人民內遷，糧食能搬走的一律搬走，不能搬走的，連房子倉庫統統用火燒掉，不留下一粒糧食，不留下一棟建築物，讓法軍進入俄境後，看到的只是一片焦土。適時正逢寒冬，冰天雪地，既無食物，又無避風雪的處所。後來法軍戰敗撤退，六十萬大軍，生還回法者不到五萬人，其餘大半都是餓死凍死了。

這種策略對敵人既是殘忍，對自己的人民又何嘗不殘忍。當時的俄國人民，房子被燒，餘糧強迫被燒燬，餓死凍死的更無法計其數。

自古以來，戰爭無情，戰爭殘酷，歷史上挖開黃河堤防，用滾滾洪水阻止敵軍的史例很多，最悲慘的一次是唐末五代朱全忠為阻沙院人李克用的軍隊南下，把黃河中流挖開了好幾段，一時黃河兩岸成為澤國。李克用的軍隊固然被阻，而千千萬萬的人民生命財產亦隨波逐流。被挖開的缺口雖然立即填補，但新築隄防經不起大水沖擊，就崩潰了，之後黃河中游兩岸逢大雨便會決堤成災。據說日本侵華期間，中央政府基於戰略的考量，也曾以黃河水灌滅黃淮大平原，以阻日軍坦克車的進行。由於經過多次「戰略」的運用，使得中國三大生命線之一的黃河成為「銅頭鐵尾豆腐腰」。

日軍將進攻湖南時，湖南省長張治中打電話給當時的長沙市長警察局長和警備總司令，命令他們立即放火燒長沙市，用焦土政策對付日本人，但因情報錯誤，日本的軍隊還離長沙市好幾百里，而長沙市的人民已被大火燒死無數，房屋被燒成灰燼，民怨沸騰，中央追究責任，是誰下的糊塗命令，省長張治中卻死不承認，打過電話給那三位首長，認為是他們三人擅作主張，那時又沒有「通聯紀錄」來查證，結果把市長、局長、司令三人槍斃，以平民怨。在日本人還沒打來時已是「三個頭顱一把火」的慘劇，好在以後長沙三次大捷把日本人打得大敗，彌補了這次創傷。類似這種情形居然發生在今天的民主的台灣，如「拉法艦事件」主角，最高當局卻否認知情，承辦的人則說已獲得上級口頭命令，可惜沒有電話的通聯紀錄，只能「事出有因，查無實據」，如果在以前，可能早已有幾個執行人員的腦袋落地，如今雖說「既使動搖國本，也要查下去」。就是因為會動搖國本，所以查不下去，除非改朝換代，才會水落石出。

長沙還是不守，常德縣城旋即淪陷，國軍部隊一個個被打得落花流水，散兵各自逃竄，日軍未來，平靜的農村已被這些無人管的散兵和流民洗竊姦淫。即使自己正規軍隊向後撤退，路過農家，把農民的存糧強徵當軍糧，剩下的也不許老百姓保留，以能搬走的命令人民趕快搬走，搬不走的用火燒揮，總之不讓日軍有所獲。在此之前我父親早有先見之明，一個人偷偷在半夜晚上，在屋後菜園裡的高地挖了幾個大坑，把碾成的米，用幾個大瓷缸裝起來，上面用油布封好，再蓋上木板，鋪上泥土，上面再種一些菜來掩護，這樣才保存了幾個月的食糧，沒有被自己的軍隊徵走，也逃過日軍的槍奪。不然一家人早已餓死。

抗戰期間從民國三十年開始物價上漲為廿七倍，至三十三年，通貨膨脹為一百八十倍，物價上漲達二千一百倍，人民流離失所，哀鴻遍野，政府為維持最低的生活，乃實施實物配給，最難忘的是，規定每一個人口一個月只能向鄉公所買到四兩鹽這四兩鹽怎麼能維持一個月，因是有人把豬籠和毛坑下面的泥土挖一些出來，因為那越骯髒地方的泥土都帶有鹹味，將牠化成水後，用大鍋把它煎乾，便變成硝鹽，又叫土鹽，這種鹽不但難吃，感覺上髒稀稀的，窮人家也不得不將就將就。有錢的人家花得起用一石穀，買一斤私鹽，不過這些私鹽也是有人冒生命危險或從四川走私來的井鹽，或從淪陷區弄來的海鹽，雖然賺錢，但要避開日本鬼子和土匪兩個關卡，喪命的比例卻相當的高。

抗日戰爭從民國廿六年打到三十三年已七個年頭了。我在高中僅僅讀了一年，就因學校避難遷移而輟學在家，父親為這一個家操勞過度剛滿五十歲就在這一年病逝了。

抗戰期間，凡一家如有二個已成年的男子，一定要出一個壯丁，但有錢人家的孩子都怕死不願當兵，用二十幾擔穀子買一個人去頂替，鄉公所的人只要向縣裡交出一定人數就好了，誰也不管是否是他本人，何況那些經辦的人都有好處的。

我家大哥二哥都達到兵役年齡，一定要出一個兵，當然是大哥。

「我去！」二哥搶著說：「大哥是我們家的支柱，家裡需要他來掌管，母親年歲也大了，弟妹都還小，家裡沒有大哥不行。」

「我是老大，理應由我去。」大哥很堅持。

「你們都不要爭，誰都不許去。」母親拿定了主意，那時我們家雖不富有，也算小康，決定請人代替。鄉裡原本就有一些無所事事的游民，賣壯丁的人很多，他們的本事還真大，拿了人家二十擔穀子頂替當兵，到部隊報到後，往往十天八天就開小差逃走了，運氣不好的被抓回去一定槍斃，運氣好的逃回來之後再賣頂替。有的一年賣個兩三次的都有，反正部隊調動頻繁，並不固定駐在，部隊調往他處，士兵逃一個又可找一個來補，他們也就懶得去追究那些逃脫的人，所以逃兵有恃無恐。況且有的部隊反以為少一個兵少一份開銷，上面的糧餉照領。特務長和部隊長能歪鍋就歪鍋。抗戰期間吃糧的事誰也免不了，上面來檢閱的時候，臨時再抓一些鄉農來充數。就這樣馬呼過去。就因為如此這般，大多數部隊的兵力人數都不足，一旦奉令開赴某戰場，上面以為某團某營擁有多少兵力足夠擊退敵人，有些戰役吃敗仗原因就在這裡。

拗不過母親的堅持，我家也買了一個壯丁，誰知這傢伙報到僅三天就想逃走，第一次被抓回去打個半死，再就槍斃了。部隊裡又向鄉公所要人，害我們白白花了二十擔穀子，母親還想籌措穀子，而二哥在天未亮便直接進城向縣兵役課報到去了。

仗打得更吃緊，日軍四面八方圍攻縣城，奉令「死守」的余承萬師長，最後一師人只剩下八個泅過沅江逃出來。老百姓死的無計其數，城裡城外遍地死屍。鬼子還撩下狠話：

常德我不要，一年來一道，而且洋洋得意的：

吃的剁皮雞，
睡的美妙妻，
燒的背時屋，

殺的蠢東西。

鬼子們走了，幸運逃過一劫的好心的人，聚集起來將行將腐亂的屍體埋葬起來，實在太多了，找不到什麼墳場墓地，就在路旁邊挖一個坑，草草的蓋上一層鬆軟的泥土，有些又被野狗拖出手臂或頭殼暴在外面。

一場戰爭下來，有的部隊被打散，各自東西，幸運逃回鄉裡的人講述戰場上的故事。

一個說一夜激戰後迷迷糊糊躺著，第二天醒來，頭枕在一具屍體的身上，環顧四週，全是斷腿斷手，有的還身首異處，肚開腸出。

一個說還沒斷氣的用微弱的哀聲「幫幫我吧！」。班長命令我們幾個脫出外套各個包了一包泥土，壓蓋在腦上使他斷氣，免得他痛苦。

好幾個說鬼子快要進來，我們逃入山林，他們怕碰到游擊隊不敢再追下去，有的怕來不及逃，急忙脫下制服，摘下帽子，解開綁腿埋在水田泥巴裡，混在正在插秧的農民中，鬼子們，這中間還有漢奸，把農民叫到田埂上，一個個檢查，發現額頭上有戴過帽子的溝痕，衣著也不像農人，一聲「巴格亞羅」將刺刀捅進對方的胸口，秧田裡成了一片血海。

曾經在我家做過長工的朱麻子也幸運的生還了，他偷偷的告訴我，他躲藏在不遠的山邊的一棵大樹上，親眼看到二哥就是這樣被鬼子刺死的。我告訴了大哥，絕對不能讓母親知道，也不能讓弟妹知道，怕這些不懂事的孩子沈不住氣，就我和大哥忍著痛苦一直瞞著母親。

從二哥去當兵那天起，一年多了，一點音訊也沒有，又不時聽到回來的人講到那些恐怖，悲慘的戰場的情景，母親日夜以淚洗面，早晚跪在神堂前求祖宗菩薩保佑他的兒子平安歸來。

戰爭結束了，鄉裡當兵的紛紛返鄉，母親想她兒子也該回來了，每天擔一張椅子坐在朝門口，望著屋前不遠的大路，他知道兒子會從這條路回來，門前也僅有這條大路，有時從路的那頭走來一個人，母親因年老眼花看不清楚，立刻叫我們兄弟趕快出去，看看是不是二哥回來了，我和大哥每每聽到母親這樣叫喊，便忍不住悲從心來，但又怕母親發現，不得不強忍眼淚，有時悲痛得實在忍不住躲在門後把眼淚擦乾後，才敢出來虛應一番，母親仍然坐在朝門口望著那條大路。

戰爭結束，農村恢復了短暫的平靜，莊稼漢重拾起犁耙，春耕秋收。美援物質遍及每個鄉村角落，家家戶戶都可領到一大箱的肉類罐頭和各種乾糧咖啡，城裡的街道上還有人出售這些物質，這些多餘的物品一定是縣政府或鄉公所經辦人員私自留下轉賣出去的，這些貪官也沒有人去追究查辦。

不久鄉裡出現了共產黨，他們穿著藍色的列林裝，戴紅星的藍色帽，當時被稱呼為「紅軍」，十幾二十人在一起，不像一支軍隊，有的連槍都沒有，也許帶有手槍，藏在衣服裡，他們聲稱是農村改革者，首先要清除「土豪劣紳」。所謂土豪指的是剝削窮人為富不仁的地主。所謂劣紳指的是危害鄉裡作威作福的無賴流氓。這兩類人都是老實的農人惹不起的惡霸，平時還要小心翼翼的奉承巴結。土豪們都擁有廣闊的宅院，院內有林園，包括涼亭，荷花池，假山。各種花卉。村前趙家庭院我小時羨慕不已，很想進去遊玩，但不得越雷池一步。共產黨來時首先對準了這一家，地主聞訊，逃到我家隔壁徐佃農的家裡躲藏在豬舍底下的豬糞裡，僅露一個頭在外呼息。他們來搜索時沒有發現，正要離去時，他家裏的一條狗對著豬舍底下狂吠，結果這位大家恨之入骨的趙大爺就被從豬舍下抓出來，拖到禾場槍斃了。

說實在地，這些紅軍的作為，是當時政府不許可的，是要被剿滅的。但他們在鄉民的眼裡認為是除暴安良。只是他們來去一陣風，並沒有久留，懲罰幾個土豪劣紳後就不知去向。

不久，從外地傳來的消息，共產黨和國民黨在東北展開了激烈的內戰，雙方都有外國人支持，俄國支共產黨，美國支持國民黨，後來美國不支持國民黨了，國民黨節節失敗。所幸國民黨本就控制大關江山，退路雖廣，但從此內戰沒完沒了，可苦了老百姓，剛吃完抗日戰爭之苦，於今又受內戰之苦，內戰雖然還沒有波及南方，人心卻已開始浮動，平時守在農村裡的青年人開始想在外去發展，鄉裡的開明長老對一些讀了一點書的人，都鼓勵他們走出農村，到遠方去打天下，說走得愈遠愈有前途。不然老待在村子裡，一輩子只有摸牛屁股，實在沒有出息。因是我也起了「男兒志在四方」的念頭。民國卅七年底跟隨國民黨來到了台灣。

二、統獨問題

三十八年，蔣總統被迫下野，副總統代理總統不到一個月就跑到美國去了，共產黨渡過長江，施即席掃江南，把國民黨政府從廣州趕了出來，退到這個島上。至於共產黨怎樣起家，怎樣發展，怎樣統有江山，而國民黨又是如何失敗，如何落得這樣狼狽不堪，這是講不清，說不明白的，但是有很多的書，還是說了講了，都是公說公有理，婆說婆有理。

共產黨占住大陸後，口口聲聲還說要解放台灣，限隨政府來台的大陸人都是「國特」，都是要被他們清算鬥爭抄家砍頭的對象。所有台灣人一律要送到新疆等邊遠地區去勞解。所以當時台灣還只有八百萬軍民，無論外省本省以及原住民都團結一致，每天唱著「保衛大台灣，反攻大陸去」的愛國歌曲。

國民黨政府也乃本著痛定思痛，前事不忘後事之師也的教訓，徹底作了一番革新。無論黨政、軍事、經濟、社會、教育諸方面都全部「脫胎換骨」。全國上上下下似乎都有了「臥薪嚐膽」的精神。「毋忘在莒」的復國決心，總統更在一次國慶典禮上慷慨激仰的說：「我把你們從大陸帶出來，一定要把你們帶回大陸去！」老兵們聞言無不熱淚盈眶。情不自禁的呼喊著「總統萬歲，三民主義萬歲，中華民國萬歲、萬歲、萬萬歲！」

不久，韓戰暴發，中共幫助北韓打南韓。美國幫助南韓打北韓。於是中共跟美國直接幹起來，再因美國協防台灣，共產黨又多了一個口號「打倒美帝國主義」。再因俄國協助共產黨，我方也多了一個「抗俄」的口號。就這樣一個有俄國的撐腰，一個有美國的靠背，所謂「解放台灣」和「反攻大陸」都變成了雙邊的空口號。不久俄國跟中共鬧翻，再因內部大改變不再是專制的共產黨國家，因是我方「反共抗俄」的政策改變成只「反共」不「抗俄」了，當年被我們痛恨得要死的俄共頭子戈巴契夫居然還來到台灣訪問，獲得朝野熱烈的歡迎。

有人說「反攻」，台灣這麼個小地方，憑什麼本事反攻回去光復若大一個大陸，台灣這麼少的人口，如何面對十億多人口。然而，歷史告訴我們，當年少康中興就憑五百個人和方十里的土地，把亡失了四十多年的夏朝光復了，周武王率領不到五萬的諸候兵，打敗了商紂王的七十多萬十軍，王莽四十萬大軍，被劉秀一萬二千人擊潰，曹操四十萬大軍也敗於孫權劉備的三萬人，號稱擁有八十萬大軍，投鞭可以斷流的苻堅，被東晉五千人就瓦解了。諸如這些歷史上的鐵證，告訴我們復國不在人口之眾領土之大，完全取決於人心之向背。也就是孟子所說的「得民心者昌，失民心者亡」。「得道多助，失道寡助」。但話得說回來，真的跟共產黨硬拼是幹人家不贏的，所以不得不改變策略，用「三分軍事，七分政治」以及「三分前方，七分後方」來爭取大陸民心。他們搞專制，我們倡民主，他們搞人民公社，我們搞耕者有其田，他們搞文化大革命，我們搞文化復興運動。人民的眼睛都是雪亮的，誰不願過自由民主的幸福的生活呢？

中國歷史上有兩個偏安的局面，一個是東晉，一個是南宋。兩代都有光復國土的仁人志士，東晉的劉琨「聞雞起舞」，祖逖「渡江擊楫」立誓不復中原不再渡此江，桓溫劉豫先後北伐，而且還曾收復洛陽長安，終因種種的主觀和客觀的因素，也有所謂主流非主流之別，統與獨之爭，朝政日益敗壞，民已不堪聊生，主張「換人做做看」的口號響入雲霄，終於…「朝政輪替」，劉氏代司馬氏，不久蕭氏取代劉氏，最後陳氏又取代蕭氏，輪來輪去，換來換去，天下烏雅一般黑，都沒把朝政搞好，整個南朝，篡奪成風，骨肉相殘，以致朝政廢弛。最末一個陳後主更是荒淫無度，亡國臨頭還醉生不死，唐朝詩人杜牧諷刺說「商女不知亡國痛，隔江猶唱後庭花」。這個政權輪替的結果，不但沒有光復中原，反為北方政權所統一。歷史往往重演，後世能不警惕乎。

南宋偏安之初，本來大有可為，像李綱、韓世忠、岳飛等等都是力挽狂瀾的忠臣賢相，只因小人充斥朝廷，圍繞領導者左右，排除異己，一向主張北伐中原要直搗金國黃龍府的岳飛，竟被奸相秦檜以「莫須有」之罪把他殺害。有些人對「莫須有」「三字知其然不知其所以然。當韓世宗質問宰相秦檜「憑什麼把岳飛殺害？」秦檜說：「他通敵」。韓世忠說：「通敵有證據嗎」，秦檜說「莫須有」。用今天的話解釋就是「也許有」，這種毫無證據就用「也許有」定人死罪，韓世忠不以為然，可是在昏君庸臣主政之下又奈何。何況朝廷一味用「金錢外交」，大批大批的銀子和絲絹，送給北方的胡人，求個苟安生活，南宋就這樣「偏安」了一百廿多年，君臣花天酒地，陶醉於西湖畔，有一位叫林升的詩人在臨安旅館牆壁上留下這樣的詩句：

山外青山樓外樓
西湖歌舞幾時休
暖風熏得遊人醉
直把杭州作汴州

現在我把這首詩改幾個字：

山外青山樓多樓
寶島歌舞幾時休
海風薰得人人醉
直把夷州作神州

武人既無用武之地，文人也只得把愛國情操發為詩文，像陸游有感於北方淪陷區的老百姓年復一年的盼望南未打回去，都落了空、指朝廷只知道壓榨百姓，從不想到要收復北方的河山乃寫下這首詩：

三萬里河東入海
五千仭嶽上摩天
遺民淚盡胡塵裡
南望王師又一年

臨死時還念念不忘，希望政府能收復失地，統一祖國在他給兒子們的詩中說：

死去原知萬事空
但悲不見九州同
王師北定中原日
遙祭無忘告乃翁

由於以上兩個政權，都未完成中興大業，今之政府也正處於尷尬的偏安局面，蔣家政權時代最忌諱談論這兩個偏安的歷史，一本「南宋偏安」所以被列為「禁書」。

國際局勢有如白雲蒼狗，瞬息萬變。中共跟俄國由友好變敵對，又由敵對變友好，中共跟美國，由死對頭變歡喜冤家。可憐我們被趕出聯合國後，表面上獨立自主，但沒有一個大國真正的瞧得起你，只能跟小朋友打交道，還得給人家很多很多糖菓費。不然人家馬上變心不跟你好了。有人說，這世上沒有永久的敵人，也沒有永久的朋友，國際間那有真心誠意的朋友。

大陸跟台灣，無論從地理，從歷史，從血統，從文化各方面來研究，都是一國人，都是炎黃子孫，只是你管那一邊，我管這一邊，各管各的就好了。本來對面的人不再說我們為「國特」，我們這邊也不再稱他們為「匪」，就是因為一些自私自利的政客，或為一己之私，或為一黨之利，搞什麼「統」阿？「獨」的，每天爭吵不休，弄得我們小老百姓沒有過一天安寧的好日子。

羅貫中早就說過了，中國歷史「合久必分，分久必合」。不是他說的，本來就是這個樣子。現在又是分的局面，將來一定會合，至於誰合誰，不是一廂情願的，更不是眼前的事，至少五十年後的事，甚至百年後的事，而且最後都要由人民來作決定。看那邊最民主，那邊最自由，那邊經濟最繁榮，那邊社會最安定，人民就當往那邊靠，不是幾個政客搞什麼「公投」能騙得了的。奉勸你們台上的政客們！既然拿了人民的血汗錢，多做些與人民有關的事，不要再逞口舌了，讓人民好好過日子吧。

第七部份

雜文

回憶私熟學堂

我家世代務農，安土重遷。鄉下人認為讀書能寫姓名記帳就夠了，女孩子更不需要讀書，只要會「針線」就可以找個婆家。因是兩個姐姐沒有唸一天書，跟母親學紡紗繡花，二個哥也只會背三字經，百家姓。諾大一個鄉村，能有個中學畢業的便算是地方上「通書明禮」的紳仕了。

四歲那年，爸爸要我去學木匠，我們村子裡有個張木匠，做傢俱、建房子等等樣樣都會。爸爸覺得如果學到這門手藝，比下田幹活要強得多。

父命難違，其實四歲懂什麼，大人們認為做學徒就要從小開始。於是我糊裡糊塗拜張木匠為師。

傳統的師徒有好多規矩，要替師父盛飯，打洗臉水，有時還要為師父洗腳、搥背等等的，一不如意，會遭打罵，這種生活怎受得了，幹了不到十天就偷逃回家。現在想來還真有些後悔，如果真能學到這門手藝，說不定「班門弄斧」之外，還可能跟朱銘比比高下。

奶奶和母親本來就捨不得我離家，看我回來，一把擄入懷中，熱淚盈眶，父親感性的說：「我經常在外面跑，看人家的孩子長大了，有的在政府裡做事，有的當老師，我們家的孩子總不能讓他們個個都跟在牛屁股後面，田裡的活既然有老大和老二作幫手，老三就送他去上學吧！」

當時的學堂是設在我們彭氏的祠堂裡，先生大約六十多歲，既非出身世家，沒有什麼學歷，多認識一些字而已，不過他會寫「春聯」、能作「對子」。

學堂規定先讀「三字經」，再依次讀「百家姓」、「幼學瓊林」，然後讀「論語」「孟子」，以至於「大學」「中庸」和「詩經」等。並選讀「古文觀止」。

記得第一天，我用一個長方形的木匣子，裝了「三字經」和「文房四寶」等去到學堂。共有十來個學生，頭一天在祠堂裡點上蠟燭，先生坐在上面，全體學生先向先生磕了四個頭，好像是今天的「開學典禮」。接著先生就開始上課，教我們一句一句的跟他唸「人之初，性本善，性相近，習相遠，苟不教，性乃遷……」前面八句規定回家後要背熟，第二天來到學堂就要背給先生聽。

我回家以後，遵照先生的吩咐，大聲的哼著「人之初……苟不教……」

爸、媽都是沒有讀過書的人，聽我讀到「苟不教」時，則感訝異的「狗」怎麼會不「叫」哩！

我也覺得懷欸，第二天一大早趕到學堂，迫不及待的問先生。

我家的「狗」天天都在「叫」，怎麼書上說「苟不教」呢，先生好像沒有聽清楚我的問題，只是應了一聲「是嗎」。

這簡直是誇大，其實一點也沒誇大，我們學堂的這位先生的確如此。就因為有這樣的「冥」師，才有我這種「糕」徒。

不管怎樣，先生還先生，平時要畢恭畢敬之外，還要不時送東西去孝敬，先生會在你寫的大字旁邊多加幾個圈圈。端午節的時候，習慣的要送先生一隻大母雞，兩串粽子，先生則送給學生一把紙扇，上面繪的都是一些三國演義中的英雄人物，我最喜歡趙子龍。

私塾學堂的教學方法就是要求學生背書。有時也教你學作「對子」，但要先背會：雲對雨，雪對風，晚照對晴空。來鴻對去雁，宿鳥對鳴蟲。三尺劍，六鈞弓，嶺北對江東，人間清暑殿，天上廣寒宮。。。。。

這樣先生說雲，你說雨，他說雪，你說風，他說宿鳥，你說鳴蟲，總之先生說上一句，你說下一句。

先生唸上句，「倉稟實而知禮節」，學生接下句「衣食足而知榮辱」。（管晏列傳）

先生唸上句「悟已往之而不諫，知來者之可追」。學生接下句「實迷途其未遠，

覺今是而昨非」。（歸去來辭）

先生唸上句「落霞與孤鶩齊飛」，學生接下句「秋水共長天一色」（滕王閣序）

先生唸上句「先天下之憂而憂」。學生接下句：「後天下之樂而樂」。（岳陽樓記）……………

我很欣賞「梁山伯與祝英台」，那部電影中有關讀書的那一幕，學生搖身晃腦的樣子，正是我唸私塾的翻版，像蠢才「馬文才」那樣接不上「下一句」的學生也多的是。而先生卻一味苛求的死背，背不出來就用戒尺「修理」。二年下來讀完四書，甚至背完四書，和「古文觀止」中的很多篇文章，至於書中講些什麼一句也不懂，只是把每個句子背順了口而已。上午點讀的章句，背不來不許吃「便當」，下午點讀的章句，背不出來不許回家。家裡的人往往一看天黑還未回家，一定是書不會背，父兄就會來接我。讀了兩年私塾，記不清挨了多少次戒尺，餓了幾次肚子，走了幾回夜路，不過也因為如此這般，到現在這些古書，有些個還能朗朗出口哩。

六歲的時候，鄉裡已設立了中心小學，所謂「孔家店」的私塾學堂便自然淘汰。

在小學裡開始讀社會、自然、常識、數學、物理。「雞兔同籠」的數學公式，牛頓的物理定律，也是常常挨老師板子的課程。我就因為在「板子不響，學問不長」的情形了，考上了著名的私立中學。

在我們那個時代（民國四十年以前一九五〇）無論初中、高中，大學都是單獨招生。「聯考制度」是國民政府遷到台灣後才創立的。以前招生的時間是在寒假，也就是農歷年過後，各級學校招生日期都不一樣，有的學校甚至隨到隨考。有名的學校為了吸收優秀學生，多半把日期錯開，讓考生有更多報考選擇學校的機會。

考初、高中時，試題都很簡單容易。記得考高中時，英文方面已經考作文，文題不外是「我的母校」、「我的家庭」、「我的未來」等等，考生都事先寫好了，不會的也請「槍手」寫好之後放在口袋裡，碰到那一題目便拿出來抄，監考老師多半睜一隻眼閉一隻眼。

通常一個上午就可以考完，下午就放了榜，因為每次應考的人數並不多，學校招收足額學生，往往要舉辦好幾次，不過特優的學校又當例外。

考大學就難了，是否被錄取要等學校通知，所以考完之後便立即趕赴另一個學校。考生通常帶一大批盤纏，走遍大江南北，當時有如湖南省的湖南大學，湖北省的武漢大學，上海的復旦大學，南京的金陵大學，北京的北京大學，廣東的中山大學等等。有志上進的逢大必考，有的每考必中，然後擇一就讀，也有的全部「名落孫山」，來年再來。這種情形當然只有富有的人家弟子才辦得到。像我們那個村子裡，僅有一個大學生，念完高中的沒有幾個，初中畢業的也很少。

慢郎中

我的記憶中，在我們那個時代的農村社會裡，人們生了病，大半是請郎中到家裡來診治，也有人稱郎中叫先生，卻沒有人叫他們為醫生。

郎中不像現在的中醫，自己開診所又開藥舖。鄉下的郎中多半呆在家裡等人來請，但不可能隨請隨到。鄉下交通不便，看一個病人，往往要翻山涉水，走很長一段路，所以不能為一個病人去奔波，當天出診看的病人已是兩三天前就預約好的。出診一天，順著看病患的住址由近而遠一個一個看下去。對那些老字號（長期病患）病人，約好三五天視病情換藥。

郎中到達病患處，如果病人能行動則坐在客廳的茶几旁邊，如果不能行動，郎中則進入臥房靠床沿坐著，患者先伸出左手，擱在枕頭上，郎中開始把脈，這時房中不得有任何聲音，靜悄悄的，郎中閉著雙眼，專心聽著脈博的跳動，大概需要十幾二十分鐘，或更久一點的時間。現在的醫生邊看著手錶，在一分鐘內脈博跳多次，以前的郎中根本沒有手錶可看，脈博的跳動完全憑心靈的感應。現在的醫生先問病人那裡不舒服？何處疼痛，病人說出病情後，醫生拿起聽筒在你的胸前背後印幾下便「ok」開藥單取藥。

郎中先把完左脈再把右脈，然後把診斷的結果向病患詢問，如果病患回答的病症與其診斷的結果不符，郎中便重新把脈，至到完全診察出病情，才開始對症下藥。這種過程，在中醫傳統醫學上稱之為「辨証論治」。最後由家屬到中藥鋪買回來煎喝。

一個普通的病人，三兩帖藥可痊癒，比較嚴重的病患，三兩個月不見得起色，通常中藥不像西藥，藥進病除，有些急性子人，或對病患過渡關心的家屬，認為吃下好幾服藥而病情尚未轉好，便急著找另一位郎中來診察，往往就在換吃這位郎中的藥後，病就好起來，於是這位郎中成為「神醫」，在鄉裡傳開出去，應接不暇，而先前的那位郎中一時無人問津。

其實，在中醫的理論來說，那位病患換吃另一郎中的藥便痊癒起來，乃是因為吃了前一位郎中多帖藥的功效。

每當家裡的病人呻吟不已，而郎中遲遲不來，既來之又慢吞吞的把脈診察，藥水慢慢煎熬，一服接著一服……因是有人指稱作事不積極，動作遲緩，或不熱衷的人為「慢郎中」。其實從郎中替人診察病情的過程來看，他的為人是溫良恭儉，他的處事是仔細謹慎，按部就班，不操之過急，這才是「慢郎中」正確的解讀。

剃頭的擔子一頭熱

小時候最討厭的一件事就是剃頭。

四○年代以前的鄉下根本沒有美容院、理髮廳，自然也沒有美容師，理髮師。只有剃頭匠，好聽一點叫剃頭師傅。

剃頭匠並沒有固定營業場所，每天挑個擔子，到村子裡的大灣人家，把擔子停在大院前的空地的大樹下或是土地廟的旁邊，然後挨家挨戶的去么喝！

鄉下人的頭髮能留就留，實在長得看不過去，才用剪刀剪，萬不得已如家有大喜事或要過年了，才不得不剃個頭。

剃頭之前先用熱毛巾把頭髮敷柔軟一下，然後就殺豬刮毛似的，一刀一刀的刮，刀子並不怎樣利，刮起來沙沙作響，難受極了，遇到生手還會被刮破頭皮，所以當剃頭匠來，小孩子多半躲藏起來，往往被大人揪著耳朵前往就範。

剃頭匠的擔子，一頭用木炭燒一壺滾水，另一頭是一個大木箱子，裡面放的是剃頭的工具，如磨刀石、剪刀、剃刀，盛水的木盆等等。這個木箱子也正好當作顧客的板櫈。由見剃頭匠的擔子只有一頭因燒有滾水是熱的，另一頭當然是涼的。不知打從何時開始，有人用「一頭熱」來作形容詞，比喻某些人對某些事很熱衷，而某些人則持冷淡的態度，就說「剃頭擔子一頭熱」。

於今剃個頭可以兼美容、享樂、健身，是一大樂事也，幾十年前的剃頭擔子，只有我在這裡重提起，而「一頭熱」的比方，恐少有人能領會了。

驚鴻一瞥

有一次我和老蔡去日月潭，途經水裡坑，在一條山腰小徑，碰到一大一小以前叫山地人或山胞（於今稱原住民）大的是一位少婦，小的是男孩，約莫十一，二歲，她一定是他媽，他們倆個都有一對大而圓的雙眼，烏溜溜的，眼珠明亮得發光。尤其他媽直望著我，沒有開口，但眼睛在說話。我們不約而同都靠邊走好讓對方先過。其實旁邊就有一塊空地，他們放下肩上用一根粗木頭挑著兩綑細小的枯樹枝。我們家鄉叫柴火，小時候我也幹過這種活兒。她坐在草叢裡一個大石頭上歇著，男孩到山坡去摘野花，她用手背擦去額頭上的汗水，左手抓了一下綁著馬尾的頭髮，右手巴掌當著扇子，扇著胸口，胸前最上方的釦子原就解開著地，雙峰高聳，偶一彎腰可以窺視一條暗溝，紅潤的臉蛋像一朵鮮艷桃花，笑靨時襯出蘊含柔情的酒窩。上身是花布衫黑色短褲，小腿綁著紅綠相間的綁腿，腳穿鑲有紅布條的草鞋。這可是真是一個大美人。

我的家鄉有一處被稱為美人窩的桃花江，歌詞裡稱讚那裡的女人如桃花，還說是美女比桃花多，我從那邊來，每聽到那首歌，不由得有些思戀，在這山裡就在眼前只有這一枝桃花，萬綠叢中也只有這點紅，才更顯出她的嫵媚艷麗。我扯一扯老蔡的衣，我們也坐下來歇歇吧。

我們與她並排坐在草地上，對面青藍的山峰上朵朵白雲緩緩飄移，她說她家就在山的下面，那裡有好幾排矮屋，屋頂一半是稻草，一半是瓦片，她家是靠右邊的一棟。屋後有幾棚葡萄，正是成熟時，屋角還有兩株桃樹，花開時紅白的桃花更襯託了這青山美麗，碩大甜而脆的桃子，可口極了，可惜你們沒有趕上季節。她率先告訴了我們這一些，接著就邀請我們去她家坐坐，對她的這種坦率誠懇，實在沒有理由婉拒。

在拉拉扯扯一陣後，老蔡替她挑上柴火，我幫男孩扛著，走下山坡，越過田野，人高般的稻穀桿被一串串金黃色的穀粒沈重的壓彎了腰，該是收割的時候了。她說這左右就是她種的幾畝田，剛夠填滿肚子，我們把柴火放在屋前空地的角落，男孩再搬進茅屋裡。她請我們進入當客廳的堂屋，堂屋兩邊的房間大概就是臥房，後面是廚房。整個房間雖然沒有天花板，但覺得很開朗舒暢。牆壁是紅磚切成的，雖未加粉刷，卻頗富線條之美。再旁邊屋頂蓋稻草的那間便是豬籠雞舍，她養了兩條豬，一群雞。

她進房間一會換上一襲粉紅色的洋裝，解開了馬尾，散開一頭溜溜的長髮，由後頸掠在左耳的下方，這儀態令人著迷。

我們坐在竹椅上，圍著僅有的一張又當茶几，又當飯桌的，大概可以坐六個人的圓桌子。她提了一把鋁質茶壺，拿了三個茶碗，那個時代的鄉下，還沒有講究飯碗茶杯的分別功用，同一個碗，既可盛飯吃，又可倒茶喝。她說這茶葉是她自己曬製的，她後山有一塊茶園，她說這水也是從後山引進來的山泉水，沒有任何污染，比你們城裡面的自來水還要乾淨。我不懂品茶，但這茶喝在口裡的確感覺異常清香。中國人打從漢朝開始就飲茶，到宋朝時更成為人們日常生活的一環，「若問飲中君子誰，雅俗共賞惟有茶」，我說這眼前的茶，不僅是君子，而她更富有玫瑰濃郁的香氣。

「你真會說笑」，她低頭笑了，又抬頭瞟了我一眼。

好一個聰明的少婦，我應該稱呼她姑娘，她雖然三十出頭，看起來就像個大姑娘，天真之外還帶有一分雅氣，這形容或許不恰當，但反映她的純真可愛。

我突然抬頭看到堂屋中間的壁上掛著一副黑框子照片。約莫三十來歲，留著平頭，氣宇軒昂。她隨著我的眼神也轉向那照片：「那是我先生」她馬上又轉過頭來，眙瞪著我和老蔡：「光復的前一年被盟軍的飛機在城裡炸死的」低沉的聲音充滿恨意。

「我恨美國人，更恨日本人」她咬牙切齒「我們一個好好的家就是被他們拆毀的，我公公一把年紀還被日本人強徵去軍中當伙夫，後來被調往太平洋上的一個島上後，從此下落不明。聽說餓死了，可能還被吃掉了。日本人統治台灣時代對我們山地人特別壓制虐待，像「霧社事件」，我們只是殺了幾個該千刀萬剮的鬼子，他們卻把全霧社的人殺光，連兒童都不放過，還把嬰兒往空中一拋，再拔出刺刀來接殺，鮮血濺滿一身，抹出臉上的血竟得意的哈哈大笑嘿。」

「一點都不錯，南京大屠殺，就是這麼殺戮無辜的老百姓，他們用武士刀從頭頂把孩童像劈甘蔗似的劈成兩半，把徒手的軍民殺死後，切下頭，故意提在手上，以逞其凶狠。他們以殺人為競賽，有一個叫野田少尉的，一天殺了一千人以為自豪。後來覺得用刀殺人費事，把幾百個人綑在一起用機槍掃射，或潑上汽油焚燒，又為了節省子彈，汽油，乾脆用大卡車，一車一車載往郊外，逼迫人民自己挖一個大坑，用刺刀趕下坑去集體活埋。」我講述了這段史實。

我們三人都同時搖頭嘆氣，老蔡接下去也追憶說：「當年美國從太洋反攻時，採取隔島躍進的戰略，就是不攻打每一島，把一些比較不重要的島嶼拋棄在後，僅攻占重要的島再直政日本本土。那些被拋棄的島嶼上的日軍從此就失去了援助，不再有糧食補給，先是抓飛禽走獸，掘鼠捕蛇來充饑，最後連樹根嫩草都吃光了，很多人逐漸餓死，死一個人立刻被搶奪分食，最後弱肉強食，所有島上的人死光吃光，而這些人絕大多數都從台灣強徵過去的，太平洋戰爭爆發後，約有二十萬台籍軍夫軍人被送上前線，生還的寥寥無幾。」

說起人吃人的事不勝枚舉，我把話題轉向中國歷史：「春秋時代，列國紛爭，大國併吞小國，有一次楚莊王率軍圍攻宋國三個月之久，使宋國城裡的人易子而食。」

西晉時政治腐敗，民不聊生，老百姓互相殘殺烹食，昏愚的晉惠帝下令叫人民吃肉圓子。

唐玄宗時，發生安史之亂，張巡奉令守睢陽城，賊兵圍城，人民紛紛餓死，戰士亦缺糧，先以馬肉充餓，馬匹有限，乃將死屍與馬肉煮在一起，前方戰士不知其情，感覺特別好吃，不久屍體也吃光了，一些年紀大的老人認為反正遲早都會死，乃紛紛自殺讓軍隊煮來吃，最後張巡把自己的老婆也殺了充當軍糧，結果城裡的人死光吃光，等郭子儀的援兵趕到時，張巡已經兵敗被俘殉難。這件事就歷史的價值觀來看，睢陽城的人雖然犧牲，但因他們的死守，能使援兵及時趕到，阻止安史叛軍南下，保全了江南千萬人的生命財產。這叫做「犧牲小我，成全大我」是一種崇高的精神，然而民國初期，一批搞新文化運動反孔孟思想的人，對這個歷史卻大加撻伐，如四川省的吳虞就寫了一篇「吃人與禮教」的文章，指稱是因為孔孟「成仁取義」的教條下的慘劇。

唐朝末年的土匪黃巢，秦宗權，被朱全忠槍殺後，發現賊兵幾十輛的車隊，裝滿砍去頭挖空肚腸的死屍，上面塗抹鹽巴以防腐爛，準備到達目的地，再大快朵頤。

吃人的事，古今中外都有，非洲某一個國家的元首經常以人肉為佳肴，有一個留學法國的日本人，將女朋友殺害後放在冰箱裡慢慢的吃。

當年我爹幸虧是派在日本國內服役，要不然也會嚐到人肉的滋味。老蔡補充他原先的話。

說著，聽著，忽然從屋前空地的柴堆上傳來幾聲雞鳴，她站起身來：

「啊！該燒晚飯了。」她說：

「鄉下的公鷄就是我們的鬧鐘，女人聞聲起床煮飯，男人外出幹活，孩子出門上學，不會有一點差錯，準得很，不像城裡沒有養鷄，以前的鬧鐘要記得上緊發條，現在的鬧鐘經常會忘了換電池。」

這情況也就是我家鄉的情況，聽來有一份親切感。不過家鄉的公雞除了按時報時之外，還有警告的作用，如果在夜間八點左右啼叫，告訴你要小心火燭，這時主人立刻向鷄籠潑一盆水，不知是什麼作用。如果在半夜間啼叫，就是要你防範小偷，主人

便要起床巡視一番，這兩種情況都曾發生過，但都沒有發生意外。

有一位老兵的女兒把她老爸接到城裡去住，他因聽慣了雞鳴，不習慣鬧鐘生活，特將鄉下養的一隻大公雞帶到城裡養在陽台的籠子裡，每天清晨五點照樣準時啼叫，使得一些愛睡懶覺的鄰居不得安寧，紛紛提出抗議，後來這位老兵不得不帶著公雞又四到鄉下去住了。

中國歷史有一個家喻戶曉的有趣的「雞鳴狗盜」的故事：發生在戰國時代，齊國的孟嘗君到秦國從事外交工作，被秦王囚禁。還打算殺了他。在危急之下，孟嘗君乃向秦王的寵姬求救，那位寵姬向孟嘗君要一件白狐裘作條件。可是孟嘗君原有一件價值千金的白狐裘已經獻給秦王了。於是跟隨孟嘗君的賓客中有一人能打扮成狗的模樣混進秦王的府庫，將白狐裘偷了出來，再轉送給秦王的寵姬，那位寵姬便向秦王求情釋放了孟嘗君，孟嘗君旋即換姓改名，連夜飛馳逃離秦國，當他到了函谷關時，依照關法，不到雞鳴天亮的時候，守關的人不得開關放行。這時在他的賓客中有一人善學雞叫，於是躲藏在不遠的地方幾聲雞鳴，跟公雞的叫聲一模一樣，連雞都聽不出來是假的，而雞又是喜歡湊熱鬧的，因是附近農家的雞都跟著此起彼落的叫了起來，守關士兵以為真的天亮了，就這樣放行了孟嘗君一干人。當秦王發現派兵來時，孟嘗君已逃入趙國境內，想必這糊塗守關士兵沒有好下場。

說著，說著。。。

時候不早了，我和老蔡起身告辭，她連忙說：

「不要走，不要走」她的手拉住我的一隻手，拉我坐下，她那麼大方自然，我好像觸電似的。

「如果不嫌棄，就留下來吃晚飯。」

你說如果不留下來，豈不就是嫌棄，這倒使我倆進退兩難。

「可鄉下並沒有山珍也無海味」，她一本正經的說：「有的全是新鮮的蔬菜，想必你們餐餐吃魚肉，何妨換換口味。」

「我們第一次來就這麼打擾，實在不好意思。」

「那就以後歡迎常來」她替我倆加添了茶水，不等我們再說話便溜進了廚房，我跟到門口，問她要不要幫忙。

「不必，不必，那很碍事」她又瞟了我一眼：「你倆繼續聊吧，大聲一點，讓我也能聽到。可不要再談吃人的事。」

我仍站在那裡，看她用一個竹子吹筒，一下子就把火升著了，一個泥灶上有一大一小的鐵鍋，小鐵鍋煮飯，大鐵鍋炒菜，她先淘好米煮上飯，她說青菜是大清早就從菜園採了回來，好像預感今天有客人要來似的。她叫我還是去客廳坐，這樣看著她，好不自然。我跟老蔡相望著，心裡總覺得怪不好意思。

沒有多久，飯菜都上桌了。一盤小黃瓜，兩大碗青菜，一大盤炒鷄蛋。

開動吧，不要客氣，鄉下就是這麼簡陋。她說她本想殺一隻鷄請我們，她說那些鷄正在山裡野著，抓不回來，下次來時要先通知一聲，好把牠們關起來，蛋多吃一點，今天早晨才生的。這兩道青菜，其中的一道，你們絕對沒有吃過，是這山中的特產，它叫做兔邊菜。吃吃看，感覺如何。

好吃，好吃，又婡又脆又香。

多吃兔邊菜可以補腎，強肝，壯什麼的。

她笑著沒有把壯下面的字說出來，「總之好處多多，尤其我們女人多吃還可以養顏。」

「難怪你的皮膚這麼美」我馬上接上一句。

桌上的菜全部清潔溜溜，她又拿出兩串自己種的紫葡萄。邊吃邊聊著，她首先打開話匣子：

她說「城裡的人，還有城外面的鄉下人都稱呼我們山地人，我公公說，山地人包括高山族和平埔族。台灣東部山區的泰雅族，阿美族，布農族，排灣族，卑南族等等屬於高山族。台灣山區的凱達格蘭族，噶瑪蘭族，道卡斯族，洪安亞族，邵族等等屬於平埔族我們家就是平埔族中邵族人。公公還說不管什麼族，都不是土生土長，都是在六七千年以前或更早先後從大陸東南沿海，南洋群島以及菲律賓等地遷徙而來。她說

「你們平地的什麼閩南人，客家人和漢人，比我們晚來幾千年，只不過三四百年而已，結果你們後來居上，宣賓奪主，後來又加上荷蘭人，日本人，把我們逼在山裡，還岐視我們。」說著她帶著幾分恨意，卻立刻又把話頭一轉，「不過，也好，」：「我們住在這裡三面環山，雖然看不到旭日東昇時的晨曦，但百鳥爭鳴，喚醒人們一日之計在於晨，同樣我們也看不到大紅的落日和五彩膹紛的晚霞。所以也就沒有「夕陽無限好，只是近黃昏」的遺憾感覺，每當晴朗的夜晚，天空送來皎月的嫵媚，繁星的秋波，田野的蟲聲蛙鳴，高低抑揚，草叢上的螢火蟲上下飛舞……」她就這樣娓娓道來，不知還要說些什麼！

「你說這真像人間仙境嗎？」我打斷了她的說話，站起身來，想趨前和她握手道別，更想擁抱和她吻別，我搓著自己的手，她握著她的秀髮，我倆相顧凝視著，眼神代表了一切。

晚風拂面，夜霧濛頭，頻頻催促，天下真沒有不散的筵席，於是依依的，披著繁星，戴著皓月，踏上歸路，遠遠的還聽到「慢慢走啊！」她的關懷聲。

古代黃金

凡局勢有大動亂的時候，黃金就會上漲。

古時金、銀、銅、鐵總號曰五金，其後為別於銀銅鐵起見，乃稱為「黃金」。古黃金為上，白金為中，赤金為下，所謂白金是指銀而言，赤金是指銅。今銀樓稱黃金為「足赤」非也。

我國古代有關產黃金的記載，首推「山海經」一書，其中言中國產金之地有二十八處。若干稱「金山」者多與產金有關，今之阿爾泰山，古亦稱金山；蒙古稱金為「阿爾坦」故名，據云民國以來此地年產黃金五萬餘兩。

關於最早使用黃金者為五帝時代的帝嚳，後漢書南蠻傳載稱；帝嚳嘗以黃金千鎰懸賞購犬戎吳將軍之頭。其下則為禹湯時代，政府已用黃金為幣，周以黃金方寸為一斤。然此時黃金並不甚為人所重視；如商紂王好財貨，宮中惟多美女奇物。周人禮器皆以玉飾之。秦始皇殉葬珍奇寶器盡有，獨不見黃金一物。楚漢鴻門之宴，劉邦貽項羽者亦「白璧」一雙。

國策載蘇秦游說秦惠王，以黃金百斤為資，未幾黃金百斤罄，可見黃金還不值錢。當其再以「合縱」政策游說趙王，趙王賞「華車百乖、錦繡千純、白璧百雙」外，另給「黃金萬鎰」，史記作千鎰，萬、千之差何其大？

秦併天下，以黃金為上幣，秦亡漢興，黃金用途屢見典籍，漢劉邦使陳平帶黃金四萬斤，離間項羽君臣，其後又懸賞黃金千斤購項羽的頭。即帝位後，其家令為之定禮法，因賜黃金五百斤，又田肯當面恭維高祖一番，亦賞黃金五百斤，及其病危，呂后為之延醫，高祖以為「命乃在天」遂不治，而賜醫黃金五十斤。

史記呂后本紀更載，呂后崩，遺詔賜諸侯黃金十餘萬斤。漢文帝即位，論功行賞，賜周勃黃金五十斤，陳平、灌嬰各二十斤、劉章、劉興、揭為各千斤。漢武帝時，因衛青討伐匈奴有功，賞賜黃金二十萬斤。然司馬遷雖為太史，卻身無一金（斤），時因李陵之故，被判大辟（死刑），後乃因友人暗送黃金五斤，始贖為宮刑。王莽末年，以黃金萬斤儲一櫃，共六十大櫃，時天下大亂，王莽仍不肯散發其下，終至身亡。

抗戰期間，為逃避日寇，有人將黃金藏諸棉被，擠上火車，在車上幾天沒東西吃，買也買不到，據說用金手鐲都換不到一個窩窩頭，而至抱「金」餓斃。誠如管子所云黃金一物「握之非有補於溫飽，捨之非有切於飢寒」。今之搶購黃金者，能不以為戒？

屠城

「揚州十日」「嘉定三屠」，後世很多都以為是清兵入關以後兩次對「漢人」的大屠殺。其實，平心而論，「揚州十日」是漢人洪承疇的傑作（洪降清兵被任為東南經略使），「嘉定三屠」也是明朝降將李成棟所指揮，李且為嘉定人，居然殺起家鄉父老兄弟來。

清末學者為推動國民革命，引之以為宣傳「排滿思想」的資料是可以的。時至今日，五族共和，已無漢滿之分，大家都是中華民族的一份子，所謂種族岐視早已隨時代過去。在大中華民族主義下，應回復歷史的本來面目，也就是說：「少談衝突，多談融合」的時候了。

況且「屠城」是「戰略」上的原因，而不是「民族歧視」。南朝史家范曄解釋「屠城」說：「剋城多所誅殺，故云屠」說文：「屠，刳也，從尸，者聲。」也是殺人甚多的意思。漢鼂錯說：「戰勝則固守，則有拜爵之賞，攻城屠邑，則得其財，滷以富家室，故能使其眾蒙矢石，赴湯火，視死如生。」由見屠城之舉，是過去歷史上常見的現象。不必把它歸到「非我族類，其心必異」的道理上去。像漢劉邦起兵之初，書帛射入沛城，警告城中父老，若不誅守令開門投降，便要「屠沛」。其後司馬尼之屠相城，項羽屠咸陽及襄城，李廣利屠輪台，史書記載「屠城」之事，自漢以下幾無代不有。他們的辦法，大概是守城一天，屠三分之一，守城二天，屠三分之二，若堅守三天以上被破，則將全城男女老幼一齊殺光，歷史上謂之「無遺類」或曰「無孑類」，亦有稱「夷為平地」者。

屠城固為戰略上的一種，然此種不擇手段而罪及無辜老百姓的戰略是頗不仁道的，孟子即不贊同「攻城以戰殺人盈城，爭地以戰殺人盈野」的戰功。翻看歷史，每一變亂，卻都無可避免。有時殺人之外，還要放火燒城，像項羽屠咸陽之後，並放火焚毀宮室，火三月不熄，宮中文物盡毀，使中國文化蒙受無可估計的損失，在今日看來，那些指揮「屠城」和「燒城」的英雄，不論戰爭勝敗，都是歷史上的罪人。

人生七十古來多

人生七十古來少（或作稀），除去孩時和年老，中間已無幾多時，還有一半睡掉了（ㄌㄧㄠ）。

這本是勉勵人愛惜時光，不要虛度此生的一首打油詩，不知何時起，「人生七十古來少」竟為今人的口頭語。或者又因為古時候，好幾位有名的文人都不幸早死，如孔子的得意門人顏淵，「好學，不遷怒，不貳過，不幸短命死矣」。寫「老子注」，至今還沒有人能望其項背的王弼，死時才廿四歲；當在很多老前輩的面前寫「滕王閣序」而膾炙人口的「落霞與孤鶩齊飛，秋水共長天一色」名句的王勃，竟在廿餘歲「死於非命」；至於倡「古文運動」的韓昌黎，還未到「不惑」之年，即已「而視茫茫，而髮蒼蒼，而齒動搖」。因而使多愁善感的文人，難免有「對酒當歌，人生幾何」的感慨。其實長壽短命的人，古今皆有，並非「七十古來少」，翻開史籍，古人活七十以上者，隨手可得。

史記集解引皇甫謐的話說，黃帝活了一百一十一歲。更有人說他活了三百歲。宰我曾以之問孔子，何以能如此長壽？難道他不是「人」嗎？孔子回答得很妙：「生而人得其利百年，死而畏其神百年，亡而人用其教百年。」可見孔子也相信黃帝至少活了一百年。

黃帝的孫顓頊壽九十八歲，曾孫帝嚳一百零五歲，堯一百十七歲，漢代大儒孔安國還特別考證一番，認為堯的確活了一百十六歲。舜也整整活了一百歲，大禹王為治天下洪水，勞苦奔波，仍活一百歲。禮記謂周文王九十七歲，武王九十三歲。大家更熟悉的孔子七十三歲，孟子八十四歲，程頤七十五歲，朱子七十一歲。

更有趣的，宋人羅泌著「路史」，謂老子活了四百四十歲。這位曾經做過周朝的守藏史，後來因為看到朝政日衰，乃離開朝中，留下「道德經」五千言後，便不知去向的神秘人物，是他母親懷胎八百年後才生下來，生出時已白髮蒼蒼，所以稱為「老子」。這些令人難以相信的傳說，後人曾有許多不同的考證，哲學家認為那都是「漫天胡猜」，老子就是老子。

至於好幾種古書，如國語鄭語，史記舜記正義，以及世本等都記載，筆者的本家——彭祖，官歷三朝，高壽八百，或謂，七百六十七歲。「信不信由你」，反正現在有他姓的朋友，還想沾他老人家的光，而取名為「X壽彭」者，大有人在哩！

略談「假借」

中國文字的創造是由「象形、指事、會意、形聲、轉注、假借」六書而來，其中「假借」的字很多，現在還有人據用。可能有些人只知某字與某字通用，而不知何以要通用。

唐人張守節史記正義論字例有云：「史漢文字，相承已久，若悅字作說，閒字作間字，智字作知，汝字作女，早字作蚤，後字作后，既字作溉，勅字作飾，制字作淛，此之般流，緣古少字，通共用之」。如論語「不亦說乎」，孟子齊人章「蚤早，施從良人之所之」，大學「知止，而后有定」，又史記高祖本紀中以「讎」作「售」。類此「假借」的字，在古書中常見，如無後世注疏家替我們注解，可能要誤解許多古書的原意。

古因字少，因而可以假借，現在一意有一字，一義有一詞，「假借」已大可不必了，這就是文化的進步。不過仍有人作詩為文，喜用古字，讀者查了「康熙字典」，還得再考「說文解字」，真是麻煩，雖然某些字從其傳統，至今可通用，但若還將「智」作「知」，「後」作「后」，「溉」作「既」，「讎」作「售」來用，那是多麼不自然，甚且被誤為「別字先生」。像古「泰」字通「太」字，「太」字又通「大」字，「大」字又通「人」字，如現在把這些字拿來通用，那就字不達意了。

又如古「夷」字，說文「平也」，假借為「人」，古所謂「四夷」即四方之人。周代稱殷人為夷人《書經・泰誓》，漢朝視「夷人」為「引弓之人」《漢書・匈奴傳》，這「夷」字本就是「弓人」，造字者指「彎弓射獵」，過遊牧生活的人而言。到了唐朝，夷字變成了對異民族的稱呼，如韓愈指佛教為「夷教」，到清代指英國人等為夷人，以及夷砲，夷貨等，因之，現在一般人以為古夷字也是對「異民族」的稱呼，像孟子「文王西夷之人也，舜東夷之人也」，若把文王和帝舜解稱為「外國人」，真是笑話，那麼孔子說「吾欲居九夷」，豈不是成了像今天的一些迷「洋」者嗎？

字形淺談

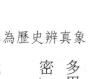

「效」「効」：「效」本正字，「効」為「效」的俗寫（普通小字典根本無「効」字）。換句話說，「效効」通用。然在習慣上一般人認為「效法」不可寫「効法」；「効忠、効力、効勞」不可寫「效勞……」，究竟誰分的這樣清楚？

「秘」「祕」：「秘」本正字，「秘」為「祕」之俗寫，二字亦通用，然一般人多用「秘」，而且把它嚴格分開，即「秘書」不可作「祕書」，「祕密」不可作「秘密」，豈不是「喧賓奪王」。

類似「模稜兩可」的字多不勝枚舉，像「嘗嚐」本通用，嚐是嘗的後起字。據說以前某講習會借用某校教室，製「臥薪嚐膽」四字標語，該校某班佈置教室沿而用之，一日某教育家巡視，指為「別」字，該班只好連忙改正。

「者」字，一般人少寫一點，大家認為不錯，如果「念」字「步」字多寫一點，就不對了；「被補」不可寫作「衤」旁，但漢書、史記、通鑑等書卻都是這樣寫。又「陷」字有人誤寫為「陌」，一次在新竹看見牆上的大標語「陷阱」即寫作「陌」。而前述史書皆作「陷」。有一朋友劉存寬，可是他寫「寬」字從不寫最後一點。

據說蘇東坡的「蘇」字，本寫作「蘓」，一日東坡與人宴飲，東坡喜吃魚，特選坐在擺魚的一方，與他對坐的一位客人也有同好，於是對東坡說：「你們那個「蘓」字把「魚」「禾」對調來寫可不可以」?東坡本性豪放，此刻未領會其意，乃隨口答稱：「可以可以」。那位客人又說：「那麼把魚放在我這邊好嗎？」一邊說一邊伸手把魚端在自己的跟前，這位大文豪始恍然大悟，不但失去了跟前的一盤魚，從此他的那個「蘓」字乾脆也把魚旁搬了家，改為今寫。說它是個笑話，今人笑話更多，可不是嗎?像「夠」字，「多」「句」隨便寫在那邊都可以，且許多人認為「多」應寫在左邊，其實字典上只能查到「夠」。「够」不過是雜體吧了。至於「鄰」字，「耳朵」長在左右都可以，難怪有位朋友說笑，如果住在你右邊的人就寫「右鄰」，住在左邊的就寫「左隣」。最近又發現朱翊新編標準學生字典，認為「甜」字可寫作「甛」，雖說古已有之，但今天寫來好不習慣。

讀音瑣談

陶淵明自稱：「好讀書，不求甚解；每有會意，便欣然忘食。」其實他若真不求甚解，怎能「會意」呢。可是，從前我就誤解了這兩句話，不但對文不求甚解，對字亦不求正確，養成了「長字認一半，短字讀一邊」的習慣，如「彤」該讀「同」，而誤讀為「丹」；「菅」該讀「肩」，而誤讀為「管」，常鬧出這些笑話，被「譽」為「別字先生」。如今從事教育工作，若仍以「別字先生」自居，自誤不要緊，誤人可要不得，所以「字典」成了我的知己。無論上講台，改本子，它都隨侍在側，可謂形影不離。由於我和它過從甚密，發覺它也和人一樣，並不十全十美，原來也有許多毛病。

三十歲以上的人，大都未正式學注音符號，除開「方言」不談，一般認為聽得懂的普通國語，也有許多問題。我七歲大女兒就常常糾正她爸爸的語音，可是習慣自然，恐怕這輩子也講不出「標準」音來了。

有一次，參觀基隆市國語講演比賽，有位同學講到「口吃」二字（說話結舌），講完之後，講評先生指出讀音不正，吃應該讀「及」。當然，在國音字典裏，這是一個破音字，他批評不錯，但國人耳朵的習慣，「口吃」就是「結舌」，如果講那標準的「口吃ㄐㄧ」，反會使人誤為「口技」了，若說這種習慣不容許存在，那我們為什麼常聽到「木」「易」「楊」的習慣說法？事實上，「易」讀「ㄧˋㄤ」並不讀「易」。又如一般人說：「非要不可」，而湖北人卻只說：「非要」，雖差兩個字，其意義則一。正如部分湖南人，「買」和「賣」以及「四」和「十」讀不清，結果還是可以達意，與人交易，大不了比比手勢。

又如「拼（ㄆˊㄢ）命」，普通寫讀都是「拼ㄆㄧㄣ」（大中國圖書館編印之國音標準字典亦作「拼命」最近才有人糾正我，應寫作「拚」讀作「ㄆˊㄢ」，初不相信，連翻三本字典，結果一比二敗北，真是三十年來，如夢初醒，然而我相信寫慣聽慣「拼ㄆㄧㄢ」的人，再來聽讀「拚ㄆㄢ」一定彆扭極了。

國策馮諼客孟嘗君一文：「長鋏歸來乎！食無魚；長鋏歸來乎！出無車；長鋏歸來乎！無以為家。」這個「無以為家」的「家」字，很多人都讀「ㄐㄧㄚ」，字典上本只注「ㄐㄧㄚ」，事實上在本課文內應該讀「姑」音，與「魚、車」同韻。字典上不過註明「家」同「姑」，至於「家」為什麼同「姑」頗令人費解，雖然辭源：「與姑同，大家，女之尊稱，漢曹世家叔之妻班昭稱大家」。這個解釋，也並不能說明：「長鋏歸來乎，無以為家（姑）的明確意思，說來說去，還只是讀音的問題，那就是說，在此處定要把「家」字讀「姑」音，仍作「家」的解釋。我相信現在還有很多教師不曾注意及此。

古今別字舉隅

唐玄宗時，李林甫向帝推薦蕭炅為戶部侍郎，蕭不學無術，嘗讀「伏臘」為「伏獵」。時中書侍郎嚴挺以朝中大臣竟為別字先生，太不成話，乃對宰相張九齡說：「省中豈容有伏獵侍郎？」九齡乃將蕭炅降為歧州刺史。因而得罪李林甫，李乃在帝前讒九齡、嚴挺，終至罷相免官，外當別論，而今之別字先生倒可尊蕭炅為師祖。

東晉安帝元興三年，時桓玄握權，好自矜伐，性喜苛細，主者奏事，或一字不體，或片辭之謬，必加糾擿，以示自己聰明。一日尚書答詔，誤書春蒐為春菟。桓玄覽詔，甚怒，自左丞王納之以下，凡所關署，皆被降黜。此雖桓玄之苛，然別字之害，由來有自。

時至今日，寫別字讀別字者，屢見不鮮。某地方報紙曾於重陽敬老節，以大標題刊載地方首長挨戶訪問長老消息，竟將「戶」字誤排「尸」字，一「點」之差，謬以千里，使訪者尷尬異常，被訪者啼笑皆非。某大學校長賀其弟子嘉禮，題贈「琴瑟和鳴」，而將「琴」字寫成「琴」字，懸掛禮堂正中，有人戲曰：「琴瑟既不調，安能鳴而和」。某校動員月會，人事主任親自任司儀，聲音宏亮，咬字清楚，不幸唱及「向國旗暨國文遺像行三鞠躬禮」時，將「暨」字唸成「概」音，使大家一面鞠躬，一面吃吃作笑，毫不肅穆。某部會請某館長講演，將「瞠乎其後」的「瞠」（應讀ㄔㄥ）唸成「堂」音，言下且雙眼一瞪，可謂聲色俱佳，恬不為怪。

若是，嚴挺、桓玄地下有知，其不盛怒於九泉。

自古文章一大抄

常聽人說：「天下文章一大抄」。這句話究竟是誰說的，說這話的人是那個時代的人，均無法考證。

據說：現在有些初投稿的人，常常仿模他人的作品，或套用其文句，或襲取其故事；甚至有人全部把名家作品抄得來，「改頭換尾」寫上自己的名字。有的用「化名」，旨在騙取稿費；有的直用本名，以博取虛榮。結果常見檢舉出來，真是丟人。

近讀古書，見淮南子與呂氏春秋若干篇中的文句全部相同；前漢書與史記一部份也有一字不易者，可見古人也有「抄」的例子。不過，這些大多屬於史實，前人既已云之，後人無新的史料發現，只好照「抄」不誤，這種「抄法」情有可原。

另外，古人還有很多「抄」的實例，如國策李斯諫逐客書，文末有「泰山不讓土壤，故能成其大；河海不擇細流，故能就其深」之句；而管子有「海不辭水，故能成其大；山不辭土，故能成其高」；李斯之文顯然襲用管子而來。而南朝劉宋斐駰史記集解序中，亦有「飛塵之集華獄」句，也可能受上述二句的啟示。

王義之蘭亭集序中，有「後之視今，亦猶今之視昔也」；而前漢書京房傳，有京房「臣恐後之視今，猶今視前也」之句。曾國藩「原才」中，有「有國家者，得吾說而存之」之句；而唐人韓愈「原毀」文中，亦有「將有作於上者，得吾說而存之，其國家可幾而理歟」。由此可見王、曾二位大文豪，都是套用了前人的文句。晉陶淵明「五柳先生傳」有「環堵蕭然，不蔽風日，短褐穿結，簞瓢屢空，晏如也……贊曰：黔婁有言，不戚戚於貧賤，不汲汲於富貴」的文句。考漢書楊雄傳也有「不汲汲於富貴，不戚戚於分賤，不修廉隅，以徼名當世，家產不過十金，乏無儋石之儲，晏如也」的句子，顯然的陶淵明模仿了班固的語意和文句。不過他們這種「抄襲」，都是略經「消化」了的。況且古人不用「標點符號」，不然，也會像現在引用人家的文句時，加上一個「引號」。

又史記楚世家伍舉諫莊王曰：「有鳥在於阜，三年不蜚不鳴，是何鳥也」莊王曰：「三年不蜚，蜚將沖天；三年不鳴，鳴將驚人。」又史記滑稽列傳齊威王好為淫樂長夜之飲，淳于髡說之以隱。曰：國中有大鳥，止王之庭，三年不飛又不鳴，王知此鳥何也？王曰：此鳥不飛則已，一飛沖天；不鳴則已，一鳴驚人」。按楚莊王在前，齊威王在後，是淳于髡和齊威王又是套用了楚莊王的話了。

從「天堂杭州」說起

回大陸探親，順道到杭州一遊，人事已非，景物依舊。「上有天堂，下有蘇杭」據說是出於元人的散曲。原先在北宋時稱做「蘇杭百事繁度，地上天宮」。到了南宋時的田園詩人范成大寫的《吳郡志》中已有「天上天宮，地上蘇杭」的諺語。

有人說「蘇州」不及「杭州」，應該把「蘇杭」顛倒為「杭蘇」。現在的高中歷史書都引述「蘇，常熟，天下足」或「蘇、湖熟，天下足」的諺語，來形容南宋農業經濟之繁榮。本文不討論諺語的形成，而是當年的杭州何以會成為「天堂」。

中華民族的活動以華北為中心而展開，隨著時間綿延不斷往南方發展，歷經秦漢魏晉南北朝，至隨唐而兩宋，南方的社會經濟都發達繁榮起來。

五代十國中的吳越君主錢鏐，首先以杭州為國都。在他的國境內大興農田水利，尤其在錢塘江建築石堤，防止海潮，開闢了杭州灣。

杭州有名的西湖，時間久了逐漸淤塞，錢繆不時加以掘深，唐朝大詩人白居易做杭州刺史時也曾加以浚治。

北宋時的大文豪蘇軾兩次任職杭州，當他第二次到杭州做太守時，看到西湖淤塞嚴重，覺得這樣一個「水光瀲灩晴方好，山色空濛雨亦奇，欲把西湖比西子，淡妝濃抹總相宜」的湖景，任它發展下去，豈不成了個爛泥塘。

正當那兩年連續發生旱災和水災，蘇軾於是上奏宋哲宗，請求將「上貢米」五十萬石留下來賑災，並且用「以工代賑」的辦法，來疏濬西湖，朝廷應允他的計劃，結果他用了二十五萬人工，把湖床挖深，將挖出的泥巴，築成一條長場，這就後世所稱的「蘇堤」。

西湖之所以有今天的景象，還真虧這幾個書生父母官哩。

南宋時，杭州繁榮到了極點，人口達一百二十餘萬，每天消費的米在一千二百多石，街道上茶樓、酒肆林立，賣藝、說書者比比皆是。至於西湖名勝更不在話下。

南未有位畫家提出西湖十景，如大家都很熟悉的：「南屏晚鐘」「蘇堤春曉」等，據說康熙皇帝曾把十景中的「麯院荷風」改為「曲院荷風」，將「兩峰插雲」改為「雙峰插雲」。

宋高宗當初以杭州為首都，稱為「臨安」，表示北定中原後，仍要還都開封（汴京）。其實他是一個標準的貪生怕死，只求苟安的皇帝。有機會北伐而不許北伐，有能力還都而不願還都，用奸臣叛將，陷害忠臣義士。結果「紹興和議」向金朝稱臣納貢，害死了岳飛，換回一口徽宗的棺材，有沒有徽宗的遺體在內，當然沒有開棺驗屍，至於欽宗的遺體仍然困在五國城。

自是南宋就這樣「偏安」了一百廿多年，君臣花天酒地，陶醉於西湖畔。有人在臨安旅館牆壁上留下這樣的詩句：「山外青山樓外樓，西湖歌舞幾時休，煖風薰得遊人醉，直把杭州當汴州」。我把這首詩改了幾個字：「山外青山樓外樓，（寶島）歌舞幾時休，海風薰得人人醉，直把夷州當神州。」

弄璋與弄瓦

吾友晚婚，五十歲方生一女，親朋戚友，同申慶賀，彌月之日，紛紛贈送紅包，沿用舊俗，在紅包上書寫「弄瓦之喜」。

生男用「弄璋」，生女用「弄瓦」，這表示送禮的人喝了點「墨水」，懂得古禮。

李林甫也算是唐代文豪之一，有一次他的舅妻得子，前往祝賀，竟把「弄璋」寫成「弄麞」，賀客視之，無不掩口。其後蘇東坡賀友人生子的詩句還故意引用這個笑料：「甚欲去為湯餅會，惟愁錯寫弄麞書」。

然而時代不同了，諸多古禮不盡合於今天。但國人似乎有一通病：「墨守成規」，既然大家都這麼用，即使用錯了，也「見怪不怪」，還說是「約定俗成」。

說起「弄璋」、「弄瓦」之詞，見詩經小雅斯干篇：

乃生男子，載寢之床。載衣之裳，載弄之璋。

其泣喤喤，朱芾斯皇，室家君王。

乃生女子，載寢之地。載衣之裼，載弄之瓦。

無非無儀，唯酒食是議，無父母貽罹。

詩經中的「璋」，就是玉器，有所謂「六瑞」「六器」之名，前者為貴族所佩執，用以表示其身分爵位；後者為祭祀所用，形制大小因人因事而異。單就「璋」而言是「半圭形」的玉器。

詩經中之「瓦」不是「磚瓦」，乃是一種「紡磚」，（沒有看過）好像是一種紡織用的東西。

總之，古時候生了男孩子就祝賀他將來是這一家的主人，而且長大做大官；如果是個女孩，長大後能夠做做家事就好了。

最不公平的，生男子讓他睡床鋪，生女的讓她睡在地上。男孩子給他玩「玉器」，女孩子給她玩「紡綞」。男孩子穿衣裳，女孩子用布包著不會冷就好了。

這種「尊男卑女」的觀念在中國歷史上存留了幾千年，儘管如此，女人凌駕男人之上的史例倒也不少、最顯著者有西漢之「呂后」，西晉之「賈后」，唐之「武后」

以迄清之「慈禧太后」。外史中則有西班牙女王，英之伊利莎白，俄之凱薩琳。

白居易在〈長恨歌〉裡就寫著「遂令天下父母心，不重生男重生女」。可見在唐代觀念就改變了。現代不僅男女平等，而且「女強人」不斷在中外政壇上出現，據說我們的民意代表中，過去曾有「婦女保障名額」，現在也要取消了。意味著女生已不需保障，她們早就跟大男人一爭長短了。

尤其在「星」的世界裡，女孩似乎比男人吃香，欲做「星媽」、「星爸」者大有人在。明乎此，朋友，您生了女孩子，還會接受我的「弄瓦」祝賀吧。

頭髮的長短

最近新聞報導男女中學生「護髮」的消息，使我想起清初的「薙髮令」。按滿清入關，為收攬人心，所有明朝歸順遺臣，一體重用，惟分別辦公，即將漢人集中一處，稱曰「漢班」，滿人集中一處，稱曰「滿班」。時有漢人孫之獬，籍隸山東，乃明末進士，為表示對清廷恭順，首先自動將靠近前額的頭髮剃去，學滿人蓄留後腦袋的「髮式」樣兒。漢人見他如此「無恥」，不要他在「漢班」辦公。孫之獬自以既已「滿化」，便遷入「滿班」去辦公，沒想到滿人也鄙斥他，於是一氣之下，便寫了長長的一個奏章，上表朝廷，建議「薙髮」。清廷本來沒有想到這一著，被漢人這麼一提起，認為「薙髮令」倒是一個很好的「民意測驗」。於是下令「全國」，要所有人的漢人仿照滿人的「髮式」薙髮，這個命令並且交由正在江南為滿清效命的明末降臣洪承疇來執行。

洪承疇自松山一役兵敗降清後，被任為經略東南的總經略史，「揚州十日」「嘉定三屠」慘無人道的大屠殺就是他領導指揮下的「傑作」，尤其執行「薙髮令」更是認真賣力，到處廣貼「留髮不留頭，留頭不留髮」的佈告。可是當時江南的老百姓，大多情願「留髮不留頭」而被洪承疇砍去腦袋的十幾萬人，這可說是歷史上因「頭髮問題」所引起的最大不幸，然而那究竟是當時漢人的「民族意識」，並非真的為了維護「三千煩惱絲」而「抗命」。

說起頭髮，古人似乎喜歡蓄留長髮，歷史有據者，如鬻子謂夏禹王「一饋而十起，一沐三捉髮，以勞天下之民。」周公亦然，史記魯周公世家：「我一沐三握髮，一飯三吐哺，起以待士，尤恐失天下之賢人。」為何要「一沐三捉髮」呢？蓋頭髮很長，正在洗頭時，有民眾求見，乃握住長髮接見民眾，這是古代聖賢「便民」的最高表現。當然洗完頭後，再把頭髮梳理整齊，用簪子一類的東西把它夾住，使之不會披下。如果工作忙碌也會來不及整理，像禹洪水的時候，便有「沐雨櫛風」的情形。有時情緒不好，也會故意披頭散髮，如商朝重臣箕子因勸諫紂王的荒淫不聽，乃被「披」髮佯狂為奴」（史記微子世家），以示抗議。如果有緊急情勢發生，披髮未始不可，如孟子離婁下：「今有同室之人鬥者，救之雖被（披）髮纓冠而救之可也。」可見「長髮」是古人的「習慣」，而「披髮」只是「不束髮」任意披著而已。我國上古邊疆遊牧氏族，大概平常不甚重視頭髮的修飾，孔子很討厭「披頭」，故對管仲相齊桓公，打敗「披頭散髮」的「戎人」，曾極為贊揚。後來這些邊疆民族也許覺得「披髮」太不像話。才把它結成如「索」的辮子，南朝歷史裡稱他們為「索虜」，北朝則稱南人為「島夷」，「虜」「夷」都是當時的「政治」上的用語，並不是什麼「民族」區別。所不同者，北方民族結髮如「索」，南方民族結髮「椎髻」，像唐人詩聖就是這個樣兒，其在「春望」一詩中有「白頭搔更短，渾欲不勝簪」之句便是一個例子。這種南北「髮式」的不同，到了清朝乃因前述「薙髮令」而統一了，好像國父小時候也曾留著如「索」的辮子。

時至今日，五族共和，中華一家，除了扮演古裝劇學古人「髮式」可以啟人「思古之幽情」外，再沒有嚴「華、夷」之別的意味，如滿清婦女常穿的「旗袍」早已成為「國服」炫耀於外人眼前矣。至於中學生的「頭髮問題」，由來已久，或長或短，見仁見智，學生們要求者，衡情論理，固無可厚非，然既有「國民生活須知」作準則，何勞「專家」再研議？

寫春聯

打從唸私塾學堂開始，就有一項固定課業——寫字。可是，我從來就沒有好好練過字。經常在開始寫的時候還一板一眼，寫著寫著，不是越寫越大，就是越寫越小，或者歪向一邊，直到今天寫稿子還常常出「格」，太座常常對我說：「你應該把每個字寫在格子裡，編輯先生很忙，這樣他們才好統計字數，排版比較正確方便。」的確應該如此這般，然而，這篇稿子仍然有很多寫過了「格」，絕不是想冒充字數，騙得稿費，實則「惡習」難改也。

教書幾十年，惟一被批評的是我的「板書」太差，我曾自辯說：「因時間不夠，邊講邊寫，有時迫不及待，故而潦草也。」話雖如此，黑板上的字學生也看不清楚，等於白寫，我告訴學生說，反正不要抄錄，能「會意」即可。何況我是教歷史的，聽故事就好了。

我的學生有張炳煌者，為現今名書法家，曾教我書法，以便改正「每書必潦草」的習慣，我亦曾下過一番工夫，練過「柳公權」「顏真卿」以及什麼「碑」的「帖」的，總之中國的書法，篆、隸、楷、行、草都寫過，只是寫寫停停，如今雖無一樣「法古」，卻自成一「格」（非別創一格之格）。

後來又因事忙，寫字幾乎停頓，每年只寫一次字，那就是寫春聯也。

每年除夕前一天，買幾張大紅紙，鋪在餐桌上，揮毫迎春，自己作聯自己寫，頗自得其樂。春聯的內容每年都不一樣，視環境而定。如那年我住在永和竹林路，左右鄰居多文人雅士，我寫的春聯是：「永和德行美，竹林賢士多」；又有一年我的房子改建，把原來的前門改作後門，但我們仍習慣從後門進出，於是我貼在門口的春聯是：「前門改作後門，又把後門當前門，實是門門生光。去年希望今年，豈能今年比去年，但願年年進步」。至於前門的門檻上則貼上「門雖設而常關」。

現在住公寓，一層一層的，除了在門口貼個「大家恭禧」之外，春聯似乎無處可貼，有時在電梯最下層的門旁寫一些吉祥的話，如那年是「自強年」，我便寫著：「歲次六九，自強年頭，自助自求，自籌自圖，莫愁莫躊，更上一層樓」。整棟住戶莫不莞爾。

貼「春聯」除了應景之外，也希望為自己帶來好彩頭，尤其農家都希望「風調雨順」，生意人則希望「財源茂盛達三江」。所以，每逢年關，大街小巷便擺出賣寫春聯的小攤位，替春節帶來了濃厚的氣氛。

寫春聯的人，有的還特別穿上長袍馬褂，或者短棉襖，一副古樸模樣。邊寫邊賣，沒有人討價還價選了自己喜愛的就走，有的也請他們寫些時髦的對聯。

這幾天，警察先生也網開一面，不趕他們走，大家都喜氣洋洋，一年才這麼一次，雖然發不了財，賺個大紅包過年也好。寫春聯的有些是學生，賣得幾千、萬把元的把下學期的學費也解決了。

報載：包括由中國國民黨文工會等四個單位舉辦「春聯贈送」，前往索取者還有不少老外，更使這個即將來臨的中國傳統的佳節掀起了高潮。

艱苦的旅程

台灣養鴿子的風氣盛行，而且經常舉行比賽甚至將一籠子的鴿子，空運到非洲、菲律賓、日本等地釋放之後，海闊天空，居然能夠辨別方向，飛回國土，這實在是一種人們所不及的最聰明的小動物，或許有時會失敗，那是必然的，請看這篇：艱苦的旅程。

此次中日兩國作一千五百餘里長途鴿賽，我非養鴿人，但對此事一直關心，每天閱報，先找有關「賽鴿」消息，然後看國家大事。直至主辦單位宣佈「絕望」，我們一家大小四人，無不為那數百隻鴿子葬身大海而感到婉惜與難過。

今早讀報，忽有一隻灰鴿飛回，我非飼主，仍喜極而泣。它的飼主也流淚了，人非木石，此情此景不流淚，何時流淚，這事不流淚，何事流淚。鴿子不是人，它不會流淚，如果它會哭，一定倒在主人懷裏大哭一場。

太委曲它了，一千五百多里，高山，重洋、狂風、暴雨、饑渴，以及老鷹等的襲擊，多恐怖的旅程，多艱苦的競爭。

危險、失望！灰心！幾至絕望。

振作！奮起！穿過一層烏雲，衝過一陣暴雨，逃避一次襲擊，飛過一個孤島。胡亂吃些海草，喝一滴鹽水。

飛吧！飛向自由寶島，我的祖國，我的老家，在海的那一邊，山的那一角。我那親愛的主人，還有那許多和善的朋友，他們一定每天都在門口等著我，盼望我趕快飛回去，我不要讓他們失望，不管得第幾名，只要我飛回去，不論得不得獎，只要飛回溫暖的家。

有信心，有毅力，一定可以完成。我想這隻可愛的灰鴿就是這樣完成艱巨的賽程。

這隻灰鴿，正如某報所說，像《老人與海》中的老人。飼主人告訴我們，它的一生波折與奮鬥精神，更有甚於「老人」者。

最可貴而又令人同情的，他每次參加比賽，都沒有得到獎品，但他每次都飛完最後一程，如同一個運動員雖落後數圈，仍跑完最後一步一樣，表現了比賽的精神。尤其這隻小灰鴿一次在台灣本土的競賽中，途中竟遭人槍擊，打斷了他的食道，帶著滿身血斑，忍著痛苦，飛了十天仍然飛回了家。看了這段消息，我們四人都為之心酸，熱淚滿眶，小兒並要我把「氣槍」賣掉，再不跟我去打鳥了，我真有這個打算。

記得宋朝學人張橫渠，便認為宇宙萬物都是天地所生，放眼而觀，天就是父，地就是母，在這種情形下，不僅人類都和我是一胞所生，就是萬物也和我是相與的伴侶。「仁民愛物」「民胞物與」是中華民族最偉大的精神。萬物既是同根而生，當然要休戚相關，彼此友愛，佛家惡殺生，是有道理的。

科學算命

太座不知從那裡找出一本日文的「科學算命」、仗著她那惟我獨「會」的一點日文程度，替我們大算其命。

她先躲在房間裏，把自己的命算好了，笑嘻嘻的說：「很準！很準！」接著硬要跟我算算看。

我從不算命，對妻的好意無動於衷，她看我沒興趣，又說：「快來呀！免費替你算，還不高興！」

好吧，姑妄算之。

坐在妻的書桌前，不必講八字，也不要報生辰，既不要摸骨，又免相手，祇見妻手上握著那本算命冊子，桌子上放著一支鋼筆，一張白報紙，白報紙上寫著ABCDE五組五個不同的符號。

「我現在開始問您的問題，」妻托一托鼻樑上的近視眼鏡，「你要照實回答。」

我的天，簡直是訊問犯人嘛。

「不可絲毫隱瞞，否則就不準，」她又補充一句，然後眼睛看著那本小冊子問：「你對選擇領帶或服裝的花樣是否比人高一等？」

第一題就把我難住了，活了將近不惑之年，自己只買過一條價值二十元的廉價領帶，其餘的都是妻送我的，服裝嘛，到現在亦僅一百零一套，既無經驗，叫我怎麼回答？為了表示自己不甘落伍，不得不做違心之說。

於是妻在第一組的第一小題下打上一個「○」型符號。

「你去理髮的那家理髮匠，既使技術欠佳，還是繼續到那家去理髮？」這是第二組的問題。

理髮我從不講究，我的三千煩惱絲最不聽指揮，而且頭皮又多，三天不洗，就像聖誕樹上銀星點點，動手一搔，宛如雪花紛飛。於是由長髮剪成短髮，短髮剪光，只要不把我的臉皮括破，還管技術佳不佳，有時洗頭把頭皮抓破，也祇咬緊牙齒，不好意思發脾氣。所以這個問題，我回答很快而且真。妻在符號下又打一個圓圈圈。

「你對別人的經歷和風聞的話有興趣嗎？」

「有時有興趣，有時沒有。」我回答。

「不行，有就有，沒有就沒有。」妻一定要我肯定的作答。

「就算有吧！」

「好！」妻又打了一個符號。

「你買東西，有沒有看中了某物，卻還要多跑幾家加以比較才買的癖性？」

「貨比三家不吃虧」，在我們這討價還價的社會裡，恐怕這個癖好性大多數的人都有，我亦不例外。

於是我有了三個圓圈圈。

接著妻又問了我一連串的問題：

「你對人能隨機應變，有時也會撒一點謊嗎？」

「你對旅行約會，喜歡自己提議，還是聽人家的意見？」

「你正在做的事，是否不喜歡別人代你做？」

「你對於與自己直接關係的事，是否不加干預？」

「你喜歡時髦呢？還是注重自己的趣味？」

「你喜歡跟人打賭嗎？」

「你喜歡到電視上去亮亮聲相嗎？」

「你受人家的好處，會不會記在心裏？」……

五組問題，每組五個，共廿五個問題，我都在妻嚴格的要求下，一一作答。足足三十分鐘的「疲勞審訊」，悶胡蘆裡究竟裝的什麼藥，一點也不知道，我早已煩透了，妻還說什麼免費優待，何處去求哩。

於是妻根據每組圓圈和三角形的多寡，產生了不同的代號，然後在小冊子上找解答，我的「命」就這樣算出來了。

妻將日文一句一句翻譯給我聽，說我「為人忠厚，個性爽直」；事業方面，不能在天文台窺探星星，也不會呆在鐘錶店裡修理發條」。將來既不是「大材」，也不會「小用」。本來嘛，當個窮教書匠，還有啥子出息。

忽然妻停下來，顯得有些兒尷尬的樣子，接著在我的大腿上擰了一下說：「好呀，你原來還是一個拈花惹草的！」

我簡直丈二金鋼摸不到頭腦，早知如此，真後悔不該接受。原來她說我那「命」裏很得異性好感，羅曼蒂克的花兒開過二朵。

難怪妻酸溜溜的，好在她也知道和我相好之前，的確另有一位密司追求過我，不知是妻的「魔力」比她大，還是我的選擇能力強，總算她成了我的理想夫人，我成了她的另半邊。事到如今，孩子都已上初中，妻早該把醋罐子洗淨才對。

妻除了這一點外，對我的命頗表滿意，又由於最後一句：「中年應好好教育一下

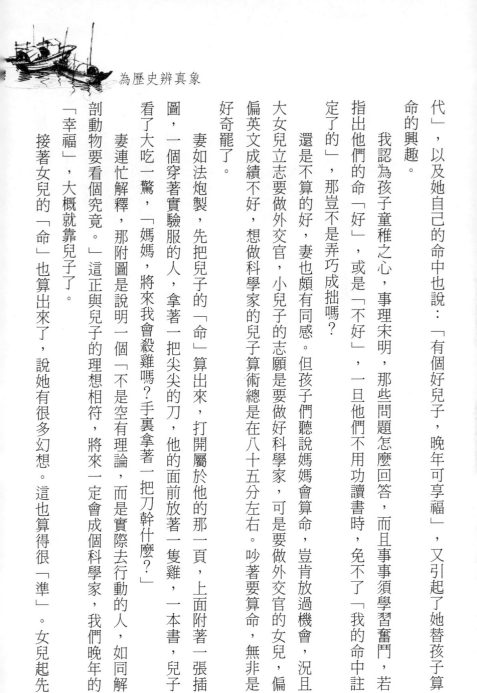

代」，以及她自己的命中也說：「有個好兒子，晚年可享福」，又引起了她替孩子算命的興趣。

我認為孩子童稚之心，事理宋明，那些問題怎麼回答，而且事事須學習奮鬥，若指出他們的命「好」，或是「不好」，一旦他們不用功讀書時，免不了「我的命中註定了的」，那豈不是弄巧成拙嗎？

還是不算的好，妻也頗有同感。但孩子們聽說媽媽會算命，豈肯放過機會，況且大女兒立志要做外交官，小兒子的志願是要做好科學家，可是要做外交官的女兒，偏偏英文成績不好，想做科學家的兒子算術總是在八十五分左右。吵著要算命，無非是好奇罷了。

妻如法炮製，先把兒子的「命」算出來，打開屬於他的那一頁，上面附著一張插圖，一個穿著實驗服的人，拿著一把尖尖的刀，他的面前放著一隻雞，一本書，兒子看了大吃一驚，「媽媽，將來我會殺雞嗎？手裏拿著一把刀幹什麼？」

妻連忙解釋，那附圖是說明一個「不是空有理論，而是實際去行動的人，如同解剖動物要看個究竟。」這正與兒子的理想相符，將來一定會成個科學家，我們晚年的「幸福」，大概就靠兒子了。

接著女兒的「命」也算出來了，說她有很多幻想。這也算得很「準」。女兒起先要做文學家和教育家，後來又要做畫家，至上了初中，才改變主意，要當外交官。但「命」中告訴她，要實事求是，貫徹始終，才不會功虧一簣。

「我看妳的命算得還不錯，人也還年輕，要是在街邊擺個攤子，保管生意興隆。」我打趣的說。

「誰跟你開玩笑，」妻一本正經的引用那本冊子的序文說：「一個人的命運，決不是與生俱來的，是以他的性格和努力造成的。」

說了半天，這才像句話。

副業

我們這院子裡一共住有六家，都有點生活困難，大家縮緊褲帶在過活，但是我們是警察，國家的公務人員，應該體念時艱，克難奮圖。做妻子的也似乎懂得這點，夫唱婦隨，很少看到她為艱苦而在丈夫面前摔碗筷，或找孩子們做出氣筒。關於這點大家皆引以為自幸。生活既已夠苦，還要鬧家庭糾紛？豈不是找更大的苦腦。但每當大家下班回家，閒來無事，太太先生們圍在一起聊天的時候，時常談到另謀副業，太太們有的希望當奶媽去，有的欲包衣服來洗，有的想做生意擺香烟攤……一提到做生意！大家都很感興趣似的。

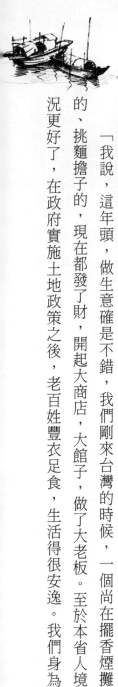

「我說，這年頭，做生意確是不錯，我們剛來台灣的時候，一個尚在擺香煙攤的、挑麵擔子的，現在都發了財，開起大商店，大館子，做了大老板。至於本省人境況更好了，在政府實施土地政策之後，老百姓豐衣足食，生活得很安逸。我們身為國家官吏，人民公僕，當然要吃點苦，幾年來政績的表現，證明我們這苦是沒有白吃。」老楊首先發表了高論。

這樣看來，還是當老百姓的好，年年的收入，仰事俯蓄有餘，乾脆下一代讓他們去耕田，學徒弟」。宋大個子接著說。

「公務員我實在不要幹了，工作苦，錢又少，還要受氣，倒不如擦皮鞋」。極端主張自由的老趙邊說邊站了起來，去拿茶壺。

「那多難為情；我看，擺香煙攤兼賣報紙雜誌最好，可以藉此多看看書報，充實自己」。大家稱為書呆子的李近視的意見。

「我真想擺香煙攤。」李太太贊同他丈夫。

「不好不好，賣報擺攤都要起得早，睡得晚，你們禁得起晚風夜雨嗎？」平時喜睡懶床的王麻子洩他夫婦倆的氣。

「開冷飲店，本小利大；能設在電影院附近，請幾個漂亮的姑娘更好。」小沈看準了這一著。

「你們都是窮開心，做生意擦皮鞋都不是我們幹的，一則沒有本錢，二則破不了面子，並且公務員又不准兼營商業，除非你請假下來，但一旦失利，失業的痛苦就更難受了。據我看，我們這院子很好，可以利用一下，大家合夥養雞怎樣？」我向大家提議。

「這副業倒不錯，養雞！生蛋！」

「養來亨雞，幾乎每天都能生蛋！」太太們都感到很有興趣。

「那我們就決定養雞吧！」半天未開口的老實金也表示贊同。

於是我這提案，經全體先生太太們無異議的通過，並付諸實施，當即組織一個「養雞委員會」。因為老婆懂會計，大家公推她為總經理，老張小的時候在他叔父農場上幹過幾個月，對養雞之道頗有經驗，選為技士。王太太李太太過去在大陸上養土雞很有辦法，權充助理。老郭老宋學過土木工程，負責搭蓋雞舍。我呢？幹過部隊特務長，因此榮任了採購員。這雖然是個難做的官，奈盛情難卻。其他老王老李等分任幫工、副理、業務員：真是名目俱備，人各一職。

人選既定，接著連開首次業務會議，討論如何買雞案：有的主張買小雞；有的提議買大雞。主張買小雞的理由是便宜，買大雞的理由是不易生病好養。各有各的理由和見解，經過激烈的辯論，最後付諸表決，議決：買半斤以上的雛雞。第二案議決每家先出資本一百元，共六百元作為初期資本。

第二天，各司所職，各負其責，分頭積極進行，我先買張中央日報看看有關於雞的廣告，然後上台北，從新生南路買回了二十隻來亨雞，有黑的，有白的，有大的，有小的，顏色各別，大小不一，雖我已盡了我採購的本領，但我料到，人多嘴雜，煩言在所不免。果然回到家，張太太嫌太大，李太太愁過小，王太太怕雞老不生蛋，郭太太抱怨買的是些病雞，金太太說太貴，太貴？其意豈不是說我揩了油，太太們東一句，西一句，夾攻得我面紅耳赤，氣得我怒髮衝冠，如果不是大家平日相處融洽，這時我真想丟「官」不幹。

「太太們就是一張嘴，人家辛辛苦苦為大家服務，你們還說閒話，實在不應該。」宋大個子看出我那尷尬的樣子為我解脫。男子漢大丈夫總歸不像太太們的小氣。我以微笑應付過去。這該歸功於幾年來警察工作，在老百姓面前任勞任怨，磨練成良好的和平性情與忍耐習慣。

由於工作熱忱，三天之內，工程全部就緒，開始飼養雞兒了。總經理公佈收支明細表，雞兒，雞舍，雞料……六百元資本花得淨光。

時間一天天地過去，雞兒也一天天長大起來，一月後大的開始下蛋了，好大的來亨雞蛋喲！大家都圍攏過來，喜氣洋洋笑得閉不上嘴。於是說好話的人來了。

「西先生，不愧做特務長，買的雞硬是要得。」

「豈敢，豈敢，這應當歸功於我們的技士先生與助理太太們」。

「大家的功勞！也是大家的福氣」老婆以總經理的身份嘉勉著。

全體鼓掌，並哈哈大笑。

除四隻公雞外，都已產蛋，每天我們都吃著新鮮的雞蛋，個個歡天喜地，家家快快樂樂，太太們見人就談個不休；先生們逢人也廣事宣傳。

「我們合夥養雞多成功啊！」

於是近鄰遠友聞訊咸來參觀，絡繹不絕，憑添了這院子裡的熱鬧，他們的羡慕，我們的驕傲，形成了一幅將軍凱旋圖。

但好境不常，命運多舛，半個月雞病了，趕緊請醫生，灌藥，打針，花了幾十元尚不要緊。終以惡疾傳染，於一個禮拜內，全部死光。大家心情的沈重不用再說，養雞委員會也無形宣告破產結束，本錢虧光，剩下的雞舍太太們也拆去做生火柴了。

「創辦事業，需要智識，養雞豈能例外，尤其養來亨種，更須有新的養雞法，你們憑著老法子舊習慣，就想把雞養成功，才怪！你們要努力研究，自強不息，以求工作上的進步，那才不愧當一個公務員呀！」老實金著著實實的教訓我們一頓。

大家默默無言，一致點頭稱是。

加底的襪子

如果有人問我：「你身邊最珍貴的東西是什麼！」

我將回答說：「我的一雙加底的長統棉紗襪。」

我珍視它，因為那是母親親手縫做的，也是我從大陸家鄉帶出來，到現在還保存的唯一的紀念品，一針一線，都蘊藏著母親的慈愛。

卅七年的秋天，我從漢口請假回家探視母親。大哥也不約而同的於同一天，自蓉回到了家。母親真是喜出望外，不時地望望我，又看看哥哥，她看我們都很強壯，無限安慰的說：「好，你們都回來了，我真高興！」

「三姐出嫁了，五弟六弟已上中學，祇有老二，他竟……」母親想起抗戰期間，被日本鬼子殺死的二哥，又悲傷起來。我和大哥祇得黯然的勸母親不要再想了，然而母親的眼淚，已奪眶而出。

自從二哥死後，父親也因憂傷過度，而與世長辭。我和大哥一直奔走在外，留下母親和幼小的弟妹守著那古老僻靜的鄉村。母親因為操勞家務，身體越發衰老了，而且心病不時的發作，在病中，母親最掛念的並不是自己的健康，而是我們。她想念我們，盼望我們回家。

當我寫信告訴母親，我要回家看她時，她說，她病馬上好了，而且時時從門口望著門前的大路，她想，我們要從那條路上回來。

從漢口回家，一路上我的心不斷地跳動著，我見到了數年不見的母親，我看到的已不是數年前的母親。那消瘦的面孔，深凹的眼睛與弱不禁風的神情，怎不令我難過呢？

母親是一位愛操作而能幹的鄉村婦女，她一共生育過八個兒女。為了教養我們，不知操了多少心事。我們全家的衣服、鞋、襪，都是母親雙手從一小條一小條的棉花，用古老的紡紗車，一絲一絲的紡成紗，然後一絲一絲的織成布，再用煙囱的黑煙或是黃泥巴，染成不同的顏色，然後分別替我們裁做衣服。有時我在寒冷的深夜，或是天未亮的時候，便聽到母親「嗡嗡嗡」的紡紗聲。母親為我們，每年要縫製好多雙鞋襪，祇要有空閒，母親的手裡不是鞋底就是襪底，一針一針的，就這樣消磨了母親的歲月。使母親的手指滿是一個一個的硬繭；使母親的眼睛變成近視紅腫而常流淚。

母親一生為我們操勞辛苦，而她所得到的，除了「兒女成行」「有福氣」等虛名外，沒有絲毫的享受與一日的清閒。

短促的回家的日子，祇能給母親做一次短促的夢。為了工作，我不得不離開母親，回到自己的崗位。當我告訴母親祇有三天的假期時，母親驚疑的說：「為什麼那麼快！」

由於匆匆的回來，又要匆匆的離去，於是母親便盡弄些好東西給我吃，把平常捨不得吃，留起來準備孵小雞的蛋，也統統拿出來煎給我們吃。她說：「你們在外辛苦，難得吃到新鮮的雞蛋，多吃幾個吧，我要吃，雞會再生的。」可是我知道，母親平時總是把好吃的東西留給我們，她自己吃得很少很少。

母親看到我在外面買的襪子沒有加底，容易破爛，於是便在夜裡，特別替我趕製了一雙棉紗襪，並加上一層襪底。那襪底是母親密密的一針一針縫的，而且還繡著花紋。在那灰暗的桐油燈光下，我看見母親縫幾針便擦擦老花眼睛。我幾次阻止母親說：「不要縫了，我可以到外面買，您老人家兒苦了一輩子，現在回家三天，又要勞苦您，叫我怎麼過意得去呢！」

「不，要縫，加上襪底不是更耐穿嗎？外面那兒有襪底買啊，看到你們回來，我多高興，苦什麼呢。」母親仍然堅持的一針一針地縫著，同時溫柔慈愛地叮囑我，在外要如何的保重身體，如何的待人接物。

三天的時間過得特別快，臨走時，母親為我把行李準備妥當，於是我又離別了年老的母親，母親送我到朝門口，含淚對我說：「孩子，走吧，好好的做一個人，多替國家做一點事，去了要常寫信回來，我每天都望著你……」

我接過行李，母親已泣不成聲了。走了很遠，回頭還看到她老人家站立在門口。忽然又聽到母親的叫喚聲，我停下腳步，母親急忙跑了過來，我走回到母親的身邊，母親從懷裡掏出一個白布袋交給我，「來，這幾塊光洋帶到身邊，急需的時候再用。」我接過銀元，情不自禁的撲在母親的懷裡哭著，良久，母親把我推開說：「時候不早了，還要趕輪船呢，快走吧！」

我擦乾眼淚，悲傷的離開了母親，母親不停地向我揮手，遠遠的我聽不清楚母親還向我說些什麼，漸漸的，母親在我的眼線下消失了。

回到工作單位後，不到一個月，由於共產黨破壞和平，全面展開叛亂，我隨軍至川，旋又到了雲南，由雲南而廣西，輾轉來到台灣。從此便失去了母親的音訊。

母親給我的幾個銀元，好幾次曾因窮得沒辦法，而把它變賣了。其他的行囊，都因種種原因先後失落，祇有母親替我縫做的這雙襪子，我一直把它隨身帶著，當我穿起它時，感覺無限的溫暖與安慰。

我離家至今轉眼已十四年了。（現在已六十年了）十四年來，我常想，母親一定每天站在朝門口，望著我回家要走的那條大路。當她從早望到晚的時候，心裡不知怎樣的難過啊！

母親留給我的東西，現在祇有這雙襪子。為了懷念母親，我每年過陰曆年時穿它三天，從除夕穿到正月初二。其餘我都把它收藏在箱子裡。可是，時間久了，我發現襪子的後跟已磨穿了一個小洞。於是我祇能每年正月初一穿一天了。我要留著，把它帶回大陸，帶回老家獻給母親看。

每當我打開箱子時，我都要把襪子拿在手裡撫思一番，看到它，母親的慈影，彷彿就從這黃色的襪底上，慢慢的浮現出來，也好像母親對我親切的說：「孩子，去吧；好好的做一個人，多替國家做點事，去了要常寫信回來，我每天都盼望著呢！」

於是我的眼前，一片模糊了。

跳豆的來歷

華副三月二十日陳永鉦先生〈死亡之舞〉文中所稱DNACING BENA，在中國歷史上稱作「跳豆」。有一部電影「可愛的小動物」曾經介紹過這種小東西。

跳豆原產於墨西哥，那裡有一種名叫「箭樹」的樹，開花的時候蝴蝶來採花蜜，把卵產在花中，後來結成豆了，卵在豆子中化為蛹，蛹又化成蟲，蟲在豆子裡活動，所以使豆子跳動。

據說墨西哥人每年到全國各地收集這種豆子好幾百噸，運銷到歐美各國作為兒童們的玩物，聽說香港也可以買到，台灣則只有極少的人如陳先生等去美國時偶然發現帶回國內。

我女兒於民國六十五年赴美留學，在紐約看到這種東西，以前在家就曾談起過。乃特由航空寄了一盒回來，打開一看，既非圓又非方，像一粒花生米的四分之一，真是其貌不揚；放在桌上只是偶爾移動，如果放陽光下或溫度較高的地方則移動較頻繁。我看它除了奇異之外，沒什麼好玩頭，丟在抽屜裡不去管它。

不久，女兒來信說：「寄回去的跳豆會不會因水土不服不跳了？」我正閱讀女兒的信，抽屜裡的跳豆好像心有靈犀似的「踢躂、踢躂」的響起來。於是，我便寫了一篇短文介紹它的來歷，在聯合報「萬象」版發表，此文刊出後，居然「轟動」一時，我的鄰居、親友、學生紛紛向我索閱，他們看後又輾轉借給他們的親友鄰居傳閱。一位旅居巴西的華僑還寄來十元美金要我「割愛」，一批自稱是「小小科學家」的來信要我提供給他們解剖研究，好幾家貿易公司也派出他們的外務人員來打聽出售的地方。

我當時也曾想從美國買一大袋回來，在通往火車站的地下道「叫賣」，但因它愛跳不跳的樣子，不易引起路人的注意而作罷。

至於那四顆豆子一直擱在抽屜裡沒有去理它，很久很久以後，我終於忍不住，狠心的用小刀割開一粒看個究竟，裡面的那條略帶黑色的蟲居然還活著，悶在裡面不吃不喝，不見陽光，而其生命之如此持久，真不可思議。其餘三顆是否就在我的抽屜中「壽終正寢」，抑或破殼化為飛蛾，我沒像陳先生那樣去留心觀察，但我查出它們同類在中國歷史上曾扮演過的角色。

由唐代官修的正史《晉書》中的〈郭璞傳〉，記述郭璞的師傅郭公從美洲回來時，帶了若干粒跳豆給郭璞。五胡亂華時，郭璞由北方逃難到南方，曾寄居廬江太守胡孟康的家中，愛上了他家的婢女。郭璞善長魔術，暗自作了一些紙人粘在跳豆上，使紙人跳動，可以跳高一到三寸。最後乃因此騙到了那位婢女為侍妾。關於這件事，在《神仙傳》中卻是另一種說法；此外，還有先秦時代關尹子的「豆中攝鬼」，唐代李慈德的「布豆成兵」，宋代張懷素的「圓樂跳擲」等等神秘傳說中都與「跳豆」有些關係，茲不贅述。

總之，這種奇異的豆子產在美洲，中國人卻在先秦時代就知道了，而且在西晉時代用以當魔術道具。我國學者如衛聚賢教授等引證上述史料與傳述，認定美洲是中國人首先發現的，現在美洲的「印第安人」，乃是中國古代的「殷，狄人」移徙過去的，因此推翻了過去「哥倫布發現美洲」的說法。據說外國人的歷史教科書中也不再提哥倫布發現新大陸的事，而僅僅說哥倫布不過是第一個橫渡大西洋到達美洲的歐洲人。

我的庭院

我現在住的高樓大廈，各戶人家都因早出晚歸，爾偶在電梯裡碰面，不知左鄰右舍或張三李四，這種情形既不「守望」也不「相助」。鄰居的音響和電視開得很大，養的寵物半夜三更任其狂吠，擾人清靜，這真像老子所說的「機」犬相聞，老死不相往來。」因之我懷念以前的矮小平房，獨門獨院。

嘗聽人嘆說：「房子越住越小，車子越坐越大。」這顯示他的生活環境已「今非昔比」。而我覺得坐大車子比較安全，住小房子比較寧靜。也許有人說：「那是因為你買不起小轎車，住不起大房子，才不得不這樣自我安慰。」雖或如此，但我還是喜愛現在的小房子。

這房子也不是我的，它的主人在台北市另有高樓大廈，把這矮小的半房出租給我。我喜歡它的獨門獨院。

初搬來的時候，院子裏一片荒蕪，我鋤去雜草，修剪花木，但仍覺得花木太多，顯得擁擠、零亂，僅留下一株茶花、一株桂花、兩株杜鵑，和一株「出類拔萃」的木瓜。把旁邊的支椏完全剪掉。看起來清爽極了，像一個蓬頭垢面的人從理髮廳走出來，容光煥發。

空地仍廣，我特地從士林市場買回兩株苦瓜、兩株絲瓜和兩株胡瓜苗，種在靠圍牆的邊沿，每天早晚澆水施肥，瓜藤爬得起勁，不到兩個月就綠滿庭院，瓜棚成蔭。端個凳子，坐在瓜棚下，便想起在大陸家鄉的夏夜裡，在瓜棚下聽祖父講鬼故事的情景。

天剛亮，一種不知名的小鳥齊集在瓜棚上唱晨歌，小麻雀也在屋簷下湊熱鬧，它們成了我早起的鬧鐘。我照例澆水施肥之後，就在瓜棚下讀一兩個小時的書，小鳥們並不因我的一舉一動驚走，我把它們當作朋友，它們也似乎以我為友了。

院子裏還有一棵古老的榕樹，無分夏天秋天都不斷落葉，「落葉知秋」這句話已不適用於寶島。兩三天內榕樹葉就落滿一地，我喜歡踏落葉，也喜歡掃落葉，這樣，我又可重溫起故鄉深秋的情景來。

於今中秋已過，老殘所說的「秋山紅葉，老圃黃花」，大概在橫貫公路上可以看到。在我的庭院裡也有了秋意，只是榕樹的落葉反而減少。有些瓜藤已逐漸枯萎，然絲瓜仍生長不停，不知不覺又從棚下吊出一條，有的更爬上屋頂。有天，我發現一條約三斤多重的絲瓜越上瓜棚高高的掛在屋簷下，沒有任何一樣東西支撐它，為何不掉落下來？我好奇的爬上去觀察，原來只靠一根細小的絲莖緊緊鈎在一片瓦縫裏，真奇怪，平常那些細莖，嬌嫩得很，手去動它，即會折斷，而這根細莖，卻堅硬得像一根琴絲，多麼可愛。

心想，天造萬物，每一部門都有它的功能，當它擔負起大任的時候，便會自然發揮出它的本能，一根嬌小的絲瓜莖猶如此，生為萬物之靈的人，卻往往有以愧之！

可愛的土狗

在大陸我的家鄉農村裡，沒有一家不養狗，牠們並沒有固定的名字，都是視顏色呼叫「小黃、小黑、小白」或「小花」的。

狗看到生人來時，便張牙舞爪，猛吠不已，不過只是虛張聲勢一番，並不真的咬人，且經主人一聲吆喝，即靜靜的走開。如果多來幾次，叫牠一聲「小黃」或什麼的，就認識你是熟人，向你搖尾相迎。

家人外出，狗即守在大門口，宵小很難得逞。夜間只要稍有聲音，即狂吠衝出門外觀察動靜。

我們那個時代的鄉下農家，那會有今天鐵門鐵窗的裝設，但大灣人家養的狗卻是最嚴密的保防系統，只要張家的狗叫，李家趙家的狗立刻群起趕往助陣糾察。

家人如果外出遠行，狗即跟在後面護送，送得很遠很遠才停下來，望著主人的背影，直到完全看不到了才調頭跑回家。

當主人好幾天才從外面回來時，坐在大門口的狗，立刻飛奔過去，兩隻前腳趴在主人身上，不停的搖著尾巴，那種歡迎主人的高興樣子，比一個親人迎接親人所流露出的感情更為動人。

鄉下的狗雖然如此的忠於主人，但所受的待遇卻是刻薄到了極點，平常都是當小孩子大便後，呼叫牠們來吃掉，而且還用舌頭舔得乾乾淨淨。吃屎幾乎是他們日常的「主食」。

來台灣幾十年，未曾看過人家養的狗（包括流浪狗）吃過屎，卻還有人用「你真是狗改不了吃屎」來諷刺人。

除此之外，每天早晚只能吃到一碗剩下的菜飯，一年到頭，在人們吃年夜飯的那天，才有一塊肥肉吃。牠們還捨不得吃，把飯吃完後，才慢慢吃那塊肉。隅而弄到一根骨頭，會啃個半天，直到那根骨頭光溜溜的還要啣在嘴裡捨不得丟掉。

其實，我們那時代的鄉下，除了過年過節外，平常也難得有塊肉吃，於今有些人家養的狗，每天吃罐頭，喝牛奶，生病住醫院，出外坐汽車，台灣不僅是人間天堂，也是狗的天堂。

中國古代從不把狗當「賤物」，認為狗是最忠於主人的。史記漢高祖本紀及蕭相國世家都記載，當年幫劉邦打天下的功臣，在劉邦即帝位時，封賞臣下，蕭何賞賜最多，群臣不滿，劉邦說，蕭何是指揮打獵的獵人，群臣只是獵狗，所以蕭何是「功人」，群臣是「功狗」，賞賜雖然有別，都是我的功臣。群臣默然。

孔子周遊列國時，宋司桓魋要殺他，孔子逃到鄭國，弟子均散失，孔子一個人躲在鄭國東門，頹喪異常，鄭人看了曾對子貢說：「東門有人，其顙似堯，其項類皋陶，其肩類子產，然自腰以下不及禹三寸，累累若喪家之狗。」子貢以實告孔子，孔子欣然笑曰：「形狀末也，而似喪家之狗，然哉！然哉！」

「喪家之狗」，乃說明了狗因主人之亡失，無限傷感而露出狼狽不堪的樣子。而鄭人把「聖人」也比作狗，孔子仍然接受，為狗者何其「榮幸之至」。

可見狗在歷史上頗為「榮貴」的。不知從何時起被貶為賤物。尤其現在很多人罵那些結黨營私，為非作歹的壞人叫做「狐群狗黨」。狐也許很壞，狗何時結黨營私？又有人罵那些不講恩義的人為「狼心狗肺」。狼心也許狠，狗何時對主人不忠不義。似乎只有人負狗，沒有狗負人的，所謂「狡兔死，走狗烹」。以及殺狗作「冬補」者均是。

韓愈在「應科舉時與人書」一文中寫著：「爛死於泥沙，吾寧樂之，若俛首帖耳，搖尾而乞憐者，非我之志也。」於是便有人指那些寡廉鮮恥的人求助為「搖尾乞憐」。本諸常識，狗之「搖尾」，並非「乞憐」，乃是向人表示友善，而且僅向相識的人表示，所以狗之「搖尾」，決非人之寡廉鮮恥也。

至於「走狗」是比喻向主人盡職盡責，絲毫沒有壞意，盼今後不要以「人」喻「狗」，因為有些人不如狗。不要再賤視狗，因為狗心「忠貞不貳」。若有人罵我為「走狗」或「狗肺心腸」者，我將套用孔子的口氣，「然哉！然哉！」

從「放生」談起

有一天與友人到關渡遊玩，見路旁放置一排大塑膠盆子，裡面裝滿了大小烏龜，屋子裡則掛滿了一籠一籠的小鳥，吱吱喳喳的叫個不停，這些盆子旁和籠子上寫著「放生龜」、「放生鳥」，原來都是供「好心人」買來再放生的。

我問主人這些龜、鳥是從那裡弄來的！主人說，有的是抓來的，有的是繁殖的，有的是向別人批發來的。

「仁民愛物」是中國文化的傳統，龜、鳥原本生長在大自然，再從大自然中把他們捕捉來，或者故意使牠們繁殖起來，再當作生財的「貨品」來買賣，顯然失去了「愛物」的真意。

史載戰國時代的趙簡子為了表示自己是一個「仁民愛物」的君主，每年選在元旦那天來放生，住在首都邯單的老百姓紛紛捕捉鳩鳥獻給他，獲得趙簡子的喜悅與賞金。

趙簡子的左右有一位賓客勸他說：「老百姓因為知道您放生，所以事先捕捉鳥，在捕捉時，一定會有很多被弄死，還沒有達到放生的目的，先已經為您的放生而犧牲了。如果真有心讓鳥得生，倒不如禁止人民捕鳥。」趙簡子聽了之後，就下令禁止人民捕鳥。

台灣最近制定的「生態保育法」中有一條說是「狩獵」乃原住民傳統謀生方式，除了保護稀有動物之外，捕鳥捉獸的行為還是合法的。不過在保育法中特別規定了「禁止放生」，違者處新台幣一萬元以上，五萬元以下罰鍰。這一立法的精神，當然並非反對「放生」，而是放生的風氣反而造成某些人更加搜捕深山裡的猴子。蛇、鳥和海裡的龜、魚，使這些野生動物被迫離開棲息地，放生後牠們並無法回到原來的棲息處所而流浪異地，因生活環境之變換無法適應而死亡。於今這一法令之制定，看起來還真正表現了「愛物」的精神，而那些幹這項買賣者不得不被「迫」改行，同時使「放生」的「好心人」也調整了「為善」的心態。只是法令制定後如何向人民宣導使其知。恐需假以時日，誠如聯合報「黑白集」所云「不教而罰謂之暴」。

千古以來，無論中外，本來就是「繁殖五穀、飼養鳥獸，供人們食用，乃上天對待萬民的恩惠」的觀念。然而，天地萬物一體，並存於世，上天絕沒有規定某種生物

是為某種生物而生，只不過是「弱肉強食」罷了。人為萬物之靈，所以萬物都在人的宰制之下。

我們常聽說「上天有好生之德」，這「好生」究竟是指「何者」而言？同類乎？異類乎？非常矛盾。因為人與人也相互殘殺而食啊！茲舉數列人吃人的故事於下：

春秋時代，楚國包圍宋都時，城中無糧，人民乃「易子而食」，西晉末年，人民因饑荒捕殺他人孩童而食，昏庸的惠帝不知民情，還叫著百姓改吃「肉圓子」。

唐末朱全忠打敗秦宗權後，發現他的軍中有幾十輛車子裝得滿滿的，原以為是搶得來的金銀財寶，可以發一筆大財，打開車蓬一看，滿車都是人屍，已挖空腸肚，放上鹽已醃起來，做為軍糧。

唐代安史之亂時，朝廷為防叛賊南下，派張巡許遠帶兵死守睢陽，城中食絕，張巡乃將城裡的人，包括他心愛的太太統統殺了，與馬肉摻在一起供前方戰士食用。結果城裡的人死光也吃光。這件事在民國初年搞「新文化運動」反孔的吳虞，還因此寫了一篇「吃人與禮教」的文章，大大的把儒家思想批評了一番。衛道人士則站在另一角度反駁，認為當時睢陽城的人雖然死了，但因此使安史叛賊不得掠食東南，保全了千萬人的生命財產，這正是儒家所強調的「犧牲小我成全大我」的精神。

第二次世界大戰結束之際，美國從太平洋反攻，對日本採取「隔島躍進」的政策，也就是把不重要的島嶼甩下來，而這些島上的守軍無法獲得政府援助，最後不得不人吃人的死光吃光，很多台胞被日本徵調去的也多遭此厄運，我的岳父便是其中之一，每談及此，妻仍含淚悲感。

在某些人寫的武俠小說中，常有「黑店」吃人的故事，一部新舊「龍門客棧」的電影，都有把投宿的旅客殺了做成肉包子來賣的鏡頭。報載一個留學歐洲的日本學生，把女朋友殺了之後，放在冰箱裡，每天切一塊來烹食，非洲地區更傳出某國王也吃人的新聞。

台灣豐衣足食，當然不可能有這種駭人聽聞的事發生，但中國人有一種傳統的「進補」觀念，就像幾千年前，有人把周口店老祖宗的骨頭當作「龍骨」挖出來泡酒，喝了延年益壽，殷商時代的甲骨文，被無知的人們把龜甲燉成龜骨，把鹿角虎骨泡成「虎骨追風酒」，至到清光緒廿五年才被外國傳教士發覺。時至今日，人們喜歡補品的風氣更有增無減。

我親眼看到有人把鳥巢中正張著小嘴待哺的幼鳥，抓下來用竹籤串起來烤熟之後當補品，每當伯勞鳥遠從西伯利亞萬里迢迢飛過高屏地區時，那裡的鄉民佈下天羅地網，將牠們捕捉起來，也用火烤熟賣給路人或遊客當零食，有關單位除了沒收那些「凶器」外，也別無他法來管。

每逢冬季，人們「進補」的風氣愈加濃厚。我也看到有人把山中的果子狸抓來，先從牠的口中灌入一瓶老米酒，過一會便割開喉嚨，放出一碗鮮血來喝，更有人把自己養了多年的老土狗，活生生的打死煮來吃。

世界各國似乎都有保護野生動物的組織與活動，然而他們保護的只是稀有動物如犀牛、獅虎之類而已，記得若干年前有一個外國的保護野生動物的團體到台灣來參觀考察，台灣的有關部門在接待的盛宴上有一道台灣名菜「烤乳鴿」，他們無不吃得津津有味，還不時稱讚師父的手藝不錯。

台灣現在不僅殘害野生動物的事比比皆是，殘害同類的事亦時有所聞，像綁票不成殺害無辜兒童，父母虐待子女，成人摧殘雛妓，據說嫖雛妓也是大人「進補」的一種。可憐十歲不到的稚女，被叔叔伯伯甚至爺爺輩的衣冠禽獸來欺侮，真是於心何忍啊？

捉泥鰍

「池塘裡的水漲了，快快來捉泥鰍。」

每當我聽到這首歌，就感覺很納悶，「水漲了，如何去捉泥鰍呢」。不過，倒使我想起孩時在鄉下捉泥鰍的情景。

在家鄉，田裡、水溝到處都有泥鰍。泥鰍多半棲息在泥土裡，偶而從泥中鑽出，在下雨天更會在水面翻舞，如果有大魚出現，又立刻鑽入泥中。

我喜歡釣魚，在下釣之前，先觀察池中動靜，水面如有小魚穿梭，或泥鰍翻舞，池中一定沒有大魚。如有大魚存在，小魚蝦早成了大魚的「飼料」，泥鰍也躲在泥中不敢出來。

宋代王安石變法時，與朝中老臣個個結怨，歐陽修、蘇軾、司馬光等都跟他搞不好。

歐陽修死後，蘇軾寫了一篇祭文。文中把歐陽修比為山中的老虎，水中的龍，而把王安石比作山中的孤狸，池塘裡的泥鰍。「山中無老虎，狐狸乃稱王」了，池中沒有龍，泥鰍神氣十足的跳起舞來。然而王安石也口不饒人，居然批評司馬光的「資治通鑑」為「敲門磚」。這種現象曹丕早在「典論論文」中一語道破「自古文人相輕」。

扯得太遠了，還是來提泥鰍吧！

在家鄉捉鰍都是等水塘裡的水乾了，或者把水溝的上流堵住，這時泥鰍都鑽入泥中，用手扒開泥巴，泥鰍就被乖乖的捉入盆中簍裡。

家鄉有一句俗話：「捉泥鰍要捧，對孩子要哄」。

捉泥鰍不能用力去抓，用力過猛，它的身子滑溜溜的，抓不住它，會從手中溜走，必須連帶一點泥巴，慢慢的輕輕的將雙手合攏，把泥鰍捧在手中，快速的放入簍裡。

同樣的道理，教育孩子，不能操之過急，不能打罵，要有耐心和愛心，誘導孩子，也就是哄著孩子玩和學。

捉泥鰍也是鄉下孩子們喜歡玩的一種遊戲，男生女生在稀爛的泥巴裡，玩捉泥鰍比賽，弄得滿臉全身都是泥巴，回到家免不了要挨大人一頓罵。有些頑皮的男孩把一條泥鰍偷偷從女孩後頸放入，使得對方哇哇哭叫，故意製造遊戲的高潮。

至於捉回去的泥鰍，通常放在水桶裡養它三五天，每天換一次水，泥鰍會自動的把肚子裡的泥巴吐出來。

要吃它的時候，把油燒滾，放入生薑、蔥和辣椒，再將活生生的泥鰍倒入，立刻蓋上鍋蓋，只聽得鍋中碰碰的聲音須臾而止，好不殘忍。然後加入水煮，一直煮得把湯煮成白色，一條條的泥鰍呈黃色，夾入嘴中輕輕一吸，肉與刺自然分開，吃起來非常方便，尤其魚湯鮮甜無比，據說這種沒有「鱗」的魚類，營養成份最高，在台灣泥鰍的售價很高，多為老人家購食。然而我們那時的鄉下人愛吃不吃。

於今，在台灣由於農藥、化學肥料以及工廠的污水等等污染，使一般稻田、水溝泥鰍無法生存，因之撿田螺、抓鱔魚、捉王八等等田園之藥，都只有從「捉泥鰍」的歌聲中去回味了。

說夢

地球的人，無論古今中外，包括大人小孩，或男或女，都會做夢，而且都做過夢，晚上做夢，白天也會做夢，無睡不夢，凡睡必夢，常聽人說：「你在做夢」、「你在夢想」、又說「你在做白日夢」，「你在對痴人說夢」等等，這都是把夢當作是一種幻想，不切實際以及荒誕無稽不可成真的觀念來看。

然而，在古代睡夢成真的事例倒不少。商朝的高宗依照祖先在夢中所指引，找到一位在巖洞裡的傅說做宰相，把朝政復興起來！周文王也是從夢中得到了姜子牙，孔子因為仰慕周公之道，經常夢見周公，宋代包青天還藉夢破了幾個大案子。

莊周有一天在黃昏做了一個夢，夢見自己是一隻蝴蝶，在花叢中飛舞，自以為得其所哉，不知自己是莊周。等他醒來之後，才覺得莫名其妙的，究竟剛才是我莊周做夢，夢見自己變成蝴蝶呢？還是蝴蝶做夢，夢見他變成莊周呢？關於莊周的這個「蝴蝶夢」，有人把原文中的「俄然覺」指的是還在夢中的「覺」，也就是他還沒有醒過來就有的感覺，不管怎樣，哲學家們認為夢的故事代表了莊周的思想達到了「物化」的境界。我這俗人雖然曾經也有過夢中有夢，但醒來後的感覺，仍只是一個單純的夢。

我們常說「人生如夢」，在莊子一書裡有個長梧子說「做夢的人往往不知道自己在做夢。」有大覺悟的人才知道生是一場大夢。只是，我們社會上「大覺悟的人」太少了。如果這樣看得開，社會上還有什麼不如意的事發生呢？

人為什麼會做夢，列子說，做夢是精神感受而產生的徵候，白天想得太多，晚上就會做夢，那就是「精神和形體相感應的結果」。古時候的「真人」對他所做的事不放在心裡，所以晚上睡覺自然不會做夢，這也是哲學家的解釋，沒有人去應驗，像我夢過的事，幾乎有百分九十以上未曾在白天想過，卻在晚上做起夢來，所以究竟因何而做夢，迄今沒有絕對的定義。

秦始皇統一天下後，六國遺民都想殺他，他提心吊膽，寢寐難安，一天午覺，夢見一個巨人要殺他，嚇醒後立刻命令左右，鑄造了十二個大金人，每個重達廿四萬斤，放置宮殿四周，鎮壓邪氣。

在周朝時，有一個有錢人家的老僕人，因為整天被人使喚，身心疲勞不堪，到了晚上便呼呼大睡。在睡夢中自己成了一個國王，住在豪華的宮殿裡，擁抱眾妾，其樂無窮。但第二天醒後又要開始勞動，有人看他年歲那麼大，還要不停的辛苦工作，頗表同情，而這位老僕人卻說：「人生不過百年，晝夜各占一半，白天當僕役，雖然辛苦，但晚上成了人君，快樂無比，還有什麼好抱怨的呢？」。至於他的主人白天忙於事業，也弄得心神疲憊，每天晚上卻夢見自己成了人家的僕役，苦不堪言。

這故事聽起來很有趣，實際不合情理，僕人不可能天天夢當國王，他的主人也不可能夜夜夢為人僕。這如同乞丐有時會夢吃大餐，流浪漢夢住別墅的情形是一個樣的。

列子可以說是中國最早研究「夢學」的一位大哲人。他曾經把夢分成「正夢」、「噩夢」、「思夢」、「寤夢」、「喜夢」、「懼夢」等六大類。這六種夢，恐怕任何人都有過經驗。我二哥還經常「夢遊」，有一次，在三更半夜，趕着牛在田裡幹活，把父親嚇壞了，過一會我們把他弄回來洗去泥巴，送回房間去睡，第二天起床，他一點不知道昨夜的事。

至於列子所說的各類的夢，我幾乎都做過了。我真的夢見到鬼，那時頓覺黑夜風高，走入荒野，路旁幾株樹，忽然變成了鬼，我想用木棍打去，竟揮打不動，想要逃跑，又提不起雙腿，眼見魔鬼向我攻擊而來，我嚇得驚醒過來，氣喘不已；夢中經常從高處往下奔跑無法停止下來，有時開著剎車失靈的車子橫衝直闖，醒來後一頭大汗；經常在夢中作詩寫文章，洋洋灑灑，文采風流，醒來後一句也想不起來；有時在夢中吃東西，津津有味，醒來後嘴角還流著口水；有時也會做著甜密的夢，與思念的情人，在花前月下，那般卿卿我我，往往雖感意猶未足，但仍回味無窮。最糟糕的是因某種情緒緊張而造成的「夢遺」了。

有人說夢見起火，會中獎發財，夢見死去的親友，劫數將臨，夢見會飛，就會生病……諸如這類夢境我都有經驗而從未應驗。

最近台灣的政壇上揚起了一股「我有一個夢」的政治理念，既然是「夢」，又何談「理念」，人民也只好「夢想」了！

有一位美國的夢學家，在三十多年前來到台灣，假新生報的副刊，要讀者每人寫一則夢的故事，用來研究夢之所以為夢，討論好一陣子，沒有弄出所以然，結果夢還是「夢」！

知足常樂

我有兩個真正公忠體國而晚年卻被稱為「老賊」的一對夫婦朋友，現在都已「鞠躬盡瘁」。生前經常來我家「不恥下問」，男的向我「請益」養生之道，女的跟老婆「學習」烹飪之術。

我告訴他，早睡早起，不抽烟，少喝酒，多運動，除此之外，別無其他良法。

「那都是老生常談」男的說：「我們搞政治的，有時麻將不能不打，花天酒地也要逢場作戲。」接著他還嘆氣的說：「官場上的俗氣，總是免不了囉！」

就因為如此這般，擺脫不了酒色財氣的環氣，以致未老先衰，「人生還未開始」便到黃泉睡懶覺去了。

至於他的太座問起「烹飪之術」，內人告訴她，我們家少有達官顯要登門造訪，家常便飯自己吃，談什麼烹飪術。

「我們總覺得嫂子燒的菜好吃」，夫婦倆同聲稱讚。

「那是你們吃膩大魚大肉，偶爾換換口味，自然感覺有不同的風味」

這對老夫婦因忙於事業，錯失了生兒育女的機會，年歲大了，才體會到「不孝有三，無後為大」的真諦，然而已「心有餘，力不足」矣。每看到人家滿堂兒女，其樂融融，不勝欷吁落寞。

想當年，名利兼備，應酬頻仍，不是福華，便是愷悅，外出坐的是進口轎車，回家住的是寬敞別墅，雖有男女傭人供使喚，卻無骨肉親情相依偎，兩人大眼對望小眼，除了電視之外，毫無樂趣可言，更不要享（想）天倫之樂也。後來男的養了一隻貴賓狗，女的養了一對波斯貓，聊慰晚景罷了。所以他倆經常到寒舍，吃便飯，話家常，看到我們的餐桌上，一盤蘿蔔炒蛋，一盤芥菜炒肉絲，配上紅燒豆腐和其它青菜，孩子們吃得津津有味，全部掃光。這種情景常使他倆感慨萬千。

至於我每天坐公車上下班，雖然擠車之苦，但總比開車繞圈子找車位要心平氣和得多。若有必要，滿街計程車，招之則來，隨心所往。回到家裡，我那三歲不到的小孫女聽到門鈴聲就等到門口，一聲「爺爺」，把我在外的疲累叫到九霄雲外去了。接著把拖鞋拿到沙發前，小臉蛋流露著可愛的笑容，我一把摟在懷裡，親著她的臉蛋，「嗯，討厭，鬍子刺到我啦！」嘟著小嘴掙開我跑到奶奶跟前去告狀。老妻也端來一杯熱茶，餐桌子上已擺好菜肴。不一會，兒子媳婦及其他孩子們都紛紛下班放學回家，一家子圍著吃晚餐，談笑自如。

人生如此，夫復何求。

心臟開刀記

80歲的心事——信任醫師，交給老天。

十四年前因心肌梗塞在醫院做了一次心導管，之後一直追蹤治療。十四年來只有幾次胸口悶痛，吃了舌下含片，便相安無事。

上月初，吃完早飯，胸口又突然間痛，照例吃下舌下含片，五分鐘後再含第二片，情況穩定下來。未料二個小時後又復發，如法炮製，卻不到二小時又再復發，深感事態嚴重。立刻趕往醫院急診，這時已四肢乏力，由護士代辦手續，經醫師緊急處理、打針、抽血、照X光等等治療後才漸漸穩定下來，醫院說再晚一點來，後果就嚴重了。

住進加護病房，觀察了三天，主治醫師認為根據各種醫療儀器的顯示，必須先作心導管檢查。檢查，醫生長長的嘆了一口氣，對我說：「你已經八十多歲了是不是？」說著把家人叫到一旁，指著剛才檢查出來的照片一張張的詳細解說，認為我幾條主要心臟血管全部萎縮，既不能打通，也無法作支架。

當天下午，經心臟外科主任評估，以目前情況來看，等於抱著一顆炸彈，一年之內隨時會爆炸。除了開刀，已無藥可救。但是開刀除了四〇%死亡率之外，還有中風、感染等風險。聽了醫師解說，家人相顧無言，得知主任開刀技術高超，譽滿仁愛，病患對其信心十足，我毫無考慮，簽了同意書。

醫師安排三天後就動手術，我利用這個空檔，回家裡理了一個髮，洗了一個澡，把壽衣找出來帶到醫院，立下遺囑：「不通知任何親友，不舉行任何儀式，即刻交由葬儀社火化。」

手術前，家人每天晚上都到醫院陪我一陣子聊聊天，深感人生七十古來稀，我已活了八十多，在家鄉已算長壽，發訃文要用紅紙，以辦喜事的規格招待親友。此刻，我的心境平靜如一潭死水，毫無死的恐懼感。心想全身麻醉後，如同死去一般，萬一失敗，也無異是一種安樂死。

手術傷口從胸膛剖開至肚臍，任醫師宰割了十多小時，還能回到加護病房，等於走出了鬼門關。護士和家把我叫醒過來，乃是第二次生命的開始。

常聽人開玩笑說：「你身上是不是少一根筋」。而我現在卻少六根血管，因為從小腿截取了六節血管移植到心臟。這種「移花接木」的手術，能否製造多少個新的「春天」，醫生沒有說，我也不敢問，還是活在當下，比較踏實。

後記──死而後已

我最近常常想到「死」的問題。

老婆說：「那是活得不耐煩了」。

至友說：「別擔心，壞事還沒有做完，死不了的。」

真的活得不耐煩嗎？那就早死好了。

真的壞事還未做盡嗎？更應早死，免得再害人。

所以，法官判人死罪的理由大半是「此人罪大惡極，應永久隔離社會。」

「人生自古誰無死」，只要死得其時，死得其所，上不愧於天，下不怍於地，死何足懼！死何足惜。該死的時候就「該死」。

「老當益壯」、「人生七十才開始」早成了口頭禪，老就是死了，還「壯」得起來嗎，七十了，還有多少精力，或者說，當年姜太公大器晚成，八十多歲才被周文王所用，然而呂尚究竟是一位「仙人」。孔子最不虛假，「甚矣，吾衰也，久矣，吾不復夢見周公。」

我經常看到老得坐輪椅才能行動的人，兩手發抖，飲食起居都要依賴他人的人，不知這樣活著是快樂還是痛苦，尤其在我們政府機關裡，而視茫茫，而髮蒼蒼，而齒牙動搖，舉手投足都不靈光的人，仍居高官厚爵者大有人在。這都怪孔明當年那句「鞠躬盡瘁，死而後已」留下的後遺症。

說起來台灣的老人越來越多，政府為了「養老」大傷腦筋，而且把養老者政策，當政治的籌碼，作文宣口號，這其中有人竟主張不要花錢「養老」，把養老的錢拿來「育幼」，老人自求多福去吧。

儘管如此，怕死，人之常情，想長壽，人之所慾。於是吃「補品」，勤跑醫院，成為老人日常課題。日本人更怕死，有人乃寫了一本叫「往生」的書，就是安慰那些畏懼死亡的人，據說書很暢銷，台灣已由圓神出版社聘請內子黃玉燕女士翻譯為中文，也成為暢銷書。

每年都會接到衛生局老人健康檢查通知單，我一直猶疑著，心想這種免費檢查，無非是量量體重，血壓，抽血驗血糖，如果大便不正常，就要察看直腸，如果胃不適，就得照胃鏡，如果心臟不妥，便需作心導管。這些都是活受罪，固然說「有病早

治療」。如果真的檢查出這些病，那我會死得更快。

我有好幾個朋友，本來活得好好的，平常也看不出有什麼異樣。就是跑去健康檢查，查出一大堆毛病，一個得了真腸癌，一個得了喉癌，一個得了肺癌，等於法官宣判他們的「死刑」，自是茶不飲，飯不食，終日愁眉苦臉，醫生說了很多安慰的話「早治療早好」，於是割的割，鈷的鈷，不到一個月已不成人形，錢花了一大把，最後還是「回家休養」或轉入「安養病房」，為人子女者總不忍心眼睜看到親人就此瞌眼而去，不管如何還是要想法盡一點孝道，於是廣求偏方，不把錢花光不甘心。

四十七年前，我腸胃不適，到空總檢查，醫生說我得了直腸癌，要我到三總複診，三總的醫生用一根鋼管插入肛門用肉眼察視，證明沒有這回事，差一點早就被割死了。至於我的腸胃病在每天早晨起來爬了一個月的山就自然康復了。

我總覺得一個人，只要活得很開心，不發脾氣，不抽烟，少喝酒，很多病是不會匿上身的，尤其上了年紀的人更要有「不知老之將至」的心情。像世說新語的張湛，喜歡在堂前種松柏，袁崧出遊的時候，喜歡叫左右唱「輓歌」，當時的人說他們一個是「屋下陳尸」，一個是「道上行殯」。我覺得這兩個人活得真灑脫。

最近有一個朋友告訴我，他有一位八十多歲的朋友對他說，老朋友一個個凋謝，每個月要到民權東路跑好幾趟，真想在殯儀館前面租一間房子，往來吊友很方便，倘若自己有一天來臨，走過去就好了。可是這人還活得好好的。

當年王陽明被貶到貴州龍場驛，他能忘掉一切榮華富貴，拋棄離鄉背景之苦，但忘不了「怕死」，乾脆用石頭堆成一個棺材，每天晚上就躺在裡面，反正我已躺在棺材裡了，死就死吧，於此這般終於把死的念頭忘了，最後不但沒有死在那個蠻荒之域，反而因此悟出他的人生哲學來。

文天祥被忽必烈囚禁在暗無天日污穢無比牢房中，普通人進去，三兩日就死亡，而文天祥卻視之為「安樂國」，二年下來安然無恙，還是忽必烈為了成全他的「義盡仁至」才殺了他。

既然要活就活個痛快，真的活不下去就早死早解脫，我真希望台灣的安樂死法案早日製定通過，不要再有服毒、跳樓、上吊、投水、臥軌、自焚等等活生生的慘劇發生。

不過死後的「善後」在台灣已經「死無葬身之地」，莊子雖然說：「以天地為棺材，用日月當雙璧，假星辰做珍珠，將萬物做禮品」，顯然這種葬儀在現時的社會是不可行的，最起碼也要做到墨子所說的「上勿通臭，下勿及泉」才合乎衛生標準。何況台灣已經廢止土葬，今後人死一律火化，所以存放骨灰的靈骨塔如雨後春筍，陰宅的買賣已甚於陽宅，若干年後這方寸之地的陰宅恐將一宅難求，因是我的遺囑是：

我往生之後，不通知任何親友，不舉行任何儀式，將有用器官捐贈需要人仕，將大體提供醫學剖解研究，然後火化，將骨灰撒入太平洋。

國家圖書館出版品預行編目資料

為歷史辨真象 / 彭友生 著
--初版--
臺北市：蘭臺出版：2010.03

ISBN：978-986-6231-00-1（平裝）

1.中國史 2.文集

中國歷史叢談 2

為歷史辨真象

作　　者：彭友生
出 版 者：蘭臺出版社
美　　編：林育雯
封面設計：林育雯
編　　輯：張加君
地　　址：台北市中正區開封街1段20號4樓
電　　話：(02)2331-1675或(02)2331-1691
傳　　真：(02)2382-6225
E—MAIL：lt5w.lu@msa.hinet.net或books5w@gmail.com
總 經 銷：成信文化事業股份有限公司
網路書店：http://www.5w.com.tw
劃撥戶名：蘭臺出版社　帳號：18995335
網路書店：博客來網路書店 http://www.books.com.tw
香港代理：香港聯合零售有限公司
地　　址：香港新界大蒲汀麗路36號中華商務印刷大樓
C&C Building, 36,Ting, Lai, Road, Tai,Po, New,Territories
電　　話：(852)2150-2100　傳真：(852)2356-0735
出版日期：2010年04月 初版
定　　價：新臺幣350元整（平裝）

ISBN：978-986-6231-00-1